区域义务教育优质均衡研究丛书
Quyu Yiwu Jiaoyu Youzhi Junheng Yanjiu Congshu

Mianxiang Lide Shuren De Xueke Tansuo

面向立德树人的学科探索

张爱国　著

上海教育出版社
SHANGHAI EDUCATIONAL
PUBLISHING HOUSE

区域义务教育优质均衡发展丛书编委会

本书编委会

主　编：张爱国

编　委：计文斌　张春弟　金晓燕　王新永　何文英　杨依军

　　　　郑冬荣

总　序

　　义务教育是国民教育体系中最基础、最重要的组成部分。随着九年义务教育的普及、社会经济的发展和人们教育观念的提升,适龄儿童家长不再仅仅关注子女是否有学上,而是更加关注义务教育学校的教学质量和教育机会的公平,关心自己的子女能否接受优质的、公平的义务教育,这就对义务教育提出了更高、更新的要求,即义务教育要逐步实现优质均衡发展,以满足人们对教育日益增长的需求。

　　义务教育优质均衡发展的基本价值是追求教育公平,最高价值是公平基础上的高效率、高质量,使教育最大限度地实现人的全面发展目标。义务教育均衡发展作为一种全新的教育理念,其实质代表了广大人民的根本利益,以适龄儿童的全面健康发展为价值追求,核心是教育公平和教育优质。推进义务教育优质均衡发展,使薄弱学校获得更多的优质教育资源,让更多的学生享受优质的教学质量,这对于促进义务教育公平、培养创新型人才和提升国民素质有着不可估量的作用。

　　教育学家袁振国教授认为:基础教育均衡发展,特别是义务教育的均衡发展,是教育公平和教育和谐的基本保证,有助于推进社会主义和谐社会建设。然而,长期以来,我国在社会经济发展不平衡背景下形成的教育非均衡发展问题,严重影响了整个义务教育发展的不协调以及地区、城乡、不同群体教育之间的不平衡,制约了国民教育的整体发展。推进义务教育均衡发展,让不同地区、不同学校、不同家庭的孩子都能接受更公平、更优质的教育,对于促进社会公平、构建社会主义和谐社会、实现国家更好发展具有重要意义。

　　党中央、国务院也采取了多种措施促进义务教育的均衡发展。2002 年,教育部出台《关于加强基础教育办学管理若干问题的通知》,第一次提出"积极推进义务教育阶段学校均衡发展,努力扩大义务教育阶段优质学校的规模,满足人民群众对高质量教育的需求",标志着我国义务教育发展迈入了新时期。2005 年,教育部下发的《关于进一步推进义务教育均衡发展的若干意见》强调"把义务教育工作重心进一步落实到办好每一所学校和关注每一个孩子健康成长上来,有效遏制城乡之间、地区之间和学校之间教育差距扩大的势头,积极改善农村学校和城镇薄弱学校的办学条件,逐步实现义务教育的均衡发展"。2006年,新修订的《中华人民共和国义务教育法》规定:县级以上人民政府及其教育行政部门应当促进学校均衡发展,缩小学校之间办学条件的差距。以法律的形式,将义务教育均衡发展纳入了法制化轨道。2007年国务院颁布的《国家教育事业发展"十一五"规划纲要》再次强调:"国家制订义务教育基本办学标准和质量标准……进一步加大薄弱学校改造力度,努力办好每一所学校,使各学校办学条件、经费、投入和校长、教师的配备及其待遇大致均衡。运用远程教育,共享优质教育资源。加大政府对困难地区和困难群体的支持力度,加大东部地区对西部地区农村教育发展的支持力度,做好各地区城市对农村学校的对口支援工作,努力缩小地区、城乡之间的差距。"所有这些措施有力地促进了我国区域之间、城乡之间义务教育的均衡发展。

2010年,《国家中长期教育改革和发展规划纲要(2010—2020年)》把促进公平作为国家基本教育政策,并强调实现教育公平的重点是促进义务教育均衡发展和扶持困难群体。同时,对推进义务教育均衡发展提出了明确的目标和政策措施,提出要"切实缩小校际差异、加快缩小城乡差距、努力缩小区域差距"。同年,《教育部关于贯彻落实科学发展观进一步推进义务教育均衡发展的意见》印发,对各地义务教育均衡发展给予了宏观指导。这一阶段,中央部门、各地地方政府和教育行政部门也针对性地制定了相关政策和制度,并采取了相应的策略,探索、推进区域义务教育的均衡发展,如加大教育财政投入、改造薄弱学校、均衡配置教师资源、签署《义务教育均衡发展备忘录》等,各级政府把义务教育均衡发展纳入了责任目标,大力推进。由此可见,在新的历史时期下,国家对义务教育的均衡发展高度重视,将推进义务教育均衡发展提升至我国新一轮义务教育发展战略方针的高度。

在这样的形势和背景下,松江区教育局也做了大量的尝试与探索。松江区地处上海西南部,区境共辖6个街道,11个镇,常住人口170余万(户籍人口60万左右),流动人口数量巨大,适龄入学儿童基数庞大,这对松江区教育提出了严峻挑战。尤其是近些年,松江城市化进程加快,成为人口导入大区,由此带来教育资源紧张、校际发展不平衡、教师流动量大、生源结构复杂、大班额等问题,而松江辖区内包含多所义务教育学校,规模大、数量多,同时,公办与民办、城区与农村学校差异较大,直接影响了区域内义务教育学校的均衡发展,长此以往,将会影响松江教育的长远、稳定、和谐发展。针对这种情况,我区聚焦非均衡发展的关键问题,以促进义务教育学校均衡发展为重点,以"学校发展共同体"建设为机制,开展了八年多的实践与探索,大体可以分为两个阶段:

2010年8月,围绕"学校发展共同体"建设,启动了第一轮义务教育学校发展共同体项目,开展了为期三年的区域义务教育学校发展共同体建设的实践探索,组建了第一轮八个学校发展共同体,创新了学校结对联动新模式,建立了以课题为引领的校际研修模式,建设了区级教育教学资源库,实现了区域模块化教学资源共享。这些探索奠定了松江区义务教育学校之间联动捆绑式发展的基础,形成了共建、共享、共进、共赢的合作机制,也进一步促进了义务教育学校间的均衡发展,实现了学校间发展的基本均衡。

2013 年 8 月,承接前期研究基础,启动了第二轮义务教育学校发展共同体项目,立项了全国教育科学"十二五"规划教育部重点课题"基于实践共同体的义务教育学校均衡发展研究",并以此课题为引领,走上了优质均衡的探索之路。这一阶段的研究旨在通过实践共同体建设,来探索区域学校均衡优质发展的途径方法:立足课堂教学,提高学校办学水平;创新师资柔性流动,实现优质师资辐射;均衡配置资源,缩小校际差距。强调缩小城乡之间以及同一区域学校之间义务教育上的差距,实现发展幅度上的均衡,同时要让所有适龄儿童和学生都能平等地接受优质教育。最终目的在于促进本区内义务教育公平均等供给与均衡化发展,全面提高义务教育的质量及办学水平,既要鼓励好的学校更上一层楼,更要在均衡教育思想指导下促进那些教学条件差、教学水平不高的学校加快发展速度,从而进一步优化教育资源,办好每一所学校,教好每一个学生。

8 年多的系统推进与研究取得了显著的实践成效:共开展 20 次区级展示,2 000 多名教师参加展示,实现 782 人次柔性流动。松江的实践经验在国家教育部网站、国家教育督导、上海教育博览会、《上海教育》《新闻晨报》《文汇报》《松江报》《松江教育》以及微信公众号等平台上进行多次宣传推广,影响范围广泛。因此,我们集八个共同体集体智慧,提炼经验,汇编出版了"区域义务教育优质均衡发展"丛书,本丛书共包括 9 本研究专著。《走向优质均衡:基于实践共同体的义务教育学校均衡发展研究》从宏观层面介绍了区域义务教育学校优质均衡发展的经验。另有八本书,立足课堂教学实践,以学校发展共同体为载体,从微观层面介绍了学校间优质均衡发展的探索经验。这些探索与经验,很好地回答了"义务教育究竟可以追求什么样的均衡?""通过什么途径才能达到或接近这样的均衡"。

2017 年 9 月,中共中央办公厅、国务院办公厅出台《关于深化教育体制机制改革的意见》,指出"要完善义务教育均衡优质发展的体制机制"。2017 年 10 月,党的十九大报告中指出"必须多谋民生之利、多解民生之忧,在发展中补齐民生短板、促进社会公平正义",并对促进教育公平作出重要部署,强调"推动城乡义务教育一体化发展,高度重视农村义务教育……努力让每个孩子都能享有公平而有质量的教育"。2017 年 12 月,《义务教育学校管理标准》印发,首次全面系统地梳理了我国义务教育学校管理的基本要求,对促进义务教育均衡发展具有重大意义。新形势下,对义务教育学校优质均衡发展提出了更高的要求。我们也将以更加积极的姿态、更加高的标准,聚焦新形势、新问题,优化顶层设计,在推广学区化集团化办学模式、实施"新优质学校"集群发展、委托管理、建设环大学城教育高地、实施"保基础，立高原，建高峰"计划、加快信息化建设等方面继续追求义务教育学校间更高水平的优质均衡，使各级各类教育更加符合教育规律、更加符合人才成长规律、更能促进人的全面发展，为发展具有中国特色、世界水平的义务教育提供新的模式。

松江区教育局局长

陈小华

2018 年 1 月

前　言

　　立德树人是教育的永恒主题,但在今天这样一个大变革时代,如何使立德树人取得实效却是一个挑战。由上海市三新学校牵头,包括上海外国语大学松江外国语学校、松江区小昆山学校、松江区华阳桥学校、松江区车墩学校、松江区张泽学校(以下简称上外松外学校、小昆山学校、华阳桥学校、车墩学校、张泽学校)在内的六所学校结成教育发展共同体(以下简称三新学校共同体),围绕"课堂教学提高学科育人实效性的行动研究"这一龙头课题,以课堂教学为主阵地,以挖掘学科育人价值为突破口,探索课堂教学科学育人新手段,提高学科育人实效,促进共同体学校间资源共享、优势互补、均衡发展和共同提高,形成了学校特色,促进了学生的终身发展。

　　这项基于学校共同体的探索,首先对学科育人的现状与问题进行了调研和探询。(1)学科课程标准和教材育人的理念和途径、内容的目标指向和呈现形式是否符合学生健康成长的需要?(2)课堂教学如何落实学科育人的教学方法?(3)如何处理学科知识和学科育人之间的关系,如何发挥显性学科课堂教学学科育人作用,充分挖掘隐性学科的育人素材实施课堂教学?(4)如何以典型学科为例,研究学科育人资源的开发与整合,创建课堂教学学科育人模式?(5)如何从不同学段中选取不同学科,就学科特点对学科育人的主题开展研究,兼顾显性学科中的隐性的情感和技能的培养?(6)如何组建科学高效的共同体学校联动组织机构,形成学科育人有效性的界定与评价机制?这些问题构成了各校实践探索的方向。

　　其次,基于对这些学科育人的基本问题的探询和思考,各校依托本校已有优质资源,在校本研修和跨校的共同体合作中寻找自己的突破方向,通过学科共同体的协作及行动研究提升立德树人的实效。其中,小昆山学校的小学语文学科则传承"二陆"文化,进一步挖掘"二陆"文化的精神内涵并使之与学校办学理念和育人目标相融合,发扬"立德、勤奋、合作、卓越"的"二陆"精神,营造浓浓的中华传统文化教育氛围。华阳桥学校通过语文学科探索课堂教学提升学科育人价值的途径,依托语文学科的优秀团队,提升初中学生语文素养,共建共享初中语文智慧课堂,使共同体学校间实现初中语文学科资源互补。三新学校成立了由松江区首席教师丁玉领衔的工作室,组建了由三新学校共同体中一批优秀数学教师组成的团队，依托华东师范大学博士团队的理论指导，以培养学生数学高阶思维为抓手，以课堂教学为突破口，开展为期三年的课堂教学提高数学学科育人实效性的行动研究。上外松外学校是英语特色学校，中学、小学两个学部都开发了比较完备的英语校本教材，该校通过成立名师工作室，带领共同体学校英语骨干教师，共同协商，以英语阅读教学为切入点开展理论建构与行动研究。本书所呈现的，正是基于语文、数学、英语等学科的学科育人实效探索实例。在探索的过程中，教师和学生在共同成长，学校也在不断发展。这些实例，记载着校长和其他教师的专业思考，不仅为我们提供了"立德树人"学科方面的经验，而且为我们提供了基础学校合作共赢的一条路径。"路漫漫其修远兮，吾将上下而求索"，这不正是一条新的基于学校共同体的学科协作的学校发展之路吗？

2017年9月，中共中央办公厅和国务院办公厅印发的《关于深化教育体制机制改革的意见》中明确提出："要注重培养支撑终身发展、适应时代要求的关键能力。在培养学生基础知识和基本技能的过程中，强化学生关键能力培养。"其中主要涉及四大关键能力，即认知能力、合作能力、创新能力、职业能力，以建立促进学生身心健康、全面发展的长效机制。这四大关键能力的提出，不仅明确了基础教育学科育人目标的指向，也将中国基础教育的发展置于全球体系的框架中，因为面对未来的风险社会，各国都将关键能力培养纳入教育的战略思考框架中。而关键能力是每个学生都必须习得的、基础的、不可或缺的能力；关键能力以知识为基础，包括技能与态度，具有整合的特点；关键能力强调的是能有效应对问题、处理生活事务的行为表现；关键能力需要长期累积才能不断发展。三新学校共同体的探索，基础在学科，阵地在课堂，目标在育人，正是面向学生关键能力培养的一项区域实践。祝愿三新学校共同体中的每所学校，都能百尺竿头，更上一层楼！

是为序。

华东师范大学教育高等研究院副院长、博士生导师　吴　刚

Content   目录

第一章 绪 论

第一节 研 究 背 景

一、研究目的

三新学校共同体研究的总目标是通过共同体学校合作共研,探索课堂教学提升学科育人价值的方法和途径,即通过共同体学校合作共研,针对不同学科的特点和学生的发展需要、年龄特征、个性特征探索课堂教学提升学科育人价值的方法和途径。具体目标包括:(1)研究挖掘各学科中的显性和隐形育人素材,开发学科育人的校本课程和区域课程,即通过对不同学科特点的研究,针对不同年龄学生的认知能力,挖掘学科育人素材,尝试典型育人学科和隐性育人学科不同的课堂教学形式,开发学科育人的校本课程和区域课程;(2)研究课堂教学过程中教师的教学方法和教学行为,让教师根据教材内容和学科特点采用不同的教学方法,丰富学习过程,使学生拥有独特的审美体验和独特的思维视角,优化师生互动的课堂教学行为,塑造学生良好的德育素养,让教师的教学行为和人格魅力潜移默化地影响学生的思想品质;(3)以共同体学校资源共享、优势互补、成果分享为目标,实现区域学校的均衡化发展。共同体学校既有相似,又有差异,可采用共同体的合作研究方式。共同体这一基于"活动系统的理解"的合作研究方式,包括课堂教学研修运作方式、实践共同体的运行协作机制、共同体优质资源的共享机制、共同体课堂教学学科育人价值的评价机制。

基于不同校情和共同育人目标对共同体学校学科育人的现状与问题进行调查和研究:(1)调查学科课程标准和教材育人的理念与途径、内容的目标指向与呈现形式是否符合学生健康成长的需要,调查学科教学现状对学生健康成长的影响,调查学科教师对学生健康成长的影响,分析各共同体学校课堂教学落实学科育人的现状;(2)以学科为例,研究课堂教学落实学科育人的教学方法,通过学科教材研究,处理好学科知识和学科育人之间的关系,发挥显性学科课堂教学学科育人作用,充分挖掘隐性学科的育人素材实施课堂教学;(3)以典型学科为例,研究学科育人资源的开发与整合,创建课堂教学学科育人模式,从不同学段中选取不同学科,就学科特点对学科育人的主题开展研究,要充分发挥德育显性学科的教育功能,兼顾显性学科中的隐性情感和技能的培养,隐性学科要有效完成课程标准所规定的知识和技能传授任务,着力发挥隐性的德育功能,培养学生的情感、态度、价值观;(4)研究组建科学高效的共同体学校联动组织机构,形成学科育人有效性的界定与评价机制。共同体学校原有的管理组织机构完全不适宜共同体学校开展合作研究。要对不同学校步调一致地开展合作研究,就需要组建一个共同体活动的管理团队和相应的联动组织机构。通过联动组织机构组织开展各项活动,形成评价机制。

小昆山学校小学语文课堂教学节奏调控提升学科育人价值的目的在于传承"二陆"文化,追求卓越品质。这是小昆山学校校园文化建设的重点,更是学校学科育人的有力抓手。近年来,小昆山学校进一步挖掘"二陆"文化的精神内涵,并使之与学校办学理念和育人目标相融合,积极开展弘扬"二陆"文化主题教育活动,营造浓浓的中华传统文化教育氛围。学校紧紧围绕社会主义核心价值观教育的主要内容,引导学生传承"二陆"文化,发扬"立德、勤奋、合作、卓越"的"二陆"精神,增强学生的民族自尊心和自豪感。学校主动将"二陆"文化教育资源融入地区文化建设中,由点及面,培养学生的审美情趣,使学生拓宽视野,增长知识,锻炼意志,培养能力,从而激发学生热爱祖国传统文化、热爱家乡的情感。学校加强校园文化建设,以"二陆"文化墙、"二陆"书屋、"二陆"艺苑、"二陆"文苑硬件建设为抓手,营造良好的读书育人氛围,深入挖掘"二陆"文化蕴含的教育价值,从校园文化建设的高度构建系列课程,开展文化探究活动,在做中学,在学中悟,提升学生的民族文化认同感,提高学生的文化修养。学校着力开展以"二陆"文化为轴心的校本课程的顶层设计和深度开发,从技能培养走向育才育人,从教育更深更广的角度提升师生的文化修养,使学校的特色教育惠及师生。学校从课程育人、实践育人、文化育人角度规范师生行为,从人格修养、道德完善更高的层面思考实践,把项目与育人、项目与学校课程、项目与校园文化结合起来,以项目引领师生共同发展,致力于培养有文化修养、人文情怀、报国之心的现代学子。

华阳桥学校领衔的初中语文课堂教学提升学科育人价值的目的在于共同探索智慧课堂精品项目,使共同体学校间实现初中语文学科资源互补,共建共享初中语文智慧课堂提升学科育人价值的成功经验;研讨设计基于智慧课堂的特色教学实施方案,充分发挥初中语文学科资源的育德功能,逐步形成区域内交流合作整体提升初中语文课堂教学质量的学校发展共同体。为此,三新学校共同体成立了由华阳桥学校区级学科名师丁敬旭领衔的工作室,成员是共同体学校中一批优秀的初中语文教师。为进一步深入贯彻上海市松江区《关于进一步加强义务教育学校发展共同体建设的实施意见》精神,推进落实上海市教育委员会《关于深入推进本市中小学学科育人工作的实施意见》，发挥初中语文学科立德树人的优势，促进初中学生语文素养全面而有个性的发展，该工作室根据共同体的要求，以"初中语文智慧课堂提高学科育人实效性研究"这一课题为抓手，开展初中语文学科育人研究。初中语文是一门人文性极强的学科，一方面，文化作为语文课程的母体，必然会在语文这一带有价值性的学科之中有所反映；另一方面，语文课程是文化的载体，文化传承离不开教育，而语文课程是文化传承的重要载体。语文课程是一种独立存在的、本体化的文化形态，具有独特性和自律性。初中语文教材中的诸多文章可以很好地帮助学生认识自我和超越自我，培养学生坚强的意志和可贵的品质。通过语文学习，学生能够逐渐感受其形、领悟其神、体味其情、认识其理，并在此基础上积淀语感、正确运用、独立思想、独立思维，拥有一个可以辨别是非、善恶、美丑的独立人格。

三新学校以中学数学学科为例研究课堂教学提升学科育人价值。三新学校成立了由松江区首席教师丁玉领衔的工作室，组建了由三新学校共同体中一批优秀数学教师组成的团队，依托华东师范大学博士团队的理论指导，以培养学生高层次思维为抓手，以课堂教学为突破口，开展为期三年的"培养高层次思维提高数学学科育人实效性的行动研究"区级课题研究。《教育部关于全面深化课程改革落实立德树人根本任务的意见》提出了全面深化课程改革的总体要求。其中，"统筹各学科，特别是德育、语文、历史、体育、艺术等学科。充分发挥人文学科的独特育人优势，进一步提升数学、科学、技术等课程的育人价值。同时加强学科间的相互配合，发挥综合育人功能，不断提高学生综合运用知识解决实际问题的能力。统筹课标、教材、教学、评价、考试等环节。全面发挥课程标准的统领作用，协同推进教材编写、教学实施、评价方式、考试命题等各环节的改革，使其有效配合，相互促进"，为学科教学发挥育人功能，提高学生科学素养，提高学科教学质量，指明了方向，创造了更好的环境和条件。反思、讨论、研究学科教学，全面深刻地认识学科教学的育人功能和价值，改变重学科知识传承、重应试训练、轻学科育人功能和科学素养培养的现状，增强育人意识，是进一步发挥学科育人功能的关键。

学科育人的问题在世界各国受到普遍关注，努力践行学科育人已成为世界各国的共同目标和一致行动。世界各国为了实现各自的人才培养目标，设置了不同的学科。尽管具体的学科设置具有很大的差异，但是，世界各国都把数学作为不可或缺的基础学科。数学作为一种基本应用技能，可以帮助人们在搜索、整理、描述、探索和创造中建立模型，研究模型，进行判断，从而解决问题，它为人们交流信息提供了一种有效、简捷的手段。在数学教学中，培养学生良好的思维品质，正是基于这一育人理念。学生具备了良好的思维品质,在面对问题时,就能积极思维,周密考虑,就能正确判断,迅速得出结论,就能跳出前人的思维定式,重组思维模式,鉴别比较,择优弃劣,解决问题。未来是信息化时代、数字化时代,数学无处不在。良好的思维品质是学生迎接未来社会机遇与挑战的必备品质,也是知识化、信息化社会对人才的必然要求。从这个意义上出发,我们认为在数学教学中,培养学生良好的思维品质,富有科研价值和实用价值。《教育部关于全面深化课程改革落实立德树人根本任务的意见》明确提出:"进一步提升数学、科学、技术等课程的育人价值。同时加强学科间的相互配合,发挥综合育人功能,不断提高学生综合运用知识解决实际问题的能力。"

基于以上几点,三新学校在认真分析学校办学的外部环境和内部环境的基础上,选择既符合社会、教育发展趋势,又容易引起教师关注并具有解决优势的数学学科高层次思维培养问题作为突破口,开展提升数学学科育人价值的行动研究。

上外松外学校以中学英语学科为例研究课堂教学提升学科育人价值。上外松外学校是英语特色学校。中学、小学两个学部都开发了比较完备的英语校本教材,英语教师团队中有许多精英强将喜欢并热爱自己的教学,致力于课题内容的研究。为充分发挥课程在人才培养中的核心作用,促进学生全面健康成长,教育部在2014年颁布的《全面深化课程改革　落实立德树人根本任务的意见》中,提出了核心素养体系。英语学科的核心素养是什么、怎样发挥英语学科的育人功能等问题引起了热议。为充分发挥英语学科的育人功能,在三新学校共同体的统一指导和带领下,上外松外学校充分发挥英语学科的优势,通过成立名师工作室,带领共同体学校英语骨干教师,共同协商,以英语阅读教学为切入点开展理论建构与行动研究。在研究过程中,按照理论假设,开展各项教学活动,并通过活动的开展,检验、修正研究之初的理论假设。该校希望通过共同体学校的合作实践,进一步提升英语教师教育教学能力,提高英语教师自身修养,在行动研究中帮助学生形成正确价值观,为孩子终生幸福奠基。

车墩学校和张泽学校以物理学科为例研究课堂教学提升学科育人价值。两校发挥物理优势学科的辐射作用,根据物理学科的特点确立物理学科的育人价值。物理是一门以实验为基础的自然学科,内容严谨,结构完整,科学性极强。这门学科特有的客观性、逻辑性、辩证性、发展性使其具有特殊的人文性,这就要求教师在物理教学中渗透思想道德教育。让物理课堂充分发挥育人功能,是值得研究的一个重要课题。

而物理课程中的德育教育并不像思想品德课程中的德育教育那样属于显性教育,在物理课本里基本没有德育教育的内容,所以德育教育只能通过渗透的方式来实现。在物理教学中,主要可以渗透三个方面的情感教育,即浓厚的爱国主义情感教育、辩证唯物主义的科学态度教育、崇高的道德品质教育。科学家对于真理不懈的追求、几十年如一日的艰苦奋斗、崇高的人生观价值观等德育内容既是中学物理教学的必然要求,同时在中学物理教学中也是切实可行的。

二、研究意义

《礼记》有云:"师也者,教之以事而喻诸德也。"这句话告诉我们,古往今来的为师者都注重培养学生德才兼备的品质,不仅教授学生"谋事之才",更传授学生"立世之德"。

2014年教育部印发了《全面深化课程改革 落实立德树人根本任务的意见》,要求立德树人要落到实处,充分发挥课程在人才培养中的核心作用,进一步提升综合育人水平,倡导德育为先、能力为重、全面发展的教育理念,更好地促进各级各类学校学生全面发展、健康成长。该文件还提出:"明确各学段各自教育功能定位,理顺各学段的育人目标,充分体现教育规律和人才培养规律。充分发挥人文学科的独特育人优势,进一步提升数学、科学、技术等课程的育人价值。加强学科间的相互配合,发挥综合育人功能,不断提高学生综合运用知识解决实际问题的能力。"

然而,当前的学校教育重智轻德,单纯追求分数和升学率,学生的社会责任感、创新精神和实践能力较为薄弱,教师育人意识淡薄,育人能力不强,课程资源开发注重知识和技能,忽视德育。

另外,传统的教育关注显性德育课程,忽视隐性德育课程;关注育人的德育功能,忽视育人的广义范畴;关注教师的教育行为,忽视教师为人师表的示范作用;关注课程开发的知识和技能价值,忽视新课程可持续性发展和终身发展的价值取向。

鉴于以上原因,本课题将借助共同体学校的联动研究形式,以学校教育的课程改革为抓手,以课堂教学研究为切入点,以课题研究形式引领教师参与学科教材研究,充分挖掘学科育人价值,使课堂教学真正体现知识和技能、过程和方法、情感态度和价值观三维目标,逐渐培养学生独立的人格品质,帮助他们形成正确的价值观、世界观,提升学科育人价值,发挥学科育人作用。

因此,本课题基于历史和现实的角度,从学科教育所承载的教育功能出发,通过课堂教学实现学科育人的终极目标,其意义可见一斑。

(一) 小学语文课堂教学节奏调控提升学科育人价值的研究意义

小昆山学校小学语文学科育人价值的研究就是在学校"二陆"文化课程建设的影响下,结合语文学科的学科特点、课程标准,遵循小学语文的学习规律和学生的心理特点,在课堂教学中实践、反思、总结,充分挖掘学科育人价值。

第一,培育学生热爱祖国语言文字的情感,使学生具有健康的审美情趣,逐步形成积极的人生态度和正确的世界观、价值观。小学语文是一门兼具工具性与人文性的学科,它的教学内容以一篇篇文学作品为基础,这与其他学科有着很大的不同。小学语文通过文质兼美的文本,让学生感受文学的美,使学生能初步运用语言文字进行交流沟通,并通过学习古今中外优秀文化知识,提高文化修养,促进自身成长,形成健全人格。

第二,增强学生语文学习的自信心,帮助学生养成良好的语文学习习惯。小学阶段的学生年龄跨度在 7 至 11 岁之间,由于学生的兴奋比抑制占优势,所以,小学低年级学生的注意力具有明显的不稳定性,长时间投入一项活动是很难做到的。小学中高年级学生集中注意力的能力在逐渐加强,但时间最长也只能维持在 20 分钟左右。教师只有掌握了学生的这一心理特点,在语文教学的过程中采用适当的教学方法和教学策略,充分调动学生的积极性,才能逐渐增强学生语文学习的自信心,帮助学生养成良好的语文学习习惯。

第三,在发展语言能力的同时,发展思维能力,激发想象力和创造潜能,引导学生掌握正确的思维方法,培养学生的合作精神和探究意识,提高学生的研究性学习能力。一节课中,教师会提出很多问题,并用这一个个问题贯穿起整节课。在这一过程中,教师不仅应该提出难度较高、思维性较强的问题,激发中等及优等学生的兴趣,还应该考虑到不具备这种思维能力的学生,适当降低问题难度,从而增强这部分学生的自信心,发展他们的思维能力。

（二）初中语文课堂教学提升学科育人价值的研究意义

1. 根植区域学校发展需要

上海市教育委员会《关于深入推进本市中小学学科育人工作的实施意见》指出:"要加强课堂教学实践创新和重点抓好相关学科的育人实践。要重点抓好语文等学科的课程教学改革,进一步明确其学科定位,通过课程标准和教材建设、教学研究和教学实施等,充分发挥其独特的育人价值。""为了每一个学生的终身发展"是《上海市中长期教育改革和发展规划纲要》的核心理念,上海市松江区华阳桥学校是所百年老校,据此提炼了"为每一个学生铺设成才的绿色通道"这一办学理念。这一办学理念有着丰富的内涵,即以人为本,教育公平,针对学校外来民工子弟比例高的现象,凸显学生的中心地位,为每一个学生的成才创造有利条件。学校以培育生命的事业为己任,为每一个鲜活的学生主体的自由和幸福而努力,这是学校办学的一种价值追求。学校着眼教育过程的全程性和教育目标的全面性,高度关注学生的身心健康和学业情况,围绕学生和社会未来发展的需求,加强教育教学研究,不断提高教育质量,培养学生良好的公民素养和创新精神,提高学生的实践能力,为学生的终身发展奠定良好的基础,积极开设切合学生实际、满足学生成长和成才需要的课程,开展相应的教育教学活动,开辟体验、发展、提高的绿色通道,让每一个学生学有所好,学有所长,学有所精,为每一个学生的成才积蓄力量。华阳桥学校提炼出的智慧课堂,为本区域学校课程执行打下了坚实的基础。语文作为一门具有丰富人文内涵的学科,在培养学生的思维方式、行为习惯、道德情操、价值意识等方面有着重要的作用。语文课堂教学提升学科育人价值,需要教师把握时代特征,凸显语文学科特点,尊重学生个性特征,充分挖掘语文学科的丰富内涵,构建满足学生成长需求的目标体系与内容体系,并使教学实践与上海"二期课改"的理念和目标自然融合,既成功培养学生的语文能力,又培养学生良好的人格精神,从而更好地实现语文课程目标。通过"初中语文智慧课堂提高学科育人实效性的研究"这一课题带动本区域学校提升初中语文学科育人价值是一种必然选择。

2. 直面区域学科教学现状

语文,不仅仅是语言加文学那么简单,往大处说,它是在培育健康的中国人的思维,弘扬中华民族优秀传统文化;往小处说,它是每个中国人的精神依托,是提高其文化学识和个人修养的最直接的工具。但本区域语文学科的现状却不能令人满意。

(1)初中语文教师的处境很微妙

在初中阶段,语文常被认为是一门与学生成绩提高关联不大的学科。在应试教育环境下,有些家长、学生,甚至个别学校都会认为语文抓得松一些不会误事。这种观念导致语文得不到应有的重视。课题组发现:82%的初中语文教师平时所谓的学习仅仅是看看参考书,85%的初中语文教师抱怨为工作和家庭所累,根本没时间看"闲书"。在初中语文教师中,相当多的人逐渐养成了按照参考书的思路和要点循规蹈矩备课的习惯。而现在的学生接受新事物的能力是很强的。长此以往,学生就无法欣赏到智慧的花朵。这与素质教育中语文素养的养成和智慧课堂的要求相去甚远。

(2)学生仍然是教学过程中的被动者

"初中语文智慧课堂"要求,在课堂上要讲究师生的对话、师生和文本的对话、师生和编者的对话。应该说,这样的对话尊重了学生的主体性、教师的主导性和编者的原始想法。但在目前的教学环境下,这些对话的完成率要大打折扣。让学科教学回归教书育人的本原,应该成为每一位教师的职业理想和事业追求。但是,目前学校的学科教学仍然存在一些问题,如单一的考试评价导向,让学习者仅仅关心知识点和考试的要求,只关注考试结果,主动学习动力不足,思维能力不够,学习方法缺失,忽略了学科的育人价值,由此造成很多学科教学陷入"去学习者主体性"的状况,学科内容被碎片化、断点化,知识和技能、过程和方法、情感态度和价值观成为贴标签的口号。

(3)初中语文教学区域研究作用不明显

本区域各教育行政单位都有自己的教研机构,各学校也都有自己的教研组。现阶段,教研机构主要承担着协调教师之间、教师和学校之间、学校和教育行政单位之间关系的任务。至于学校的教研组,一方面,教师们有着沉重的教学压力,根本不愿意拿出宝贵的时间做研究;另一方面,教师们对通过自己的研究促进改革的可能性充满怀疑。这样,教学方面和制度方面的双重压力使研究跟不上教育发展的节奏。

现阶段开展的"初中语文智慧课堂提高学科育人实效性研究",在理论层面上已经比较先进和成熟;在实践层面上,形成了一些操作性很强的案例成果,能够带动并形成本区域初中语文学科研究氛围。所以,本课题在本区域的实施和推广非常必要。

(三) 中学数学课堂教学提升学科育人价值的研究意义

我国著名教育家叶澜教授认为:"任何一门学科的教学,都要认真分析本学科对于学生而言独特的发展价值,它除了该学科领域所涉及的知识对学生的发展价值外,还应该包括服务于学生丰富对所处的变化着的世界的认识;为他们在这个世界中形成、实现自己的意愿,提供不同的路径和独特的视角;学习该学科发现问题的方法和思维的策略、特有的运算符号和逻辑;提供一种只有在这个学科的学习中才可能获得的经历和体验;提升独特的学力——美的发现、欣赏和表现能力。"因此,学科的育人价值不仅在于为学生的成长提供丰富的知识,更在于丰富学生精神世界,为学生的成长打开一扇窗户。

数学是一门有关抽象思维的学科。在我国实施素质教育的大背景下,多数从事教育科研工作的学者和教育实践工作者都非常关注在数学教学中发展学生的思维能力,培养学生良好的思维品质。为了落实教育部《面向二十一世纪教育振兴行动计划》,建立现代化的基础教育课程体系,国家课程改革"数学课程标准研制小组"提出了改革的基本理念,尝试建立新的数学课程目标体系,形成实现课程目标的基本思路。在这个宏伟的设想中,专家们明确提出:"数学教学要使学生体会数学与自然及人类社会的密切联系,体会数学的价值,增进理解数学和应用数学的信心,学会运用数学的思维方式去观察、分析现实社会,体会数学来源于日常生活之中,运用数学知识去解决日常生活中的实际问题,进而形成勇于探索、勇于创新的科学精神,获得适应未来社会生活进一步发展所必要的数学事实以及基本的思想方法和必要的应用技能。"这就从素质教育的基本理念上提出了数学思维品质的培养目标。

上海市三新学校创建于 2005 年 9 月,是一所九年一贯制公办学校,坐落于松江新城区内,毗邻泰晤士小镇。学校是市花园单位、市绿色学校、区强师兴教先进集体,是师生学习的花园、成长的乐园,更是读书尚学、修身励志的现代书院。学校在提升学科育人价值理念的指导下,力争在原有的"立美育人,人文见长,素质立身,文化兴校,致力于每一位学生的全面而有个性的发展"办学思想基础上,办好均衡、优质、特色的教育。用优质的教育资源、高效的教育管理和高品质的学校文化来保障教育质量;用优质的服务来提升均衡的宽度和高度;针对多样化的教育需求,发展学校的教育特色,促进学生学有所长,培养全面发展、具有可持续发展能力和丰富个性的人。学校的培养目标是培养具有良好审美情趣的品德优秀、身心健康、素养全面的和美少年。和美少年具体表现为会做人、会学习、会健体、会审美、会生存、会合作和有特长的"六会一有"。学校的办学特色是和美教育,通过整合协调各种教育资源,营造舒心、愉悦、适宜的教育氛围与环境,让师生在快乐学习与共同成长的过程中,发现美、欣赏美、体验美、创造美。学校倡导和洽管理,实施和煦德育,推行和美课堂,建设和乐课程,培养和馨教师,培育和美少年。

在课程与教学方面,学校构建了以美育为特色,以人文、科技、艺术为支点,以培养学生创新精神和实践能力为重点,以改善学习方式为特征,关注学生学习经历和促进每一个学生核心素养发展的课程体系。学校以构建校本化学生学业质量"绿色指标"体系为抓手,强化教学常规管理,构建和美课堂,进一步改善教师的教学行为和学生的学习行为,减负增效。同时,学校积极探索和谐民主、合作互动、乐中求美的和美课堂模式,达到"五和六美",即教学目标之和、师生关系之和、学导互动之和、过程环节之和、共性个性之和,仪态语言之美、情境展示之美、合作互动之美、课程内容之美、课堂节奏之美、教学效果之美。

在和美教育理念的指导下,我们尝试通过学科教学来改变学生的思维劣势,逐步培养学生良好的思维品质,以实现课程目标与学生发展相一致、教育与社会发展相适应的育人目标。国外,尤其是在北美,高层次性思维是一个很大的课题。哲学家、教育家和心理学家基于不同的理念形成了对数学高层次性思维的不同看法,但他们都认同数学高层次性思维能力能够通过训练得到提高。本课题借鉴国内外高层次性思维研究方面的先进理念与成果,结合我国教育发展现状与教学实践,对在初中数学教学过程中培养学生的高层次性思维进行研究,旨在丰富我国当前高层次性思维教育的理论和实践,提升数学学科的育人价值。这正是我们研究此课题的意义所在。

（四）中学英语课堂教学提升学科育人价值的研究意义

英语学科的育人价值在教育政策中得到越来越多的体现。《上海市中小学英语课程标准》20150108（第十一稿）在课程定位中明确指出:"英语学科对学生形成有效的学习策略和科学的思维方式、了解中外文化异同、提高跨文化交往能力、提升信息素养具有独特的作用。中小学英语课程在引导学生树立爱国主义精神、加强多元文化认同、培养坚强意志、形成健康人生观等方面具有难以替代的作用。"本课题的研究,可以更好地帮助教师明确英语阅读教学中的育人目标,促进教师了解英语阅读教学育人现状,指导教师把理论知识实实在在地应用于课堂教学。

1. 基于课程标准,帮助教师明确英语阅读教学中的育人目标

《义务教育英语课程标准(2011 年版)》(以下简称《英语课标》)明确了英语学科的育人理念。英语学习要促进学生成长,满足学生多样化的需求,帮助学生认识世界的多样性,使学生在体验中外文化的异同中形成跨文化意识,在真实的语境中学习应用语言,培养学生的创新能力。这些理念既是英语学科的育人点,也是英语阅读教学的育人目标。通过研读《英语课标》,我们明确了英语阅读教学的总体目标与阶段目标。

(1)研读《英语课标》,明确总体目标

《英语课标》中将英语课程目标分为语言知识、语言技能、文化意识、情感态度、学习策略五个板块。这些板块本质上是对英语课程目标的讨论。这五个板块共同构成的英语课程目标,既体现了英语学习的工具性,也体现了其人文性;既有利于学生发展语用能力,又有利于学生发展思维能力,还有利于全面提高学生的综合人文素养。

在开展英语阅读教学研究的过程中,共同体学校英语教师从这五个板块入手,研究确定每一节阅读课的教学目标。相关的教学活动、教学步骤、教学评价都服务于教学目标的达成。在《英语课标》的指导下,明确教学目标,可使教师的研究方向清晰,教学评价可行。

(2)研读《英语课标》,明确阶段目标

《英语课标》建构了义务教育阶段英语学习的五级目标体系。其具体内容如下:1 至 6 年级的学生,通过 6 年的学习,在第 6 年学习结束后,要达到二级目标;7 至 9 年级的学生,通过 3 年的学习,在第 9 年学习结束后,要达到五级目标。《英语课标》的分级目标规定了学生通过英语学习,在每一个阶段要达到的目标。英语阅读教学阶段目标如表 1－1 所示。

表 1－1　英语阅读教学阶段目标表

级　别	技　能	标　准　描　述
一级	读	1. 能看图识词 2. 能在指认物体的前提下认读所学词语 3. 能在图片的帮助下读懂简短的故事
二级		1. 能看懂贺卡等所表达的简单信息 2. 能借助图片读懂简短的故事或短文,养成按意群阅读的习惯
三级		1. 能读懂简短的故事或短文并抓住大意 2. 能初步使用简单的工具书 3. 课外阅读量应累计达到 4 万词以上

级 别	技 能	标 准 描 述
四级	读	1. 能理解简易读物中的事情发生顺序和人物行为 2. 能从简单的文章中找出有关信息,理解大意 3. 能根据上下文猜测生词的意思 4. 能理解并解释图表提供的信息 5. 能读懂简单的个人信件、说明文等应用文体材料 6. 能使用英汉词典等工具书帮助阅读理解 7. 课外阅读量应累计达到 10 万词以上
五级		1. 能根据上下文和构词法推断、理解生词的含义 2. 能理解段落中各句子之间的逻辑关系 3. 能找出文章的主题,理解故事的情节,预测故事情节的发展和可能的结局 4. 能读懂相应水平的常见体裁的读物 5. 能根据不同的阅读目的运用简单的阅读策略获取信息 6. 能利用词典等工具书进行阅读 7. 课外阅读量应累计达到 15 万词以上

《英语课标》中关于英语阅读教学阶段目标的描述可以帮助教师明确不同年级的学生通过英语阅读教学要达到的标准,帮助教师在课堂教学的过程中完成相应的育人目标,使教师的课堂教学具有一定的层次感和连续性。

英语阅读教学总体目标与阶段目标如同纵横交错的网格,在帮助教师准确定位和实现英语阅读教学目标的同时,也帮助教师把握好育人的方向。

2. 促进教师了解英语阅读教学育人现状

尽管有教学目标的指引,但在实际教学过程中,英语阅读教学育人方面仍然存在一些问题。

(1) 对教材缺乏系统梳理和深度挖掘

尽管英语学科育人价值已经得到越来越多的重视,但从英语阅读教学角度来看,教师对牛津英语教材中的篇目缺乏系统梳理和深度挖掘。本研究通过共同体教师之间的合作,基于九年一贯制学校的优势,对小学阶段四至五年级的教材、初中阶段六至九年级的教材中有育人价值的内容,进行了较为系统的整理,避免设置育人目标时的随意性。相关整理工作具有一定的参考价值。

(2) 育人目标过于宽泛或流于形式

许多教师在课堂教学中设置的育人目标,往往过于宽泛或流于形式。戴佳敏老师在《基于英语学科特点的德育路径探寻》一文中说道:"部分教师虽然关注到了德育目标,但在设置德育目标时非常随意。热爱国家、热爱生命、保护自然等大而空泛的德育目标在短短一个课时中根本无法落实到位。部分教师仅仅是为了设目标而设目标，完全流于形式。"

本研究通过具体案例的研讨和展示，帮助教师根据选材内容，设置符合学生特点的课堂教学育人目标，具有一定的实用价值。

（3）对育人实效缺乏相应评价

在知识和技能、过程和方法、情感态度和价值观三个维度中，针对情感态度和价值观的评价在过去没有得到足够的重视，存在内容不清、标准不明的情况。教师对育人目标实现程度的评价，在实际操作中也可能受教学进度、考试要求等各种因素影响而教条化、单一化。

在教育理念走在全国前列、中高考不断改革的上海，英语已不仅仅是一门学科，更是沟通思想、放眼世界、汲取更广阔范围内人类智慧的工具。这一点不仅是教育管理部门和专家的共识，也获得了社会的认同。

本研究力求对英语教学内容、教学方式进行更细致的行动研究，最大程度发挥英语学科育人功能，并提供多元的评价方式。

上外松外学校是一所九年一贯制公办学校，中小学英语教学以上海市牛津英语教材为主，辅以其他优秀的听读类英语学习资料和网络学习资料。学校形成了富有特色的英语教学体系。针对学科育人这一话题，学校在挖掘牛津英语教材主题式育人价值的基础上，对如何提高小学中高段至初中阶段英语阅读教学育人价值进行了探索，注重学生兴趣的培养和激发，从听、说、读、写、演等多方面入手评价学生英语学习成果，提高学生英语学习能力。

3. 提升教师理论联系实际的实战能力

英语阅读教学育人价值行动研究旨在揭示英语阅读教学过程中的育人点，探索如何进行英语阅读教学以更好地发挥英语学科的育人价值，培养学生的核心素养。为此，我们在研究之初进行了理论假设，通过行动研究，检验、修正研究之初的理论假设。

（1）教师要学会进行理论假设

英语阅读在英语教学中发挥重要作用。首先，英语阅读有助于激发学生的英语学习动力。阅读故事的形象性、趣味性、情节性以及说明文体的生活性能很好地激发学生的阅读兴趣与求知欲望，激发学生的英语学习动力。其次，英语阅读有助于学习者的语用输出。英语文本阅读是学习者在英语学习过程中语言输入的主要途径之一。应用性英语阅读不是纯语言学习性的阅读，它关注语境带动以及学习者的语用体验，为学习者创设了生动的语境，使语用输出成为可能。最后，英语阅读为学习者提供了思维品质改善的广阔空间。学习者的归纳总结能力、逻辑思辨能力、开放性思维能力等高级思维能力都会通过英语阅读得到改善。

但是,受到语言输入的限制,我国小学生认知发展过程与英语语言能力发展过程不匹配。与此同时,教师在指导学生进行课外阅读时发现,部分学生由于词汇量不够,无法顺利阅读;学生时常在家中进行课外阅读,不能及时得到教师的指导。因此,教师要结合现状和行动研究中的理论假设,思考如何立足阅读教学,指导阅读方法,服务课外阅读。教师要多方面寻求现实问题背后隐藏的深层原因,为自己的理论假设寻找更多的依据,从而设计行动方案,最终解决问题。

(2)教师要学会通过行动研究检验自己的理论假设

上外松外学校有着丰富的英语教学实践经验,从小学低年级开始就培养学生各方面的能力。在课时允许的情况下,教师会为学生讲解绘本等英语辅助教材的内容。教师在教学中发现的问题或使用的方法,可通过多种渠道进行验证,从而多方面激发学生的学习潜能。学校具体从以下几个方面进行了探索,相关的活动经验也在共同体学校中进行了交流。

① 英语阅读教学——指导阅读策略,改善思维品质

学校每学期开展以英语阅读为主题的中高级教师教学评比活动和青年教师教学评比活动,让骨干教师将他们多年教授阅读课的经验体会通过自己的课堂演绎出来,让青年教师将他们关于阅读教学的理论方法通过自己的课堂运用起来。英语阅读教学充分发挥了启发学生思维、提高学生阅读能力、实现异质文化交流的作用。

② 世界文化之旅游园活动——用英语了解世界,培养跨文化交际能力

学生用英语了解英语国家的文化,并将其与中国文化进行对比,从知道文化差异,到理解文化差异,再到正确看待文化差异,最后顺利实现异质文化的交流,提高自己的跨文化交际能力。游园活动中,各个班级通过布置世界文化展台,让学生在课堂之外,用英语了解世界文化,体验世界文化,激发学生尊重不同、理解不同、尊重生命、自立自强的情感。

③ 英语故事比赛——用英语读故事、讲故事,培养语用能力

每学期举办一次英语故事比赛,为不同年级设定不同的目标。低年级学生以绘本故事的模仿朗读为主,高年级学生以拓展、自编故事为主。英语阅读不仅要读,更要在读的基础上用。将所读的内容以故事的形式讲出来,培养了学生的语用能力。

④ 英语舞台剧——用英语阅读剧本、演绎剧本,渗透德育目标

每学期举办英语科技节活动和读书节活动,在闭幕式上让学生用英语演绎舞台剧。舞台剧的剧本,有的是经典文学作品,有的是教师自己创作的作品。这些作品蕴含着深刻的德育目标,有的以集体意识为教育点,有的以变废为宝为教育点,有的以诚实勇敢

为教育点。学生通过阅读这些剧本,感知情感内涵;通过演绎这些剧本,认同内化情感,实现德育目标。

4. 督促教师对英语阅读教学行动研究的再思、再行

在开展英语阅读教学行动研究的过程中,我们发现英语阅读教学确实有助于学生阅读策略、文化意识、思维品质等方面能力的提升,而且英语阅读教学中有很多育人点,如语言运用、情感熏陶。因此,在现有研究的基础上,我们要再思、再行。

(1)教材中相关内容的整合

根据《英语课标》的阶段目标,学校不断整理现有的阅读教学内容、课外阅读书目、英语舞台剧剧本,梳理阅读内容涉及的主题,增补缺失主题的相关阅读内容,使学生的阅读面更广。同时,学校还整理了适合各年级的阅读材料,以适应学生现有的语言能力和最近发展区。

(2)教学形式多样化的再思考

教师不断研究现有的英语阅读教学形式,拓展更多有吸引力的教学形式,如视听形式的阅读、英语原版影片的赏析、英语手抄报的绘制。通过多样化的教学形式,让学生有更多用英语完成不同任务的机会,培养学生各方面的能力。

(3)资料整理的规范化和系统化

前期研究在资料整理、经验提炼方面还存在许多不足。今后,学校要更多地思考各项活动之间的关联性,确定活动的流程和需要的保障,在每次活动后做好资料的收集整理工作,完善相关的制度。只有做到规范化、系统化,才会使教育教学活动开展得更加顺利、有效,真正服务于学生,体现育人价值。

(五)中学物理课堂教学提升学科育人价值的研究意义

近年来,在学科中渗透德育教育的呼声很高。很多教师都认识到对学生进行德育教育的必要性,一部分教师正致力于在学科中渗透德育教育的实践活动。德育在狭义上指的是学会做人,但随着全球经济、文化的一体化、网络化,应从学会求知、学会做事、学会共处、学会做人四个层面开展德育教育。教育从本质上来讲,就是教人求真。德育不仅是班主任的工作,更是学校教育阵地最主要的任务。德育大纲指出:"各科教师均要教书育人,寓德育于各科的教学内容和教学过程的各个环节之中,把德育大纲的贯彻实施,看作是各科教师的一项重要任务。"因此,借物理课程改革之机,努力挖掘物理学科中的德育因素,充分发挥物理教学的德育功能,开展有序教学活动,势在必行。

初中物理对学生而言有着教育启蒙的重大意义。培养学生学习初中物理的兴趣,能够有效地增强学生观察物理现象的能力以及解决物理问题的能力,能够为学生以后的物理学习打下扎实的基础。

初中阶段是学生的世界观逐步形成的时期。如果物理教师在教学中没有渗透德育教育,则不利于学生高尚的道德情操的形成。物理教师应该抓住一切契机在教学中渗透德育教育。

物理作为一门自然基础学科,不仅能够启迪学生的智慧,培养学生的能力,使学生掌握物理基础知识,而且能够增强学生的爱国主义情感,帮助学生树立集体主义观念,培养学生辩证唯物主义思想。而物理学家的奋斗经历,更能激励学生勤奋好学、勇于克服困难、执着追求真理。物理课程具有一定的稳定性和持久性。将德育渗透到物理教学中,对学生的思想道德品质进行潜移默化的影响,有助于从根本上提高学生的道德水准,真正达到教书育人的目的。

第二节　核心概念

一、学科育人价值

基础教育新课程的学科课程标准要求从知识和技能、过程和方法、情感态度和价值观三个维度建构学科课程的三维学习目标,根据学生的认识规律、心理发展水平设计和组织学科教学,明确学科具体教学内容,体现各学段的育人目标和任务,注重不同学科间的联系,发挥学科教学综合育人功能。我们选取几个学科在共同体学校中进行实践和探索。

（一）小学语文学科育人价值

关于学科育人价值,叶澜教授从内涵和外延两方面进行了描述:"任何一门学科的教学,都要认真分析本学科对于学生而言独特的发展价值,它除了指该学科领域所涉及的知识对学生的发展价值外,还应该包括服务于学生丰富对所处的变化着的世界的认识;为他们在这个世界中形成、实现自己的意愿,提供不同的路径和独特的视角;学习该学科发现问题的方法和思维的策略、特有的运算符号和逻辑;提供一种只有在这个学科的学习中才可能获得的经历和体验;提升独特的学力——美的发现、欣赏和表现能力。"

语文学科兼具工具性与人文性。人文性就是以学生为主体,以学生的全面和谐发展为根本。因此,语文学科应该是提升学科育人价值的主阵地。

《义务教育语文课程标准(2011年版)》(以下简称《语文课标》)指出:"要全面提高学生的语文素养,就要激发和培育学生热爱祖国语言文字的思想感情,引导学生丰富语言积累,培养语感,发展思维,初步掌握学习语文的基本方法,养成良好的学习习惯,具有适应实际生活需要的识字写字能力、阅读能力、写作能力、口语交际能力,正确运用祖国语言文字。语文课程还应通过优秀文化的熏陶感染,促进学生和谐发展,使他们提高思想道德修养和审美情趣,逐步形成良好的个性和健全的人格。语文课程丰富的人文内涵对学生精神世界的影响是广泛而深刻的,学生对语文材料的感受和理解又往往是多元的。因此,应该重视语文课程对学生思想情感所起的熏陶感染作用,注意课程内容的价值取向,要继承和发扬中华优秀文化传统和革命传统,体现社会主义核心价值体系的引领作用,突出中国特色社会主义共同理想,弘扬以爱国主义为核心的民族精神和以改革创新为核心的时代精神,树立社会主义荣辱观,培养良好思想道德风尚,同时也要尊重学生在语文学习过程中的独特体验。"①

根据语文学科特点,结合《语文课标》《上海市学生民族精神指导纲要》《上海市中小学生生命教育指导纲要》,基于小学生的生理特征和心理特点,笔者认为小学语文学科育人价值主要表现包括:"培育学生热爱祖国语言文字的思想感情,培养爱国主义、集体主义、社会主义思想道德和健康的审美情趣,逐步形成积极的人生态度和正确的世界观、价值观,认识中华文化的博大精深,汲取民族文化智慧。在语文学习过程中,增强学习语文的自信心,养成良好的语文学习习惯,发展个性,培养创新精神和合作精神。在发展语言能力的同时,激发学生的想象力和创造潜能,引导学生掌握正确的思维方法,培养学生合作精神、探究意识和研究性学习能力。"

（二）初中语文学科育人价值

初中语文教师提升学科育人价值要紧紧把握语文学科特点,深入研究语文学科性质,通过对语文课程与教材的深入分析,发挥语文经典篇目的教育价值,在语言文字的阅读与理解中进行文化思想熏陶,在阅读、感悟与体验中培育精神,并在此基础上形成提升语文学科育人价值的长效机制。基于以上认识,我们结合三新学校共同体初中语文教学实际,并依据上海市教委语文教研室语文学科育人相关要求,提出以下三条语文学科育人价值:（1）激发和培育学生对祖国语言文字的热爱之情,引导学生认识中华文化的博大精深,产生对中华民族优秀文化的认同感,丰富学生的心灵,陶冶学生的情操;（2）培养学生良好的语言素养,在语言实践活动中提高学生的思想文化修养;（3）培养学生的思维能力,激发学生的想象力和创造潜能,引导学生掌握正确的思维方法,培养学生的合作精神、探究意识和研究性学习能力。

为了提升现有学科的育人价值,新基础教育要求教师认真分析、认识、把握本学科对于学生成长而言独特的发展价值,即认识到学科的独特价值在于育人,在于学生的发

---

① 中华人民共和国教育部. 义务教育语文课程标准（2011 年版）[M].北京：北京师范大学出版社,2012.

展,不在于学科知识本身的创造和突破。此时的学科应具有丰富和发展学生生命的意义。我们并不认为学科知识对学生发展没有价值。相反,它确实是教学中必须让学生掌握的基础性内容。但学科知识对学生发展的价值不应停留在此,不能认为学生是为学这些知识而存在的,更不能认为教师是为教这些知识而存在的。教学为学生的多方面主动发展服务是最基本的立足点。因此,要从学生的发展需要出发来分析语文学科对于学生成长而言能起的独特作用。具体来看,语文学科对学生发展的价值,除了一个领域的知识外,至少还包括为学生提供认识、阐述、感受、体悟改变自己生活在其中并与其不断互动着的、丰富多彩的现实世界的理论资源;为学生形成、实现自己的意愿,提供语文学科所独具的路径和视角、发现问题的方法和思维的策略、特有的思考方式和逻辑;为学生提供一种只有在语文这个学科的学习中才可能获得的经历和体验,才可能提升的独特的学力——美的发现、欣赏和表现能力。只有如此,学生的精神世界才能从语文学科教学中获得多方面的滋养。只有在发展对外部世界的感受、体验、认识、欣赏、改变和创造等能力的同时,不断丰富和完善自己的生命世界,体验丰富的学习人生,满足生命的成长需要,不断认识自我,发展自我意识,语文学科教师才能完成从学科专业人员向学科教学专业人员的基础性转化。

华阳桥学校以智慧课堂为切入点,探索初中语文学科育人模式。词典中对"智慧"的解释主要有:(1)分析判断、发明创造、解决问题的能力;(2)才智、智谋;(3)佛教超越世俗虚幻的认识达到把握真理的能力。学术界的观点大致有两类:一是把智慧等同于智力和智能;二是把智慧看成是人们获得知识和运用知识解决实际问题时所必须具备的心理条件或特征。国家级督学成尚荣先生认为:"智慧是一种整体品质,它在情境中诞生和表现,以美德和创造为方向,以能力为核心,以敏感和顿悟为特征,以机智为主要表现形式,科学素养和人文素养的结合赋予它底蕴和张力。"在教育教学实践中,我们认同成尚荣先生的观点。

教师教学实践智慧是指教师在理解、把握教学本质和规律的基础上,通过持续关注、体验、感悟、反思和探究具体的教学情境和教学事件,进而在教学过程中敏锐地把握教学情境,灵活地应对教学事件,智慧地驾驭课堂教学的一种综合能力。它主要包含教学技巧、教学机智、教学自由三个不同层次的智慧。

智慧课堂是指在一定的教学时空范围内,以相关的学科学习材料为主要载体,以教师、学生以及学习载体三者之间的对话为主要方式,整合各种教育资源,提供富有智慧的教育条件,促进学生智慧发展的课堂。

(三) 中学数学学科育人价值

"学易要重德,万事德为先",教育本身就是一种道德行为规范。我们的教育要培养有德有才的新世纪的建设者和接班人,而在德与才之间,是先有德后有才。我们的教育不仅要传承文化知识,还要对学生进行思想上的熏陶和塑造。思想教育体现在每一个学科中,也体现在数学教学的每一个环节中。

数学学科除了德育方面的价值,还有其独特的育人价值,具体表现在:在数学学习过程中,学生可以通过数学知识的发现过程,了解发现的视角,培养猜想的意识;可以通过数学问题的解决过程,产生丰富的体验,形成有意义的认识;可以通过数学独特的符号语言表达实践,学会抽象思考,养成准确严谨的表达习惯;可以通过数学内在结构关系与规律的揭示,产生主动探究的欲望,形成学习数学的内驱力;可以通过数形转换的不同路径和思维策略选择,感悟渗透其中的数学方法与思想,培养判断与选择的自觉意识,形成基本的数学素养。

数学家张奠宙教授指出,数学学科独特的育人价值主要在于培养数学意识和科学素养等。数学核心素养可以理解为学生学习数学应当形成的有特定意义的综合性能力。核心素养不是具体的知识与技能,也不是一般意义上的数学能力。核心素养既基于数学知识技能,又高于数学知识技能。核心素养反映数学本质与数学思想,是在数学学习过程中形成的,具有综合性、整体性和持久性。学生通过对数学特有逻辑系统的学习和思考,在与现实生活沟通的过程中,在感受和践行前人数学智慧的过程中,把其内在的智慧转化为自身发展的力量。张奠宙教授认为,数学的核心素养有真、善、美三个维度:(1)理解理性数学文明的文化价值,体会数学真理的严谨性;(2)具备用数学思想方法分析和解决实际问题的基本能力;(3)能够欣赏数学智慧之美,喜欢数学,热爱数学。

(四) 英语学科育人价值

语言是文化的载体。英语是国际交往与文化科技交流的重要工具。中小学生英语语言知识的掌握及语言技能的提升主要是在课堂中实现的。学生语言学习策略的学习、英语思维方式的形成也常常发生在课堂中。

课堂是教学的主阵地,我们教育的目的不是把学生培养成只掌握科学知识的文化人,而是把学生培养成有责任感、有爱心、有能力的新一代高素质人才。课堂教学是育人工作的主阵地。作为语言文化的传播者,英语教师应教书、育人并重,重视各教学环节中的德育渗透,在课堂教学中寻求恰当的切入点,将德育巧妙地运用于其中,使学生在学好语言知识的同时,完善自己的道德品质,树立正确的人生观和价值观。

在英语课堂教学中对学生进行德育教育的机会很多,本课题重点关注的是如何在英语阅读教学中挖掘具有育人价值的素材,提升英语学科育人价值。相关概念界定如下：

1. 英语阅读教学

上外松外学校是与上海外国语大学合作办学的中小学之一。学生在英语学习方面有许多优势，英语水平也比同龄学生英语水平高一些。学校在使用牛津英语教材的同时，补充了课外阅读材料。因此，本课题中英语阅读教学内容，既指松江区共同体六所九年一贯制学校四至九年级所使用的牛津英语教材中的相关主题课文，也指教材之外拓展阅读内容及对课本剧剧本的阅读、编写和表演等内容。

2. 学科育人

共同体学校的英语骨干教师，着力挖掘英语教材相关主题文章所蕴含的人文精神和思想，主要研究"家庭与生活""自然与环境""文化与交流""科技与未来"四大板块中的育人材料，在教学中积极创设真实语境，引导学生通过阅读、表演体验并内化所学知识，领悟育人价值的核心思想，让学生在语言习得过程中养成良好学习习惯，在开阔视野的同时逐渐具备跨文化意识等优秀品质。

（五）物理学科育人价值

学科育人价值，作为一个十分重要的理论问题，是在新基础教育发展性研究阶段提出来的，强调科学教育（包括分科科学课程、综合科学课程）在传递科学知识、发展学生从事科学相关工作的能力、培养学生的科学兴趣、形成学生的科学精神、养成学生的科学态度等方面的意义和价值。相比生物、化学等其他自然科学学科，物理是一门与学生日常生活联系十分紧密且应用广泛的学科。物理以其抽象、辩证的思维方式及以实验为基础的特点，引导学生形成勤动脑、勤动手的科学素养，激发学生探索自然、理解自然的兴趣和热情。因此，掌握正确的教学方法，充分挖掘物理学科的育人价值并将其落实到课堂之中，是新时代对物理教师的新要求。

物理作为基础教育最重要的自然科学学科之一，其育人价值具体体现在科学教育价值与人文教育价值两个方面。

1. 科学教育价值

科学教育就是让学生习得科学知识与技能、掌握科学方法、养成科学态度、形成科学精神的教育。科学教育的价值在于提高学生的科学素养。物理教育作为科学教育的重要组成部分，就是让学生获得所需的物理知识和基本技能，感受、认识和运用物理学的基本思想和基本方法，养成科学态度，形成科学精神，逐步形成正确的世界观、人生观和价值观的教育。

2. 人文教育价值

人文教育就是让学生提高哲学素养、增强品德修养、培养审美情趣、关注科学伦理的教育。人文教育的价值在于提高学生的人文素养。物理学科育人价值主要体现为科学教育价值,但从培养人的角度来看,人文教育价值也不可或缺。物理学科的人文教育价值,就是要通过物理文化的熏陶,提高学生的人生智慧,让学生理解物理学发展与人类社会发展的关系,形成人与自然和谐相处的理念,成长为一个尊重生命、尊重他人、尊重自然的人。

二、课堂教学提升学科育人价值

新的学科育人价值观要求我们重新理解教学活动的性质,重新理解教学过程,重新审视教学过程中的师生关系,在新的认识和理解基础上,建立起新型的课堂教学价值观。新型的课堂教学价值观在教学的价值取向和定位上,不再单纯重视知识目标,而是从单一传递教科书上的现成知识,转为兼顾能力培养和情感陶冶。教师不仅要教书,还要育人,教师实际上通过教书实现育人。

（一）小学语文课堂教学节奏调控提升学科育人价值

1. 节奏的内涵

节奏,原本是艺术方面的一个概念,它是音乐、诗歌、舞蹈等艺术表现形式的基本构成要素。节奏,也是一种自然存在的现象,产生于世间万物的运动之中,表现出事物不断发展变化的重复性和规律性运动轨迹。节奏在自然界中普遍存在。昼夜的更替、四季的变换、太阳的东升西落、海洋的潮起潮落等,都是被人们熟知、与人类息息相关的节奏现象。

那么,节奏是什么? 人们对此有着不同的理解。我国古代《乐记》云:“节奏,谓或作或止。作则奏之,止则节之。”《现代汉语规范词典》认为:“节奏是指音乐中音的长短、强弱有规律地交替出现的现象。”我国美学大师朱光潜先生说:“节奏是音乐、舞蹈和歌唱这些最原始也最普遍的三位一体的艺术所共同具备的一个要素。节奏不仅见于艺术作品,也见于人的生理活动。”[①]《简明美学辞典》指出:“节奏是艺术作品中各种可比成分连续不断交替的现象。”美国的理查德·波列拉夫斯基这样描述节奏:“节奏是一件艺术品中所包含的各种不同要素的有秩序、有节拍的变化,而这一切变化一步一步地激起欣赏者的注意,始终如一地引导他们接近艺术家的最终目的。”[②]

综上所述,节奏存在于世间万物之中,是事物普遍运动性的一种客观要素,它客观、有规律地反映了事物发生、发展、运动、变化的过程,也使事物的成长在这一过程中得以实现。

---

① 朱光潜.谈美书简[M].北京:人民文学出版社,2001.
② 柳斌.教师素质培养手册[M].北京:九州图书出版社,1998.

2. 教学节奏的内涵

自 20 世纪 80 年代以来,越来越多的学者开始关注教学节奏,对其进行了研究、总结、归纳。那教学节奏是什么呢？不同学者给出了不同的答案。刘舒生认为:"教学节奏,是指教学过程中教学的速度、密度、力度、难度、强度、重点度和激情度等可比成分连续不断的具有一定规律性的变化。"[1]金绍荣等认为:"课堂教学节奏,主要是指在教学过程中,教与学、问与答、讲与练等活动交互出现的各种有规律的发展变化。"[2]李如密认为:"教学艺术节奏,是指教师教学活动组织富有美感的规律性的变化。"[3]秦健英认为:"课堂教学节奏,是指课堂教学内容的繁简、教学分量的轻重、教学方法的转换以及教与学、导与读、讲解和议论、理解与练习等的分析和运用所构成的轻与重、缓与急、长与短、张与弛的有规律的现象。"[4]

综上所述,笔者认为,教学节奏是指教的节奏与学的节奏的有机整合,它关注的是教与学两个方面的节奏,但其最终落脚点是在教的节奏上。教学节奏强调教学过程中,教师根据学生的心理特点和教学内容特点,呈现出的一种动静交替、疏密相间、张弛有度、强弱分明、跌宕起伏的规律性的教学变化形式。

3. 小学语文课堂教学节奏

结合教学节奏的内涵及小学语文的学科特点,笔者认为,小学语文课堂教学节奏是指小学语文教师在教学过程中,充分考虑到小学生的年龄特点、课堂表现及心理特点,根据所教授文本特点,恰当合理地组织教学,在教学语言、教学方式、教学内容和教学过程等方面表现出的起伏变化的节奏。

4. 小学语文课堂教学节奏调控

小学语文课堂教学节奏调控,是指教师在一节课不同的时间区域内,根据学生的课堂表现和心理特点,调节课堂教学气氛,组织教学,使教学进程显现出鲜明的、阶段性的、层次性的、有节律的起伏变化。

5. 小学语文课堂教学节奏调控提升学科育人价值

小学语文课堂教学节奏调控提升学科育人价值,是指教师在一节课的课堂教学中,通过教学节奏的调控,提高学生的注意力和思维力,增强学生学习的自信心,帮助学生养成良好的学习习惯,发展学生的个性,培养学生的创新精神和合作精神,进而提升学科育人价值。

---

① 刘舒生.教学法大全[M].北京:经济日报出版社,1990.
② 金绍荣,肖前玲.调控课堂教学节奏的"四要义"[J].教职通讯,2006(02).
③ 李如密.教学艺术论[M].济南:山东教育出版社,1995.
④ 秦健英.试论课堂教学节奏[J].四川教育学院学报,2002(02).

（二）中学语文课堂教学提升学科育人价值

为了通过智慧课堂提升学科育人实效性，初中语文教师应借助理论学习的积淀、教学实践的反省和有意识的持续研究，在教学过程中逐步形成对复杂教学情境（事件）的一种敏感、迅速、准确的判断能力，从而使自己从较低层次的技能熟练且恰当运用的教学智慧阶段，经过中间层次的机智应对突发性教学情境的教学智慧阶段，最终达到较高层次的融会贯通的教学智慧阶段。智慧课堂将知识转变为技能，使知识走向智慧，促进学生进行"有意义的学习"，有利于学生智慧的形成与发展，有利于在一种自由、和谐的氛围中不断丰富学生的情感世界，让学生在学习活动中体验，在体验中不断成长。因此，智慧课堂是以教师的智慧开启学生的智慧。教学相长、智慧共生的课堂，能够促进初中学生语文学习潜力的充分发挥。智慧与有效紧密相连，智慧的课堂一定是有效的，而有效的课堂必定充满智慧。

（三）中学数学课堂教学提升学科育人价值

新的学科育人价值观指出，数学学科育人价值和核心素养与数学课程的目标和内容直接相关，对于理解数学学科本质、设计数学教学、开展数学评价等有着重要的意义。

如何充分发挥数学学科的教育功能？只有通过课堂教学这一重要途径。这是一个在每天每节数学课中，坚持不懈地渗透和体现数学学科育人价值的过程。数学是学生在生活中需要的一种思维方式。数学思维方式表现出抽象的特征，但它并不是无规律可循的不可捉摸的东西，而是渗透于各种具体的数学活动之中。借助于具体的数学教学活动，帮助学生建立起数学思维方式，不仅十分重要，而且是完全有可能的。如果学校的数学教学能够揭示隐藏在数学知识背后的数学思想和数学方法，能够使学生形成主动实践的数学思想并掌握数学方法，就有可能使学生真正感受数学思维方式的力量，逐渐形成这种思维方式，并在日常生活中自觉运用这种思维方式。数学思维能力的关键就在于思维的敏捷性、灵活性、深刻性、创造性、批判性，这几个数学品质也因此成为数学课堂教学培养学生数学思维能力的突破口。

（四）英语学科课堂教学提升学科育人价值

共同体的英语骨干教师，分工合作，对牛津英语教材中的阅读文本根据主题进行分类，着重对部分主题进行了课堂实践研究，同时对学生学习能力培养、跨文化意识培养、多元评价等方面进行了充分的思考和研究。

1. 梳理英语教材阅读文本中有育人价值的相关主题

小学高年级教材和初中英语教材所涉及的题材比较广泛，很多内容与生活密切相关。这些内容涵盖历史典故、运动与健康、环境保护、科幻故事、行为规范、人和动物、文化历史等各个方面，为在英语课堂教学中渗透德育提供了良好的契机。共同体学校的英语骨干教师充分研读教材，从中发现了丰富的育人资源，通过梳理，着重对"家庭与生活""自然与环境""文化与交流""科技与未来"四个主题进行深层探究。

2. 培养学生英语阅读学习能力

通过梳理教材中的相关主题，并对它们进行分类，教师就可以根据《英语课标》中阅读教学的总体目标与阶段目标，结合学生年龄特点，在不同时期有侧重地培养学生的学习能力。

3. 培养学生跨文化交际能力

英语学科有着特殊的育人功能，英语教师要承担起培养学生跨文化交际能力的责任，在课堂教学中有意识地凸显英语学科特有的育人价值。

4. 多元评价学生

教学评价也是较好的德育契机。对学生进行多元评价，可以让学生感受到自己的进步，知道自己的优点并有意识地弥补自己的不足。

（五）物理学科课堂教学提升学科育人价值

在新课程一系列相关文本中，科学教育的育人价值主要体现在知识和技能、过程和方法、情感态度和价值观等几个维度的目标中。部分学者认为，科学教育应分为相互关联的四个层次的内容，即科学知识、科学方法、科学态度、科学精神。因此，科学教育无疑应包含以下相互关联的三个层次的内容。

1. 明确学习目的，建立学科观念

基本理解科学知识、基本掌握科学技能是具备科学素养的最基本要求。但是在传统知识教育中，出现了被动接受知识、学习过程主要是记忆过程、知识的学习带有社会强制性等现象。这些现象的出现与教材对知识教育的安排、学校及教师的教育理念有关。有些教师本身没有明确的学科观念，无法告诉学生学科的真正内涵以及基础知识对于学好这门学科的重要意义，导致学生忽略了基础知识的内在价值，没有兴趣学习基础知识，将大部分时间用于做题。

物理学科观念，是指学生通过物理课程的学习，在深入理解物理学科特征的基础上所获得的对物理的总体认识。教师在明确基础知识学习目的时，可以从基础知识在生活生产中的运用、基础知识在物理学科乃至其他学科中的地位两个方面入手。

2. 科学方法显性教育，掌握科学研究普遍规律

过程和方法目标体现了探究学习的过程，学生在学习知识之后要掌握一定的方法，科学地运用所学知识解释生活中的现象。传统方法教育中，除了教科书中介绍的方法，教师一般很少挖掘其他方法。大多隐藏在知识背后的方法，都需要学生自己思考并总结。这导致学生很难找到学习的科学方法。

所谓科学方法显性教育，是指教师有意识地公开进行科学方法教育，学生有意识地学习科学方法，以达到理解知识、掌握方法和形成科学态度的目的。教师可以在讲解知识的过程中，有意识地总结某类问题的解决方法，并举例加以说明。比如，建立物理模型是一种运用很普遍的科学方法，但书中并没有明确提及，教师讲解时，应先解释物理模型的概念及其建立的意义，再恰当结合物理实际问题举例说明如何运用物理模型解决问题，最后在作业中有所体现，让学生掌握扎实该方法。

3. 端正科学态度，形成正确价值取向

我国学者顾志跃先生在《科学教育概论》一书中指出，科学态度是个体在科学价值观支配下，对某一对象所持的评价和行为趋向。可见，科学态度是学生自身对科学的情感及价值判断，是在其自身观念及行为习惯的影响下形成的。它包括个体及其科学世界的情感成分、认知成分和个体在学习过程中对待日常生活的一种内在反应倾向。传统说教式教学将倡导的价值观直接灌输到学生头脑中，由于学生理解不透彻，感受不深刻，并不能真正影响其行为习惯，端正其学习态度。

端正科学态度，对于学生形成正确的价值取向和科学素养有很大影响。教师在课堂上可以通过生动的例子以及史实材料来引导学生，也可以组织辩论赛、讨论组等来引导学生。比如讲解科学发展对于社会的意义，在讲核聚变与核裂变时，不仅要让学生知道核工业对于人类发展的重要意义，还要引入当今影响世界和平的核威胁、核恐怖问题，介绍爱因斯坦对于研制原子弹的态度，以此让学生了解科学的两面性，引导学生形成正确运用科学技术的价值取向。当然，教师还可以运用探究性学习、介绍物理学史、介绍发明创造法等方法引导学生端正科学态度，培养学生的科学素养。

三、校际共同体

共同体往往指由某种共同的特质维持或形成的，其成员间因某种共识而达成协议的特定群体，其根本特征就是同质性。这种同质性以共同的价值追求、伦理规范、生活方式等社会因素为表征。校际共同体就是基于这样的同质性，在学校管理、学校文化、教育科研等方面相互探讨，相互学习借鉴，相互帮助合作，抱团发展，共同提高的校际合作组织。

华阳桥学校初中语文学科校际共同体，是指由上海市三新学校领衔的三新学校共同体六所学校的初中语文教师，为着自身发展的需要，根据同质促进、异质互补原则建构起来的一个校际初中语文学科教研联合团体。该校际共同体以骨干教师专业引领为抓手，以"三新学校共同体初中语文名师工作室"组织实施教研活动为推进手段，通过"同伴互助"整合共同体内初中语文教师专业发展的人力资源，共建共享，以提高各学校的初中语文学科教学质量和学校办学水平为目的。该校际共同体丰富了校本教研活动形式,使校本教研的道路更加宽广,激发了初中语文教师参与教研的积极性,通过总结先进经验,树立典型,宣传先进,指导和推进区域层面初中语文学科研究工作长期、稳定、常态化开展。

三新学校作为松江区第二轮义务教育发展共同体的牵头学校,在数学学科方面先后派出区首席教师丁玉、区名师马艳玲负责共同体数学学科中心组工作。首先,三新学校紧密联系上外松外学校、小昆山学校、华阳桥学校、车墩学校和张泽学校,做好数学教师柔性流动工作。绝大多数流动教师担任班主任及备课组长等职务,充分发挥了本校优势学科的示范辐射和教研引领作用;其次,以数学学科中心组为单位,各成员学校教师围绕本学科开展学科教学研讨,学科校际教研氛围逐步形成;再次,三新学校初中数学组带领共同体学校一起研究区级课题"初中学生数学高层次思维培养的实践研究",边实践边研究边落实数学学科育人目标,成效显著。在校际共同体这个平台下,各共同体学校在原有的基础上,进一步拓宽了工作思路,创新了工作举措,促进了区域教育教学质量的提升。

第三节　文 献 综 述

一、国外关于学科育人价值的研究

（一）国外德育内容研究现状

近年来,德育问题在世界各国受到普遍关注,强化德育已成为世界各国的一致行动。进入 20 世纪 90 年代,东西方许多国家都在着手进行德育改革的探索,目的是探索出一条适应时代变化与本国社会发展需要的道德发展之路。由于历史文化背景及社会制度不同,各国德育的内容、方法有着很大的不同。

20 世纪 80 年代末,面对严重的道德危机,美国的德育又把一度被忽视的品格教育重新拾起。品格教育曾是美国早期学校进行德育的主要方式,后来被道德认识理论、价值澄清理论以及实用主义教育观所替代。威斯康星大学的阿兰·罗克伍德教授把品格教育定义为学校所倡导的旨在与其他社会机构合作的活动,品格教育通过明显地影响能够产生这种行为的非相对主义的价值观,进而直接和系统地塑造年轻人的行为。

21 世纪,日本学校德育改革的核心就是以"丰富人性"为目标实施"心灵教育"。1998 年,随着"科技立国""文化立国"两大战略的确立,第 16 届中央教育审议会在《关于始于幼儿期的心灵教育的应有状态》的咨询报告中,第一次明确提出"心灵教育"的概念。报告指出,儿童必须具有生存能力,而生存能力的核心是丰富的人性,它包括以下几个方面的内容：对美好事物和自然的感动之心等纤细的感受性；重视正义感和公正性的精神；热爱生命等基本的伦理观；同情他人之心和社会奉献精神；自立心、自制力和责任感；对他人共生和对异质事物的宽容。

韩国在 1982 年、1987 年、1992 年三次教育改革中都强调以塑造"新的韩国人"形象为目标，加强道德与心理一体的现代人格教育。"新的韩国人"的标准是：（1）健康的人——拥有强健的体魄、刚强的意志、高尚的情操、丰富的情感；（2）独立的人——拥有自信、自主决策力、进取开拓精神、强烈的民族意识；（3）创造的人——拥有基本学习技能、科学研究能力、理智地解决问题的能力、创新的思维性向；（4）道德的人——拥有正确的价值观、人类的认同感、优秀的公民意识、关心他人的精神。韩国提出要通过道德教育，真正改变国民消极、落后的恶习，唤醒人们实现自我、完善人格的意识，培养主导信息化、开放化、国际化的高度发达的 21 世纪社会的具有主体精神、创造精神和道德的韩国人。

20 世纪 90 年代后期，澳大利亚政府在《阿德雷德宣言》中规定了 21 世纪澳大利亚中小学教育的目标：澳大利亚的未来取决于每一个公民拥有必备的知识、理解、技能和价值观，高质量的学校教育是达到这个目标的关键，学校应促进学生智力、体格、社会、道德以及精神和审美方面的成长，促进他们的发展；学生毕业时应自信、乐观、自尊、追求卓越，这是其作为未来家庭、社会和工作中合格一员的基本特质，无论在家庭、社会还是工作中都能够运用有关道德、伦理和社会公正方面的判断力，有责任感，有能力理解世界，思考世界的现状和原因，在生活中做出理智的决定，勇于承担自己的责任。

新加坡则要求"新加坡人"有国家意识、有正确价值观、有理想、有道德修养，明辨是非，成为能抗拒西方颓废思潮和腐朽精神生活的良好公民。

从国外德育内容的研究来看，不管哪个国家，其德育内容都包含国家意识、良好的个人品质、乐观向上的积极心态、正义感和公正性、奉献精神和创新意识等。总之，德育内容既要适应时代变化，又要适应本国社会发展的需要。

（二）国外德育方法研究现状

在课程的设置上，无论是欧美，还是亚洲各国各地区都按照本国本地区各级学校的德育目标、德育内容、德育体系设置德育课程，一般开设有公民课、道德价值课和伦理学、心理学、政治学、世界观方面的课程。具体来看，美国的中小学普遍开设了"公民教育课"和"法制课"，日本的德育课程是"道德时间"，新加坡设立了"公民与道德课程标准"。日本还进行了隐形化的德育教育，在各学科中都渗透着德育的内容，国语课要培养语言的实感和尊重国语的态度，文学科要挖掘教材的德育价值，数理学科要培养归纳推理的能力，帮助学生形成科学合理的生活态度，提高学生的道德判断力。

课堂讲授仍是学校德育的主要方式。虽然现代化的教学手段被引入课堂，但集体授课这种形式仍为基本形式。虽然东西方课堂气氛有所不同,但灌输这种方法仍具有普遍性。为了弥补德育课程时间上的不足,各国各地区各级学校都十分注重增加学生的课外、校外活动,以此来拓宽德育的时空,进而提高德育的效果。如:许多学校广泛开设人文社会科学方面的课程,涵盖文学、历史、哲学、音乐、美术、宗教和伦理学等内容,使学生从中获得某种道德熏陶,提高判断能力和选择自觉性,这种寓德育于各科教学的做法是各国学校德育普遍采用且富有成效的做法;许多学校还通过各种校园活动来进行道德教育;美国和日本等国实行学校、家庭、社会"三位一体"的德育教育模式,在实践中进行德育,丰富学生经历,拓展和强化德育。

因此,国外学校的德育既注重德育课程的设置,也注重在学科教学中发挥德育功能,还注重体验式德育,把德育与家庭、社会相结合,提高德育的实效性。

(三) 国外校际合作共同体育人现状

共同体是 1887 年由德国现代社会学大师斐迪南·滕尼斯(Ferdinand Tonnies)在其经典之作《共同体与社会》中提出的。在教育领域里较早对共同体进行探索的是杜威。杜威认为,"学校即社会",学校就是一个社会组织。日本东京大学佐藤学教授在其《学习的快乐——走向对话》一书提出了学习共同体这一概念,并指出学校就是一个学习共同体。

很多国家的德育主要以设置德育课程完成课堂教学的学科育人形式进行。根据共同体概念,学校教育也可以被认为是共同体形式的德育。美国和日本还特别强调学校、家庭、社会"三位一体"的德育教育模式,认为学校、家庭、社会既是一个联合体,也是一个学习共同体。

但是,在国外,校际合作组成共同体进行育人的现象还比较少见,所以,有关国外校际合作共同体实践德育的研究较少,可参考的资料更是少之又少。

二、国内关于学科育人价值的研究

20 世纪 80 年代,《中国教育改革和发展纲要》提出,中小学要从"应试教育"转变成"素质教育",学校教育在传授知识过程中实施德育教育,并把德育教育的内涵予以拓展。因此,全国各地学校开始关注如何在提高课堂教学实效性的背景下提升学科育人价值。2014 年教育部印发了《全面深化课程改革 落实立德树人根本任务的意见》,意见要求把立德树人落到实处,充分发挥课程在人才培养中的核心作用,进一步提升综合育人水平,倡导德育为先、能力为重、全面发展的教育理念,更好地促进各级各类学校学生全面发展、健康成长。课堂教学提升学科育人价值的研究在全国范围内再一次轰轰烈烈地开展起来。

新基础教育形成的课堂教学共通价值观的核心理念是,当前我国基础教育中课堂教学价值观需要从单一传递教科书上呈现的知识,转为培养能在当前社会中实现主动健康发展的一代新人。

上海市教育委员会巡视员尹后庆在《准确理解学科育人是课程改革深化的必然要求》一文中指出:"学科知识学习的过程是学习者主体意识和能力养成的过程,其中包括了大量的认知、行为、情感的矫正与强化的交互表现,是学习者人格与品性形成的重要渠道。学科教学要提供丰富的学习过程与合乎人的发展规律的实践体验,学习的目标是达到价值目标的自我核查,当我们的学习者能在学科学习中自觉形成平等负责任的价值观并主动捍卫自己的道德选择时,学科育人的目标就真正实现了。"

著名教育家叶澜教授认为,学科、书本知识是"育人"的资源与手段,服务于"育人"这一根本目的。"教书"与"育人"不是两件事,而是一件事的不同方面。在教学中,教师实际上通过"教书"实现"育人"。为了教好书,教师需要先明白育什么样的人。

陈成国在《新课程背景下的课堂德育》一书中指出:"凡教学都具有教育性。无论是教学目标设计还是教学活动组织,教师首先考虑的是学生的身心特点、学生的认知基础、学生的生活经验、学生的成长需要。教师不仅要关注学生的知识学习,更要重视学生的道德成长。"

北京市教委副主任罗洁在中小学第二届德育工作观摩交流周开幕式上做了《抓实课程德育,推进全员育人》的报告,指出:"抓住了课堂教学就抓住了学校德育的关键环节,学校德育的落实就有了途径、有了载体、有了时间、有了空间。"

徐淀芳在《关注学科育人价值,回归教育育人本原》一文中指出:"学科学习是青少年健康成长的摇篮;学科教学承载着素质教育的重任;学科教学承载着教师的人生价值;学科育人承载着学生发展的前途。"

相关资料表明,国内各中小学校结合国家宏观政策要求和专家理论研究开展了大量的课堂教学实践,形成了大量的实践经验。但是,学校内部以"学习共同体"形式开展课堂教学提升学科育人价值的研究较多,学校之间以"共同体学校"形式校际联动合作开展课堂教学提升学科育人价值的研究较少。

三、有关各学科育人价值的国内外研究

(一) 有关学科育人价值的研究

在中国知网上,以学科育人价值为关键词进行搜索,可以搜到 200 条结果。其中,专门研究学科育人价值的文献较少,只有两篇硕士学位论文从学科角度探讨了学科育人价值。一篇是郭峰涛的硕士学位论文《科学教学育人价值探寻》,一篇是王向凤的硕

士学位论文《外国短篇小说的育人价值及其开发》。叶澜教授及其领衔的"新基础教育"研究团队对育人价值的探究可以说是最深入的。叶澜教授主要从人的角度出发对育人价值进行了解读。

从以上分析可以看出,育人价值是多层次、多方面的,不能仅关注知识技能层面和情感态度价值观层面上的育人价值,还应关注整个人的发展。

（二）有关小学语文学科育人价值的研究

在中国知网上,以语文学科育人价值为关键词进行搜索,可以搜到123条结果。20世纪八九十年代,有关语文学科育人价值的研究,多结合思想道德教育展开,混淆了语文学科和品德与社会等学科的界限。进入21世纪,有关语文学科育人价值的研究,多基于学科特点,在语文学科知识研究的基础上,探讨如何提高学生的语文素养。近几年,有关语文学科育人价值的研究,又再次聚焦核心素养,使得语文素养越来越成为大家公认的语文学科的培养目标。

"新基础教育"语文研究团队从不同角度对语文学科的独特育人价值进行了阐释。[①]

1. 从教学内容的角度

基于关注学生生命价值的理念,语文学科教学内容的育人价值体现在三个层面。一是满足学生通过文字认识世界、表达自我、与他人交流、拓展精神世界的成长需要。二是打造学生的汉语根基、精神根基和文化根基。三是帮助学生形成言语个性与风格,形成观察和理解外部世界的思维方式,发展以语言为核心的独特精神世界。

2. 从教学方法与工具的角度

"新基础教育"语文学科教学改革始终强调不仅教学内容具有育人价值,而且教学方法本身也具有丰富的育人价值。小学语文课堂上,教师经常让学生采用圈划批注的方法来体会重点词句在文中的表达效果。这一教学行为,至少具有两种育人价值。一种是培养了学生"不动笔墨不读书"的良好的语文学习习惯;一种是在发展了学生的语言能力的同时,发展了学生的思维能力。

3. 从学科活动的角度

每一次的学科活动设计,无论是目标设计,还是过程设计,都应依据本次学科活动的内容和参与学生的年级特征,具体研究该学科的育人价值。

以上是"新基础教育"对语文学科育人价值的初步研究。广大教师应在理论的指导下,进行课堂教学的实践研究,并在该过程中结合课程标准、校本课程建设不断提升

---

① 李政涛,吴玉如."新基础教育"语文教学改革指导纲要[M].桂林:广西师范大学出版社,2009.

学科育人价值。

　　以小学语文学科育人价值为关键词在中国知网上进行搜索,仅有 27 篇相关论文,其中,王娟的硕士学位论文《小学语文教学的育人之"道"》,从小学语文教学过程中存在的两个问题(对小学语文育人价值的窄化和泛化理解;育人价值是小学语文教学的附属品)入手,着重解读了小学语文学科成德、益智、立美和育心的育人价值,探寻了小学语文学科的育人规律。除此之外,其他论文多从小学语文教学内容的角度出发研究小学语文学科育人价值。小昆山学校小学语文学科育人研究尝试从课堂教学节奏的角度出发,通过教师对课堂教学节奏的调控,最终实现育人价值。

　　(三) 有关教学节奏的研究

　　在中国知网上,以教学节奏为关键词进行搜索,可以搜到 567 条结果。从发表年度的排列可以看出,在 20 世纪 80 年代,很少有研究者关注教学节奏,20 世纪 90 年代,有更多的研究者开始关注教学节奏。进入 21 世纪,有关教学节奏的文章数量呈逐年上升趋势,其中 2011 年达到最高点,文章数量高达 58 篇,可以看出,近年来,无论专家学者,还是一线教师,都越来越关注教学节奏,越来越重视教学节奏对教学的影响。

　　通过筛选、研究和归纳,可以发现,这些文章大多是从教学节奏的概念、组成要素、调控策略这几方面进行研究的。

　　天津市教育科学研究部的邢真在《教学过程优化的基本特征》一文中指出:"教学节奏,是指教学过程中师生双方各种活动所呈现出的规律性变化的现象。教学节奏主要由知识节奏、语言节奏、时间节奏和情绪节奏构成。"[1]

　　西南大学教育学院的金绍荣、肖前玲在《调控课堂教学节奏的"四要义"》一文中指出:"课堂教学节奏,主要是指在教学过程中,教与学、问与答、讲与练等活动交互出现的各种有规律的发展变化。"教学节奏的调控策略包括四个方面,即"找准教学节奏的主旋律——整体和谐,准确把好教学节奏的脉络——教学程序,合理设计教学节奏的载体——教学内容,有效使用调控节奏的工具——教学语言"。[2]

　　四川省教育学会的纪大海在《论教学节奏》一文中指出:"教学节奏,简言之就是教节奏与学节奏有机整合而成的一种组织型节奏,尽管它关系着教与学两方面的节奏,但其落脚点是在教的节奏上。科学的教节奏实际上就是在教的过程中根据学生身心发展规律调整和处置动与静、言与行、轻与重、缓与急、张与弛、强与弱、冷与热、长与短、宽与严等方面的教育行为和教育度量。"教学节奏根据组成要素可分为时间节奏、语言节

① 邢真.教学过程优化的基本特征[J].中国教育学刊,1998(06).
② 金绍荣,肖前玲.调控课堂教学节奏的"四要义"[J].教学与管理(小学版),2006(07).

奏、教态节奏、视听节奏、关系节奏、进度节奏、氛围节奏。①

在教学节奏的概念方面,不同研究者有着不同的观点,如,李如密认为:"教学艺术节奏,是指教师教学活动的组织富有美感的规律性的变化。"②刘舒生认为:"教学节奏是教学过程中教学的速度、密度、力度、难度、强度、重点度和激情度等可比成分连续不断的具有一定规律性的变化。"③

在教学节奏的调控策略方面,研究者主要从教学内容、教学方法、教学进程、教学语言、学生注意力的变化规律、学生的课堂情绪等角度来调控教学节奏。

同时搜索教学节奏和调控两个关键词,搜索到的结果是 53 条。同时搜索教学节奏和控制两个关键词,搜索到的结果是 65 条。粗略算来,30 多年间有关教学节奏调控研究的文章只占有关教学节奏研究的文章的 1/5。同时搜索教学节奏和语文两个关键词,搜索到 99 条结果。同时搜索教学节奏和小学语文两个关键词,搜索到的结果就只有 7 条。通过阅读、研究后发现,在这 7 篇文章中真正以小学语文教学节奏作为主要研究内容且涉及节奏调控的文章只有 3 篇。

基于对相关文章和书籍的筛选、梳理、分析、总结,可以发现,近年来,广大学者、教育工作者发表的有关教学节奏研究的文章数量的确呈上升趋势,这说明人们正逐渐意识到教学节奏对于课堂教学的价值。然而,这些研究多从理论层面研究教学节奏的概念、组成因素,对教学节奏调控策略的研究较少,多关注理论对实践的支持,缺乏实践研究和行动研究,这就影响了教学节奏理论在一线教学中的普及。另外,在学科教学与教学节奏相结合的研究中,研究者对中学的关注相对较多,对小学的关注相对较少。能结合课堂教学实践研究小学语文课堂教学节奏调控策略的研究者就更少了。

根据对所搜集到的文章和书籍的分析,笔者试图结合自己的教学实践,从实际教学中的问题和困境出发,结合小学生的心理和生理特点,对小学阶段不同学段的语文课堂教学节奏进行研究,总结小学语文较为独特的教学节奏变化特点,并对教学节奏调控策略进行探索,在教学中进行行动研究和实践验证,以期从学生和教学的实际出发改变小学语文课堂教学调控现状,更好地实现小学语文学科育人价值。

(四)有关初中语文学科育人价值的研究

1. 国外研究情况分析

在国外,早在公元前四百多年,古希腊就开始进行以心智训练为主要内容的启智教

---

① 纪大海.论教学节奏[J].中国教育学刊,2008(04).

② 李如密.教学艺术论[M].济南:山东教育出版社,1995.

③ 刘舒生.教学法大全[M].北京:经济日报出版社,1990.

育。亚里士多德最早集中论述了实践智慧,他认为,实践智慧是"就那些对人类有益或有害的事情采取行动的真实并伴随着理性的能力状态"。以成就自我和成就世界为指向,实践智慧成了呈现世界和改变世界的思想纽带,联结了"该做什么"和"该如何做"的伦理关切与追问。智慧包括了科学和品质,有智慧的人不仅知道由始因演绎而来的结论,而且还明确各种始因,因此智慧成了最完善、位居首位的科学。其目的就是实践活动本身。实践智慧一直将始因把握住,也就是将人性善的部分把握住。简单来讲,具有实践智慧的人就是可以分辨出事物之善的人。它不仅赋予了智慧实践的品质,而且极大丰富了实践的智慧意蕴。

随着工业革命的兴起,知识尤其是科学知识得到社会普遍重视,启智教育逐渐被以获取知识为主要内容的科学主义教育所替代。然而,随着信息化社会的到来,知识更新日新月异,一个人最关键的不是掌握了多少知识,而是学会如何获得知识,如何将知识转化为智慧。智慧和智慧教育又再次成为人们热议的话题。自 20 世纪 90 年代来,国内外再次掀起研究智慧教育的热潮。世界发达国家,在教育目标中,普遍强调学生智慧的培养。

苏霍姆林斯基认为:"人的心灵深处都有一种根深蒂固的需要,这就是希望感到自己是一个发现者、研究者、探索者。"所以,教师应引导学生发现问题,产生求知的渴望,从而达到开启心智、发展智慧的教学目的,进而让学生的疑问充满智慧,让教师的教学充满机智。

进入 21 世纪以来,加拿大马克斯·范梅南认为,教育机智是智慧的化身。教育机智是一种敏感的、全身心的、审美的感知能力,机智不可以事先计划,受见解支配的同时又依赖情感,并"打动"他人。它可以表现为自身的克制,对孩子经历、体验的理解,尊重孩子的主体性,潜移默化的影响,在情境中充满自信,还可以表现为一种临场的天赋。教师是学生做人的引路者和学习的协助者、支持者、促进者,而不是灌输者、控制者。教师要把自己和学生看作是同样具有鲜活生命和人性尊严、同样具有丰富情感和独立人格的生命个体。

2. 国内研究情况分析

在我国,2 000 多年前孔子就提出了智慧观。近年来,教育智慧、智慧教育、智慧课堂、智慧型教师成为我国教育理论界的热门话题。我国许多专家学者发表言论,阐述智慧教育的重要性和紧迫性,如:湖北大学教育学院院长靖国平博士 2002 年发表的《"转识成智":当代教育的一种价值走向》;华东师范大学教育学系陈桂生教授发表的《也谈有智慧的教育》;北京师范大学著名心理学家林崇德教授 2004 年发表的《教师,让你的教育充满智慧》;国家督学、江苏省教育科学研究员成尚荣先生 2006 年发表的《为智慧的生成而教》。

许宝忠老师认为:"语文智慧课堂是指充满智慧的语文课堂,它是教育思维和教育情感互动的产物,是师生智慧互动、共生的过程与结果。思维是语文智慧课堂的核心,没有思维,就不可能有智慧。"唐瑞老师认为:"运用教学智慧,让语文课堂'活'起来,把语文课堂变成智慧课堂,教师可从中收获到创造的成就感,学生在课堂中可体验到求索的愉悦和求真的快乐,师生的智慧之花会在互动与对话中绽放,因此,教师要学会等待和抓住教育时机,用一个智慧生命去照亮更多智慧生命,用一个智慧心灵去唤醒更多智慧心灵。"王群英老师认为:"随着时代的发展,人们更加关注教育的品质和质量,关注学生个性和智慧的发展,培养'有智慧的人'已成为时代发展的迫切要求,然而审视我们现在的语文课堂,过于注重知识的传授、技能的训练,它把语文教育的丰富的人文性、审美性、实践性都统一到知识性这一层面,从根本上失去了对学生生命存在及其智慧发展的整体关怀。教育要主动适应时代的发展,必须从单纯传授知识的教育转向培育智慧的教育。只有智慧的教育才能培养出智慧的人,只有智慧的教师才能培养出智慧的学生。因此,构建语文智慧课堂就成为我们的应然选择。"当代著名教育改革实践者、高效课堂行动研究的代表性人物李炳亭先生在《高效课堂理论与实践》一书中指出:"课堂教学有三个层次,比较低级的课堂可称为知识课堂,较高一点的课堂可称为能力课堂,最高的课堂可称为智慧课堂。智慧作为一种能力,是指能迅速、正确、灵活地理解和处理问题的能力。经过多年的新课程改革,语文教师对新课程改革所倡导的知识和能力、过程和方法、情感态度和价值观三维目标,有了更深层次的理解与认识。"

3. 基本结论

在社会生活中,智慧是个体生命活力的象征,是个体在一定的社会文化心理背景下,在知识、经验习得的基础上,在知性、理性、情感、实践等多个层面上生发,在教育过程中和人生历练中形成的对社会、对人生的一种应对能力。智慧不能传授,它是在教育的呵护下发展起来的。

教育智慧是一种品质、状态和境界,即自由、和谐、开放和创造的状态。尊重生命、关注个性等是其重要核心。教育智慧应该渗透在教育目的、教育价值、教育任务、教育过程之中。在具体的教育情境之中,教育智慧主要通过教师的教育教学行为来体现,是教师对于教育工作规律性的把握、创造性的驾驭、深刻洞悉、敏锐反应、灵活应对的综合能力。

课堂是展现教育智慧的场所。教育的真谛在于将知识转化为智慧,将文明积淀成人格。课堂教学是一种通过知识引导人的智慧成长的艺术,是人对人智慧的引导、激发和唤醒,是人们心灵的沟通和精神的交流。作为向导,教师有责任、有义务引领学生在合适的、正确的道路上前行。

语文智慧课堂是充满智慧的课堂,是师生智慧融通共生的过程和结果。智慧课堂即教师充分运用教育智慧,以对话、体验、探究为主要方式,营造真诚和谐的氛围,以提高学生的语文素养为目标,促进生命个体总体生成,带给学生成功的愉悦和幸福的体验的理想课堂。

充满智慧的语文课堂必须紧扣学科特征和学习内容特点,从学习者的需要出发,让他们自主学习,合作探究,享受创造的过程。这是一个充满想象力和创造力的、生成人的智慧的学习过程。语文,本身是智慧的结晶,是智慧的化身,语文学习更应是智慧的行为,是智慧的结果。我们要让学生通过语文学习,实现智慧的生成。"用心灵塑造心灵,用智慧启迪智慧",这是新时代赋予我们的使命。

(五) 有关中学数学学科育人价值的研究

1. 国外研究情况分析

恩格斯说:"数学是研究现实世界中的数量关系与空间形式的一门科学。"数学学科可以培养人的逻辑思维能力。数学学科与其他学科一样,承担了广义的育人职责,只是不同国家在学科育人的内容、方式和体系上存在差异。

美国作为世界上最发达的国家之一,其数学教育也一直处于变革之中。从 20 世纪 50 年代开始,美国数学教育经历了"新数学教育""回到基础""为估价数学而学、为数学推理而学、为数学交流而学、对自己从事数学活动的能力有信心、成为数学问题的解决者"等变革。美国数学教师协会在《学校数学课程与评价标准》中指出:第一,数学教育的核心是解决问题。美国把数学问题的解决作为课程的首要标准,美国教师要求学生做到"在日常生活和数学情境中提出问题,通过解决问题的探讨去调查和理解数学内容,应用策略去解决广泛的各种各样的问题,对原始的问题的结果进行检验和解释,在有意义地运用数学知识的过程中获得自信"。解决问题是一个发现的过程、探索的过程、创新的过程。美国的教育注重培养学生能力,注重启发学生学习兴趣,注重培养学生成为一个好的学习者。第二,重视数学知识的实际应用,重视引导学生积极参与数学活动,强调数学知识的实际应用与问题的解决是一个硬币的两面。让学生走出课堂,走进生活实际,走向实践领域,培养学生灵活运用数学知识解决问题的能力,让学生充分感受数学的力量,激发学生学好数学知识的动机。第三,关注教学目的,重视数学交流。美国教师认为,学生的数学素质是以数学基本知识和基本技能为基础的。数学的课程内容应使学生重视对数学知识的理解,保持对数学的好奇心,主动去探索数学的基本规律,使学生成为一个懂数学的人。

英国的数学教育曾一度走入盲区,教学难度偏大,对数学本质和数学所隐含的育人价值体现不够。1978 年,英国政府成立了"学校数学教学调查委员会",调查英国数学教育的现状,寻求改革数学教育的对策。调查发现了很多问题:(1) 实际教学内容比数学教学大纲的起点高,难度偏大,内容庞杂;(2) 对培养学生能力的口算、心算、估算等训练不够重视;(3) 考试方法不当,形式单一,忽视实际操作和知识应用;(4) 师资不足,质量不高。针对这几点,该委员会经过近 4 年的努力,于 1982 年初向政府提交了研究报告,题为《数学是算数的》。该报告全面总结了 20 多年来英国中小学数学教育的经验教训,并对今后的发展提出了指导性意见,主要内容可概括为"开设适应学生个别差异的课程;继续推广小学的加宽课程;既强调能力,又重视技能训练;对数学考试进行改革;用电子计算机进行辅助教学;加强数学师资的培训"。该报告成为 20 世纪 80 年代英国进行中小学数学教育改革的一个信号。1988 年,英国颁布了全国教学大纲,各个中小学根据全国教学大纲,形成了各自的教学大纲,希望把中小学数学教育提高到一个新阶段,要求教师不能为了教数学而教,而应着重培养学生对数学的理解能力及其运用数学知识解决实际问题的能力。1901 年 9 月 14 日,英国的北方工业重镇格拉斯哥召开了英国科学促进会,把数学教育问题作为一项重要的议题。会上,英国皇家理科学院的培利教授以《数学教学》为题发表了长篇演说,他提倡"实用数学",进一步强调培养学生解决问题的能力。其宗旨是数学教学要培养有所发现、以发现为乐的人。"实用数学"可归纳为七个方面:(1) 培养高尚的情操,唤起求知的喜悦;(2) 以数学为工具学习物理;(3) 为了考试的合格;(4) 给人们以运用自如的智力工具;(5) 认识到独立思考的重要性,从权威的束缚下解放出来;(6) 使从事应用科学的人,认识到原理是应用科学的基础;(7) 给具有敏锐的哲学精神的人,提供一种有魅力的逻辑力量,以便防止从纯抽象的立场去研究问题。

日本的教育改革历来重视实践与应用,在实践中寻找教学改革的思路,在应用中论证和发展教学改革的理论。因此,日本的数学教学改革重视对学生数学学习态度和学习方法的指导,重视培养学生处理问题的能力,强调让学生在多种活动中理解数学原理,解决数学问题。1987 年日本教育进行了第三次重大改革,提出四条基本方针:(1) 个性化和多样化,根据学生的不同需求,设置多种课程,供学生选择;(2) 适应社会和生活变化,要求课程与社会密切联系;(3) 国际化,课程面向世界,向国际开放;(4) 信息化,在教育中应用计算机、多媒体,以便获得更多的信息。2014 年日本颁布的新的数学国家课程提出了三大目标,即熟练掌握数学基础知识,学会数学推理方法,能够应用数学知识解决问题。

近年来,新加坡在教育上推出了不少重大举措。其中,影响较大的是 1997 年新加坡教育部提出的"思考的学校,学习的国家"的总目标。这一总目标包括三个重要方面，即思考技能、信息技术和国民教育。它直接影响新加坡教育的各个方面，包括数学课程和教学。2001 年，新加坡颁布了一个五边形架构的数学教学大纲。该教学大纲以"数学解题"作为中心，周围是教育与发展的五个方面，即观念、程序、技能、态度、后设认知。新加坡通过培养学生的数学思维方式，使学生对数学感兴趣；通过数学教学启迪学生，使学生理解数学知识。

由此可见，世界上多数国家的数学教育目标都强调帮助学生发现问题，解决问题。通过数学教育培养学生实际应用知识的能力，培养学生的创新能力，培养学生的数学学习习惯，以达到培养学生综合能力、学科育人的目的。

2. 国内研究情况分析

课程是教育思想、教育目标和教育内容的主要载体。学科课程的建构、实施是中小学实现教育目标的关键。基础教育新课程实施以来，新课程理念得到了普遍认同，基础教育新课程逐渐走上"构建符合素质教育要求的新的基础教育课程体系"的轨道。

学科育人是在素质教育的背景下提出的。从我国现阶段学科育人的现状来看，学科育人的理念可谓深入人心，学科育人的行为可谓真抓实干。但学科育人还存在以下问题：第一，分离论。在工业化生产过程中，知识越来越凸显其应有的价值与地位，逐渐形成了知识本位主义。随着教育功能的复杂化和教育研究的精致化，道德逐渐从教育中分离出来，被作为独立的内容。教学的育人功能逐渐从教学中分离出来，走向教育与教学的二元对立，学校逐渐成为专门教育学生的机构并日益庞大起来，教师逐渐沦为知识传播的工具。第二，分数论。师生"围绕分数转"，越来越偏离教学的本真。因为分数，我们的教学变得简单、直接，甚至粗暴；因为分数，我们的教学更多关注方法与技巧，失去了对人的关怀与关照。第三，说教式。说教式的育人是指在我们的学科育人过程中虽然也关注学科教学的思想性，但这种关注采取说教与贴标签的方式。这种简单、直接的灌输方式违背了学生德性成长和学科育人的基本规律，让学生感受不到学科育人的价值与魅力。因此，过多的说教不仅达不到育人的效果，而且甚至会适得其反。

为了进一步推进素质教育，上海市教育委员会在 2013 年提出《关于深入推进本市中小学学科育人工作的实施意见》，要求各学科紧紧围绕素质教育提出的"创造性能力的培养、自学能力的培养、社会公德教育"目标实施课堂教学。数学作为基础学科，同样应承担起学科育人的责任。

对数学学科育人价值的准确定位是开展数学教学的前提。数学学科育人价值又必然体现在具体的数学教学过程之中。从提升中学数学学科育人价值的视角，研究数学知识的特点及其独特的教育价值，是一个具有挑战性和现实意义的课题。

有一段时间，人们对数学学科育人价值的认识存在偏差，主要表现在关注学生近期的、可测量的考核目标的达成,忽视学生数学素养的积淀。如何实现数学学科对于学生发展的奠基性价值?青浦实验小组在 1990 年和 2007 年分别对八年级学生实施了两次大样本数学认知测试。测试结果表明,中国学生的高水平数学思维在 17 年间几乎没有任何改善。一些国际比较研究的结果也表明,中国学生在常规数学问题解决方面具有优势,但是在非常规数学问题解决方面不一定具有优势。如何发展学生的高层次数学思维能力是我国数学教育亟待解决的重要问题。应该说,这样的结果与中学数学教育现状不无关系。长期以来,初中数学教学中存在着重结果、轻过程的现象,主要表现在:第一,讲风太盛。整节课用教师的"讲"替代学生的"学",实质上就是以教师的思维过程替代学生的思维过程,将学生当成封闭的容器,任凭教师灌、塞,把学生思维活动量降到了最低。第二,形式过多。有些教师用五花八门的教学用具、手段和形式打断了学生正常的思维程序。尤其是教师表演式的一猜就中、一试就灵、一列就对、一验就准,把教学过程变成十分神秘的魔术表演,让学生知道了现成结论却不了解来龙去脉,被动学习。第三,负担偏重。用大量的作业或重复的练习进行大规模的机械训练,靠"题海战术"建立和形成数学问题与解题方法之间的条件反射,使知识的发生过程极为简短,而知识的应用过程过分冗长,学生一直处于紧张、劳累和焦虑的状态。

这就造成了"教师教得真累、学生学得很苦"的困境,形成了"厌教厌学"的循环,酿成了知识乏化、技能僵化、兴趣淡化、思维劣化的恶果。防止这些不良倾向,切实提高初中生高层次数学思维能力,是数学教学的重要指导原则,也是深化数学教学改革的重要课题。数学教学对于学生发展有着独特的价值。通过数学所特有的语言系统和逻辑系统,让学生学会抽象思考,形成准确严谨的表达习惯。通过数学知识创生和发展的过程,让学生逐渐学会独特发现方法和理性思维策略。通过数学知识与生活世界的广泛联系,实现数学知识与学生经验的沟通,让学生不断发现和提出问题、分析和解决问题,产生主动探究的欲望,拥有丰富的体验。

（六）有关中学英语学科育人价值的研究

1. 国外英语阅读教学育人研究情况分析

国外关于学科育人和学校整体德育方面的研究较多。美国教育家杜威认为,不应该把德育作为一门课程,而应该使之与所有课程结合起来。日本中小学的《学习指导要领》中规定:"学校中的道德教育必须通过学校全体教育活动进行。通过研究和分析国外相关学术著作发现,国外德育更倾向于全方位渗透的方式,不但注重构建良好的德育大环境熏陶学生,而且在学科教学中也积极贯穿德育内容。"①

————————————

① 周健吉. 国外学科教学中德育渗透的启示[J]. 江西教育,2007(9).

　　具体到英语阅读教学育人价值,有研究者认为,阅读就是内容、思维、语言的合一;有研究者认为,阅读不仅要阅读单词(words),还要通过阅读让学生了解世界(world);有研究者认为,训练学生使用反证,可以提升学生的批判性思维能力。

　　2. 国内英语阅读教学育人研究情况分析

　　目前,国内上至教育主管部门下至各级各类学校都比较重视学科在育人方面发挥的作用。国务院《关于进一步加强和改进初中生思想政治教育的意见》指出:“初中各门课程都具有育人功能,所有教师都负有育人职责。”上海市教委在《关于进一步加强和改进中小学思想道德建设的实施意见》中提到:“上海是我国改革开发的前沿。进一步加强青少年学生的理想信念教育,培养既有国际视野和世界眼光,又有强烈的民族自信心和爱国主义精神的青少年学生,已成为摆在学校德育工作面前的紧迫课题。增强德育载体效能。通过学科教学渗透、文体科技活动、现代教育信息技术应用等有效途径,将课堂内外教育融会贯通,促进学生人格、知识、能力和身心的全面发展。”

　　从文献检索结果看,部分学者对英语学科育人这一主题进行了深入细致的研究,如《初中英语教学中的德育问题研究》一文介绍了英语学科育人的国内外研究情况,并根据人教版英语教材和适合初中生的德育内涵总结出初中生的英语德育内容,即学生自我修养、学生与他人的关系、学生与自然的关系、学生与社会的关系。该研究通过观察重庆英语教师在日常授课中的德育行为,总结出初中英语德育中的区域性问题,如英语德育实效不足、教师德育能力不足、学生缺乏科学的学习态度和动机等,并针对这些问题提出了对策。

　　很多一线教师也非常注重英语学科育人价值,从各个角度展开了研究,如教材内容的育人价值、教师教学语言和行为及价值取向、教学环节和氛围、评价与激励机制。很多一线教师还探讨了英语学科育人价值的具体方面,如开放和批判思维、跨文化意识、情感与意志。此类文章大多为教学经验的梳理和交流,选取的角度比较零散,缺乏一定的系统性和理论支撑。

　　从中小学英语阅读教学角度探讨英语学科育人价值的文章数量不多,其中,《浅谈如何发挥英语学科德育教育功能》一文中提到通过阅读教材进行爱国主义教育。《在初中英语教学中渗透德育》一文中提到通过阅读英语励志小故事帮助学生树立正确、积极的生活态度和价值观。《挖掘初中英语阅读课的育人价值》一文从教学方法和过程角度提出三点实用教学技巧,即做好课前预习辅导工作,提高独立解决问题的能力;注重剖析阅读材料,挖掘教材的育人价值;倡导激励性评价,树立积极的人生态度。《利用初中英语阅读文本,提升学生的人文素养》一文从开发利用初中英语教材中的阅读文本入手,提出强化教师的德育意识、挖掘文本的情感价值、培养学生的批判性阅读能力、内化学生的情感体验等策略和方法,加强对学生的情感教育,提升学生的人文素养。中国英语阅读教育研究院院长、北京师范大学王蔷教授在 2016 年 11 月"第二届全国中小学英语阅读教学学术研讨会"的发言中表示:"课程改革对培养学科核心素养提出新要求,英语阅读教育不仅要传授知识,而且要培养个体品格、思维方式、价值观、人生观。"葛炳芳老师在题为《英语阅读课堂教学的价值与英语阅读教学的综合视野》的专题报告中,阐述了"体验阅读过程,感受策略运用""为内容而读,为思维而教"等核心理念。陈则航教授针对"如何构建以思维品质培养为导向的阅读教学体系"这一问题进行了独创性的专题报告,从语言教学和思维科学的研究成果出发,基于对中小学阅读教学设计案例的分析,提出"思读合一,言思合缝"的设计理念。

综合以上情况可以看出,从英语阅读教学角度出发研究英语学科育人价值的文章在国内还比较少。多数学者的研究成果还停留在经验总结层面,缺乏一定的理论支撑和研究深度,对教学内容缺乏细致、全面的梳理,对育人目标、教学过程如何实现育人目标的阐述还比较笼统,对育人目标的评价也缺乏深入思考。

(七)有关中学物理学科育人价值的研究

1. 国外研究情况分析

(1)研究概要

我们把上海初中物理教材(以下简称上海教材)与美国初中主流理科教材《科学探索者》(以下简称美国教材)进行了比较研究。通过比较不同的教材,找出不同文化背景下的教材在育人具体素材和要求上的相同点与不同点,使我们对上海初中物理教材在育人方面的优势与不足有了更为清晰的认识,为提升物理学科育人价值提供了依据。

(2)对比研究的结论

科学知识方面。上海教材知识脉络清晰,体系严谨,对于知识的深度有较高要求,相对而言,跨学科知识内容较少,要求也较低。美国教材内容涉及面广,将物理学科知识与生物、化学、地理等学科知识整合在同一本教材中,因而知识体系的逻辑性相对较弱,对于知识的深度要求相对较低。

科学方法方面。两种教材都非常重视对学生进行科学方法教育。美国教材的每个教学内容中均设有课前"思考与探索"活动、课中"参与与研究"活动、课后"巩固与强化"活动。上海教材同样重视实验探究,但主要聚焦课堂中的探索活动,重点仍然放在知识的掌握上,对其中育人价值的挖掘还有所欠缺。

科学史和科学精神方面。两种教材都特别重视对物理学发展史、著名科学家的介绍,上海教材尤其重视对我国古代物理学方面成就的介绍。上海教材更多采用介绍的方式,而美国教材在介绍相关知识后,常常通过任务驱动的形式,要求学生自己查阅相关内容,撰写介绍科学家的短文。

　　与社会、生活联系方面。两种教材都有丰富的与社会、生活联系的内容。上海教材专门设有"STS"这一板块,除此之外,教材中的举例、应用等多来自于社会或学生的生活,教学涉及科学、技术、社会等方面内容。在知识的应用方面,上海教材偏重于知识的理论应用,美国教材偏重于知识的实际应用。

　　2. 国内研究情况分析

　　(1) 研究概要

　　我们分别选取了九年义务教育课本《物理(试用本)》(上教版,以下简称上海教材)和6套全国义务教育课程标准实验教科书《物理》(北师大版、沪科版、教科版、人教版、苏科版、粤教沪科版,以下简称国内6套教材)进行对比研究,通过对7套教材中育人方面具体素材和要求的对比研究,梳理了可以借鉴的思想和素材。本研究的基本假设是,学科教材中蕴含大量的可资育人的素材点,由于重视程度和理解水平的差异,一线教师难以系统地对其进行梳理,尤其是对学科教材隐性育人价值的挖掘相对薄弱,因此,系统梳理有利于发现学科教材对学生德性成长的独特价值。

　　(2) 对比研究的结论

　　① 上海教材与国内6套教材都力求结合学科特点发挥物理课程的育人功能

　　各版本教材中科学方法和创新思想的育人素材点比较多,说明各版本教材编写组均重视物理学科科学方法的传播和创新人才的培养,各版本教材都力求促进学科特点和育人的有机融合。

　　国内6套教材均偏重科学方法培养,品德教育略显不足,上海教材优势明显。国内6套教材对育人素材点均有所涉及,但提及次数有较大差异。其中,科学方法所占比重最大,科学史和科学精神所占比重较大。相比较而言,国内6套教材中包含生命教育和爱国主义教育的品德教育素材相对较少,对学科育人价值的认识有待提升。

　　上海教材的育人素材点更为丰富(统计次数更多),说明上海教材编写组专家对"两纲"教育的把握更为精准,上海教育把学生德育贯穿于教材体系中。

　　② 同一知识点,国内6套教材的呈现方式各不相同

　　以速度概念的引入方法为例。人教版教材直接给出速度的定义。沪科版教材借助图片比较物体运动快慢,进而引入速度的定义。苏科版教材、北师大版教材、粤教沪科版教材以学生活动的形式探究比较物体运动快慢的方法。教科版教材以漫画交流讨论的形式归纳出速度概念中时间、路程两个关联物理量,进而得出速度的定义。上教版教材直接给出比较物体运动快慢常用的两种方法,让学生在考虑时间、路程等因素的基础上总结出速度的定义。

③ 一线教师对于隐性育人素材点的挖掘能力有差异

一线教师对于隐性育人素材点的挖掘能力存有差异,对教材育人素材点取舍时较随意。

④ 建议通过拓展材料,弥补国内 6 套教材在科学精神教育方面存在的缺陷

由于教材篇幅有限,一些科学家艰苦卓绝、孜孜不倦探索科学知识的事例只用文字简单进行了介绍,学生难以体会文字背后蕴藏的强大精神动力。建议插入科学家做研究的一些图片,再配以文字说明,这样更有利于学生感受科学探索的艰辛,学习科学家的精神。

第二章 项 目 设 计

本课题研究的实施步骤：

第一阶段(2015年3月—2015年6月)：现状调查,组建共同体学校。

第二阶段(2015年7月—2015年12月)：以学科为例,组建学科中心组,开展区域研修,确立学科育人主题,挖掘学科育人资源。

第三阶段(2016年1月—2016年12月)：实施课堂教学,研究落实课堂教学提升学科育人价值的方法。

第四阶段(2017年1月—2017年3月)：在共同体课题研究的基础上分享研究成果,交流研究经验,撰写研究报告。

本课题使用的研究方法：

文献研究法：学习与本课题研究相关的理论知识,了解前沿的与本课题研究相关的信息和技术。

问卷调查法和访谈法：通过问卷调查法和访谈法,了解课堂教学中学科育人的现状与问题。

行动研究法：以课堂教学中的学科育人为纵线,以共同体学校中的学科育人为横线,在合作探索中,观察课堂教学的育人实效,在共同体学校同课异构的比较中,反思、提炼课堂教学中的有效育人方法。

案例研究法：以典型学科为例,探索开发学科育人资源,落实学科育人,提炼典型课例、案例。

本课题拟解决的关键问题和创新之处：

课堂教学活动具有促进社会发展和促进个人发展的作用。教学的主要目的之一,就是要促进学生在教学过程中的学习和发展。因此,课堂教学落实学科育人并不是一个新的主题。但是,本课题将通过对学科课程标准和学科特点的研究,努力挖掘学科育人价值并采用多种形式有力践行学科育人,在课堂教学中提升学科育人价值。

本课题的创新之处就是以共同体学校联动合作为载体开展学科育人研究,从区域共同体学校的层面探索在课堂教学中提升学科育人价值的途径、方法,探索合作办学、合作研究的可持续发展机制。此外,本课题将教师的仪表形象、行为举止和人格魅力纳入学科育人的内容之中,这也是其他类似课题所没有的,具有一定的独创性。

第一节　课堂教学提高学科育人实效性的行动研究要素及含义

一、小学语文课堂教学节奏调控模式提高学科育人实效性的行动研究要素及含义

小学语文课堂教学节奏调控模式提高学科育人实效性的行动研究,基于小学语文课堂教学节奏调控模式的设计与实施,试图通过调控课堂教学节奏,达到提高学生的注意力和思维能力、提高课堂教学效率、提升学科育人价值的目的。

第一部分主要阐述了研究背景、研究意义和研究方法,并对当前国内外关于该课题的研究进行了梳理。

随着《义务教育语文课程标准(2011年版)》的发行,新一轮的语文课程改革正在如火如荼地进行着。作为一线的小学语文教师,应努力领会学习新的教育思想、教育理念,以生为本,面向全体学生,使学生获得基本的语文素养。[①]

本研究综合运用了文献研究法、案例研究法、行动研究法等科学研究方法,以期达到最佳效果。

文献研究法,笔者在研究的过程中,收集了大量的文献资料,梳理了前人对育人价值、教学节奏的思考和研究,重点研读了关于语文课堂教学节奏调控的资料。这些文献资料的收集为本研究提供了有力的支持。笔者通过对资料的梳理、归纳,了解了语文课堂教学节奏调控的研究现状,发现对小学阶段语文课堂教学节奏调控模式进行研究具有较高的价值。

案例研究法,即通过课堂观摩与教学实践,有选择地收集具有代表性的小学语文课堂教学案例,从中发现问题并进行反思,深入研究,使理论与实践结合起来并相互验证。理论与实践相结合的研究方法,更加有效地验证了小学语文课堂教学节奏调控模式提高学科育人实效性的价值。

行动研究法,主要指笔者利用课堂教学实践,采用由计划、行动、观察、反思构成的自我反思的螺旋式循环方法,在行动中反思,在反思中行动,逐步完善对小学语文课堂

---

① 中华人民共和国教育部. 义务教育语文课程标准(2011年版)[M].北京:北京师范大学出版社,2012.

教学节奏调控模式的探索和实践。

第二部分是小学语文课堂教学节奏的内涵、特点及其育人价值。这部分主要采用了文献研究法,对课堂教学节奏的内涵和特征进行梳理总结,形成了具有学科特色和年段特色的小学语文课堂教学节奏的内涵、特点(即受年段影响大、频率变化快、调控手段变化程度高、受文体影响较小)。另外,笔者还对小学语文课堂教学节奏调控模式的育人价值进行了阐述。教学节奏,从表面上看是教学活动的一种运动状态和外在表现形式,但它对落实学科育人有着积极的意义。节奏紧凑、跌宕起伏的课堂,会提高学生的学习兴趣,使学生在课堂中得到启迪,获得智慧;节奏拖沓、气氛沉闷的课堂,缺乏应有的生命力和创造力,效率低下,不仅会降低学生的学习兴趣,还会影响学生各方面能力的提高。因此,课堂教学节奏的调控不仅有助于提升学生的语言素养,而且对学生情感的熏陶、思想的启迪、审美乐趣的提高都有一定的影响,有利于提升语文学科的育人价值。

第三部分提出了针对抒情类散文、诗歌或小说的"绿地圆舞曲"教学节奏调控模式。该模式强调寻找课文中能够形成圆舞曲节奏的"支点",在教学中,围绕"支点"来组织节奏明快而又流畅的教学,使教学围绕一个个预设的"支点",形成一个个"强弱弱"的教学节奏,掀起课堂教学的一个个高潮。教学节奏调控模式的一大特点就是一个个教学"支点"的设计,而课堂教学"强弱弱"的节奏也是围绕教学"支点"形成的。教学"支点"作为课堂教学的重要组成部分,对学生理解文章的语言、内容都起到较为明显的作用。因为教师可以用一个个"支点"串联整个教学过程,调控课堂教学节奏,而学生也正是通过这一个个"支点"理解教学重点并不断强化,提高审美情趣,增强对祖国语言文字的热爱之情。

第四部分提出了针对内容深奥、含义深刻类文章的"山坡进行曲"教学节奏调控模式,即为了推进教学,调动学生学习的积极性,在教学中当学生出现畏难情绪时,教师采取的一种问答(多数是快速的一问一答)形式的调控教学节奏的模式。该模式常常呈现"强弱""强弱,次强弱"的教学节奏。山坡一类的文章对学生而言有一定难度,学生容易出现畏难情绪。因此,教师应因势利导,采用反问、追问等形式,不断启发学生对教学难点进行深入思考,促使学生注意力高度集中和思维高速运转,形成进行曲的节奏,从而逐渐提高学生的逻辑思维能力,培养学生良好的学习习惯。

第五部分提出了针对矛盾冲突类文章或看似矛盾冲突类文章片段的"浪花交响曲"教学节奏调控模式。在该模式中,教师引导学生围绕矛盾冲突展开讨论交流,在生生对话、师生对话中达到教学高潮,形成"起承转结"的教学节奏,使课堂教学完整且有条理。完整的"浪花交响曲"模式分为"起承转结"四个环节,教学方式动静结合,教学进程张弛有度。"起""承"两个环节是导入和准备环节,教学节奏由张到弛,由疏到密,学生的思维火花逐渐被点燃。"转"这一环节最能体现"浪花交响曲"模式的特点,大家一起思维碰撞,奏起交响曲。在这一环节中,不同学生在一种和谐、愉悦的环境中进行知识上的交流和信息上的沟通,学生因为交流讨论,思维更加敏捷,注意力更加集中,知识内化的速度也更快。"结"这一环节,节奏由动到静,学生在思维上对知识进行总结,把新知识纳入自己的知识结构体系,提高了思辨能力。

第六部分是小学语文课堂教学节奏调控模式提高学科育人的实效性的行动研究的效果、思考与建议。"绿地圆舞曲"教学节奏调控模式、"山坡进行曲"教学节奏调控模式和"浪花交响曲"教学节奏调控模式,有助于集中学生的注意力,提升学生的思维能力;有助于加强教师的引导,提高教学的有效性;有助于提升小学语文学科育人价值。我们还考虑将三种模式进行整合,以达到"整体大于部分之和"的效果。教师可以结合不同教学节奏调控模式的特点,发挥其调控教学节奏的作用,使不同模式之间能优势互补,相互促进,调动学生的学习兴趣和求知欲望,提高学生的学习注意力和思维能力,提高课堂教学效率,进而提升学科育人价值。

二、初中语文智慧课堂教学提高学科育人实效性的行动研究要素及含义

(一)初中语文智慧课堂的教学形式

为了运用教学智慧,把初中语文课堂变成智慧课堂,教师应深入研究教材,融会贯通,多维沟通,让语文课堂充满语文味,善于运用教学机智,选择恰切的教学策略,以达到学科育人的目的。

1. 教学特点

(1)深入研究教材,融会贯通

一个初中语文教师的教学智慧主要体现为其自身的语文素养、语文教育理念、语文教学基本功以及其对生活的领悟等。要达到这一层次和水平,教师必须熟练掌握教学设计、板书设计、提问、多媒体使用等多种技能;教师必须认真研读教材文本,把教材文本吃深吃透。教师只有在教法上做到教学有法而法无定法,才能把课本死的知识变成鲜活的灵动的思想和智慧。

教师要学会感悟语文文本的内涵和美。语文教材呈现的是一个个引人入胜的生活场景,这些生活场景需要学生通过体验去感受,通过感悟去获取,从而内化为自己的情感,自己的智慧,自己的个性。在语文智慧课堂上,教师应该用丰富的情感和智慧引导学生解读文本,感悟文本,用自己的智慧激发学生的智慧。这样学生就愿意主动走近文本、体验文本、演绎文本,从而形成自己的学习智慧和生活智慧。

（2）多维沟通

课堂教学中,信息的传递、师生的交往、心灵的碰撞、情感的交流不是单向的,而是多向的、立体的。《课程标准》中对教学目标的要求是"根据知识和能力、过程和方法、情感态度和价值观三个维度设计,三个维度互相渗透融为一体,注意语文素养的整体提高"。多维沟通以师生"与生活沟通,与社会沟通"为基础。通过小组交流,合作探究,学生可以互相学习,深化理解;可以关注生活,学习生活,培养"大语文"学习观;可以加深情感体验,提高语文素养。

（3）让语文课堂充满语文味

语文教师应准确把握语文学科特点,精心选择语文学科教学内容,增添语文课堂的韵味;应努力学习,不断提高自身的语文素养,丰富自己的文化积淀,使用巧妙的教学方法,让语文课堂充满语文味。这有助于学生在听、说、读、写、思这些浓郁的语文芳香中逐步提高语文素养。智慧课堂以语言、文章、文学、文化为教学内容,以融合文本思想内容与师生生命体验为教学重心,以营造教学审美意象与意境、设计教学艺术作品为教学追求。

（4）善于运用教学机智

教学机智是指在教学过程中面对千变万化的教学情境,迅速、敏捷、灵活、准确地做出判断并进行处理,保持课堂平衡的一种心理能力。它是一种"应急"的智力活动过程。它要求教师针对偶然事件的干扰,运用教学机智,立即改变教学信息传递系统既定的传输程序(如教学计划、教案),重新拟定传输程序,维持教学系统的动态平衡,保证教学过程的顺利进行。教学机智是教师必备的一种教学素质。在教学过程中,教师应机动灵活地运用教学机智,创造出自己的教学之美。教师运用好教学机智,对于优化教学方法、提高教学效果、正确引导和教育学生、更好完成教学任务等有重要作用。它是教师特有的一种智力定向能力,是教师建立在一定的教育科学理论和教学实践基础上的教学经验的升华。

2. 教学策略的选择

学生语文素养的形成与发展,语文学科工具性与人文性的和谐统一,是每位语文教师的不懈追求。

（1）对关键词句的咀嚼

咀嚼关键词句,有利于提升学生的文本鉴赏水平。关键词句如同橄榄,咀嚼得越细腻,回味起来则越香甜。因此,通过对关键词句的精准把握来带动文本解读的方法,在初中语文课堂上应广泛使用。

（2）对文本的自读和领悟

阅读对于学生而言属于其个性化的行为,只有充分地发挥学生的主体性,使学生结合现有的知识经验与文本进行对话,圈点勾画,进行批注,不断进行阅读实践,才能让学生真正有所收获,才能有效提升学生的阅读水平和语文素养。

（3）诵读和积累

语文要依靠读与写。读与写的内容分为两个方面:第一个即教材与各类读物;第二个即丰富多彩的社会生活。正是因为这样,语文教学才格外强调诵读和积累。

（4）对情感、语境的体验

语文课,需要书声琅琅,也需要静思默想;需要表情达意,也需要心领神会;需要听说读写,也需要体验熏陶。把语文课上成思想教育课,重人文轻工具,不行;把语文课上成语言文字训练课,忽视语文的丰富人文内涵,也不行。高明的语文教师会使语文学科的工具性与人文性和谐统一。

（二）初中语文学科的育人价值

叶圣陶先生说:"教材无非是个例子,教材只能作为教学的依据,要教得好,使学生受到实益,还靠教师的善于运用。"

1. 文本内容的挖掘

挖掘文本人文内涵,是实现智慧课堂的关键。学科育人价值,既源于文本,又高于文本。脱离了文本,学科育人价值便无从谈起。首先,教师要研究文本,吃透文本,发现文本中最有价值的人文内涵,科学地使用文本,使文本成为学生的知识甘泉,使课堂成为培养学生能力、提高学生语文素养的平台。其次,教师要引领学生因文悟理,披文入情,感悟生命哲理,提高人生境界,感受文学魅力。教师只有充分挖掘文本中最有价值的人文内涵,让学生细细品味、理解、感悟,才能让语文课堂洋溢着育人价值的浓郁芳香。

2. 落实育人价值的方法

首先是让精彩的教学过程呈现于课堂。在三维目标中,"知识和能力"是基础目标,"过程和方法"是思维发展目标,"情感态度和价值观"是体验目标。这三维目标是一个内在统一的和谐整体,应在学生学习的过程中同时得到落实。因此,教师要认真研读文本,探究文本本身所要表达的意思,然后深入研究教学过程。教学过程既是学生思维、想象的过程,也是学生能力培养的过程。教学过程由各个环节组成,环环相扣,遇到偏差教师要及时矫正,遇到遗漏教师要随时填补,教师还要随机应变,充分利用生成性的课程资源。其次是培养四种能力,即实实在在指导学生读书,有效培养学生的阅读能力、概括能力、感悟能力和探究能力。学生具备了这四种能力会受益无穷。

教师要运用教学智慧,吸引每一个学生进行思维的碰撞、情感的融合、心灵的交流、思绪的飞扬。教师要用一个智慧的生命去照亮更多智慧的生命,用一个智慧的心灵去唤醒更多智慧的心灵。这样,教师可在课堂中收获创造的成就感,学生可在课堂中体验求索的愉悦和求真的快乐。

三、中学数学高层次思维课堂教学提高学科育人实效性的行动研究要素及含义

我国著名科普作家高士其指出:"国家与国家的竞争,归根结底是人才的竞争。要培养一个人成才,很重要的一个目标在于思维,在于科学的思维……只有一个人掌握了正确的思维方法,具备了独立思考和分析问题、解决问题的实际能力,才能把所学的知识与技术灵活地运用到生活实际和客观世界的改造之中去。"高士其从培养人的需要出发强调了研究思维的重要性,认为数学学科教师必须承担培养学生思维能力的艰巨任务。长期以来,我国初中数学教学较为重视数学基础知识和基本技能,这是我国数学教育的一大特色,但数学基础知识和基本技能的获得并非简单等同于数学能力的形成与发展。数学思维能力在数学能力中处于核心地位,提高学生高层次数学思维能力尤为重要。

高层次数学思维能力是教育改革中基于学习目标分类的一个概念,即有些学习目标的达成需要更高层次的认知水平。在布鲁姆的教学目标分类中把认知领域的学习目标分成识记、领会、应用、分析、综合、评价六类,其中,识记、领会、应用被认为是低层次思维能力,分析、综合、评价被认为是高层次思维能力。本课题旨在通过三年有针对性的设计教学,切实提高初中生高层次数学思维能力,并在实践基础上总结出培养学生高层次思维能力的一般方法与教学策略。研究目标的实现具体落实到批判性、独创性和灵活性三个维度。

批判性是指在思维活动中善于严格地估计思维材料和精细地检查思维过程的智力品质。它是思维过程中自我意识作用的结果。学生思维的批判性主要表现为有能力评价解题思路和解题方法,评价某种解题思路和解题方法必然导致的结果;愿意检验已经得到的或即将得到的粗略结果的合理性以及归纳、分析等推理过程的合理性;善于找出问题并加以纠正,能重新选择正确的方法进行计算和思考;不迷信教师和课本,凡事都经过自己的思考,然后再做出判断;对于同伴的解题思路和解题方法进行评价,有哪些值得借鉴的地方,有哪些合理的建议。教师在教学过程中也要经常问为什么,给学生起楷模和示范作用。教师在设计教案时,要根据本节课的内容,有意识地设置干预点,引发学生思考,变被动思维为主动思维。通过特例反驳,展示错误思路,引导学生多角度思考。通过探究变式,追根溯源,深化学生对问题实质的认识。同时要加强元认知训练,在教学过程中,教师应指导学生关注自己的思维过程,帮助学生养成检查自己思考过程与结果的习惯,使思维朝着预定的目标发展。

独创性是指思维活动的创造性,是在创造性地解决问题时表现出来的智力品质。

学生思维的独创性主要表现为能独立掌握数学概念,证明定理,发现老师课堂上讲过的例题的新颖解法等。教师要激发学生的好奇心,让他们不迷信教材,不迷信教师,不放过任何一个疑点,敢于提出不同看法,尽可能多地向教师提出与研究对象有关的各种问题。教师要培养学生思维的独立性,鼓励学生大胆质疑,不盲从他人,并能不断超越自己。教师要培养学生的发散性思维和求异思维,增强其思维的流畅性、变通性、新颖性。教师要培养学生的想象力,拓宽学生的知识面。

灵活性是指思维活动的灵活程度,主要表现为具有打破习惯处理方法界限的能力,思维不固化。学生思维的灵活性主要表现为根据新的条件迅速确定解题方向,既能从一种解题途径转向另一种解题途径,又能从已知数学关系中看出新的数学关系,从已知条件中看出隐形条件。教师在传授知识的过程中要帮助学生建立良好的认知结构,使学生学到活的知识。教师要以发散思维为核心,注重讲授知识间的内在联系,培养学生思维的灵活性。教师要注重培养学生的观察力、联想力,加强变式教学,加强知识的逆向运用,帮助学生克服思维定式。

四、中学英语阅读课堂教学提高学科育人实效性的行动研究要素及含义

（一）研究主题分类与拓展

1. 四至九年级相关主题分类

共同体学校教师通过整理任教年级阅读篇目,对相关主题的文章进行归类,把阅读教材行动研究的育人价值分为"家庭与生活""自然与环境""文化与交流""科技与未来"四个主题。表 2-1 是牛津英语教材"家庭与生活"主题的节选内容。

表 2-1 牛津英语教材"家庭与生活"主题的节选内容

册目	单元名称	文章名称	内容框架	页码
4A	M2U1 Jill's family	Mid-autumn Day	家庭生活	20
4A	M2U3 I have a friend	The lion and the mouse	朋友互助	29
5A	M2U1 Grandparents	The Double Ninth Festival	关爱老人	20
5A	M2U2 Friends	A football match	朋友互助	24
5B	M2U1 Food and drinks	Healthy or unhealthy	健康饮食	22
6A	U1 Family and relatives	A family tree	介绍家庭成员	2
6A	U9 Picnics are fun	Planning a picnic	为野餐准备食物	62
6B	U6 Seasonal changes	Uniforms for different seasons	介绍不同季节的校服样式	40

续　表

册目	单元名称	文章名称	内容框架	页码
7A	U1 Relatives in Beijing	Planning a trip to Beijing	讨论去北京的旅行计划	2
7A	U10 A birthday party	Preparing for Ben's birthday party	为本筹备生日派对	75
7B	U2 Going to see a film	Choosing a film	介绍电影的相关信息	9
8A	U2 Work and play	A day in the life of kid Wendy	天才女孩 Wendy 的一天	20
9A	U3 Pets	Head to head	领养宠物的优缺点	37

在备课时,教师要研读教材,反复寻找教材中所蕴含的德育因素,努力做到点滴渗透,润物无声。

"家庭与生活"这一主题,教师通过英语课本中的语言材料让不同年段的学生了解自己和自己身边的人。通过课文的学习,让五年级学生了解友谊的含义;通过 A family tree 的学习,让六年级学生了解家庭的各种亲戚关系;通过 SPCA 的学习,让七年级学生更好地理解人与动物之间的友谊;通过 The blind man and his eyes 的学习,让八年级学生了解动物对人类的帮助,进一步理解人与动物之间的友谊。

"自然与环境"这一主题,教师通过对课文相关阅读活动进行设计,帮助学生了解我们生存的环境。如 6A Friends of the earth 一课提到人类对环境的污染,我们通过补充一些简短的阅读素材,对比以前和现在的生活,帮助学生意识到环境污染的坏处,从而自发地说出 I promise to keep the classroom clean 和 I promise not to pollute the air 等句子,从自己做起,从小事做起保护环境。同样,在 8A Pollution fighters 一课,学生能够感受到树木对环境的重要性。这些育人观的渗透,对学生的影响将是长远的。

"文化与交流"这一主题,教师通过讲解课文知识及拓展部分阅读材料,让学生感受不同国家的文化特色,开阔学生的视野,逐步培养学生的跨文化意识。学生不仅要了解国外好的文化,还要把国内好的文化传播出去。

"科技与未来"这一主题,教师通过课文中的例子,让学生想象 20 年或 30 年后的自己,通过阅读相关材料,让学生感受世界的变化,认识到只有不断学习和创新,才能更好地融入社会。

相关主题的文章很多,如何更好地分类,还需要我们在实践中不断探索,分好类的文章要经过怎样的设计才能达到育人目标,还需要我们在行动中不断假设验证。

2. 补充阅读材料,巩固育人效果

在讲解相关主题的课文内容时,教师根据教学实际有选择地增补与教材育人内容相关的阅读教材,开阔学生的视野,加深学生的印象。上外松外学校在英语探究课中带领孩子一起阅读 A－Z 的故事和 Henry and Mudge 系列绘本,做好摘抄笔记。表2－2是上外松外学校补充阅读材料。

表2－2 上外松外学校补充阅读材料

补充内容	出版社/制作单位	适用年级	说明
有氧英语	17 English.com	1 至 9 年级	
Reading A－Z	Reading A－Z 网站	1 至 5 年级	每个年级阅读 3 个级别
有趣的字母故事	接力出版社	1 年级	
神奇的字母组合	接力出版社	2 年级	
Longman Elect	朗文出版社	3 至 5 年级	

把优秀的课外阅读材料补充到课堂中并进行拓展练习是行动研究的重点内容。补充什么材料、补充多少、如何补充、补充材料之间的联系如何建立、是否会增加学生的课业负担等问题都需要在行动中解决。这些补充阅读材料,会对基础好的学生产生很大帮助。

3. 剧本阅读与改编,在表演中加深印象

课本剧的表演是上外松外学校的品牌项目,也是学校阅读教学成果检验的一种方式。通过每年的演出,学生积累了一定的经验。在编排的过程中,学生反复阅读和思考剧本,加深了对人物和剧情的理解。课本剧中很多经典的故事对学生的价值观、人生观产生了重要的影响。对于《灰姑娘》《白雪公主》《绿野仙踪》等经典故事,不同年龄的学生会有不同的理解。

(二)英语阅读学习能力培养

1. 学习能力培养

教师在培养学生阅读能力的同时,也要注重学生各方面能力的提升。如在小学阶段,为使学生在课堂上集中注意力,教师可根据学生年龄特点,穿插一些游戏、竞赛活动,激发学生学习兴趣,培养学生默读的习惯。在安静的阅读环境中,学生才能更好地集中注意力,理解阅读内容。在初中阶段,教师要培养学生观察、分析和归纳语言规律的能力,在课堂中质疑、提问的能力,借助语境学习词汇的能力,使用词典或工具书查找信息的能力,利用图书馆和网络资源筛选信息的能力等。

遵循这样的思路,教师在阅读教学的不同环节中,在不同年级的教学中,都应有意识地教学生通过上下文理解词汇的意思,通过疑问句的学习练习提问的技巧,通过小组合作和查阅资料完成相关主题报告等。教师可在阅读教学的不同环节中,设计如表 2-3 所示的阅读任务单,培养学生记笔记和思考的习惯。

表 2-3 上外松外学校阅读任务单

Title of the text:(page____)		Date		
New words				
New sentences				
More examples about key words or phrases				

Task 1:Retell the story in your own words(use at least 3 sentences to describe each of the following three parts).
The beginning of the story:
The plots of the story:
The ending of the story:

Task 2:
(1) What do you think of Zadak(可替换不同内容)? Why did he fail?
(2) Write about a person that you like in the story. Tell us why?

2. 元认知能力培养

语言的学习还需要科学方法的指导。在课堂教学中,教师应关注学生的学习过程,重视学生学习策略和元认知能力的培养。美国心理学家弗拉维尔(J. H. Flavell)于 20 世纪 70 年代提出了元认知(meta cognition)这一概念。他把元认知定义为"认知主体为完成某一具体任务或目标,依据认知对象对认知过程进行主动监控以及调节和协调的过程"。在课堂教学过程中,如果能够兼顾学生元认知能力的培养,则有助于学习者对学习过程进行积极主动的调节、控制、监视,有助于指导学生的认知活动。比如可以让学生填写如表 2-4 所示的课外阅读记录表,记录自己每天在家里完成课外阅读的情况,养成阅读积累的习惯。

表 2-4 上外松外学校课外阅读记录表

Day	New words	New sentences	More examples	My questions
Monday				
Tuesday				
Wednesday				

通过相关策略的使用,让学生认识到自己在学习上的长处和不足,促进其自我调节。但如果在练习了一段时间后,学生没有看到自己的进步,他们可能会失望、焦虑,甚至会对自己失去信心。而且在每天的参与过程中,学生偶尔也会感到枯

燥、厌烦。这时,教师要及时调整自己的教学方法,鼓励学生并尽可能帮助学生保持学习热情。

元认知策略的学习是一个长期而艰苦的过程。如果没有足够的实践,学生的元认知策略知识就难以内化并达到自动化水平。因此在元认知策略应用的过程中,教师不仅要做好长期奋战的准备,帮助学生认识自我,掌握一些英语学习的元认知策略知识,还要有目的、系统地训练学生选择、使用、监控和调节学习策略的能力。策略的应用可以少量多次,那种让学生在短时间内就掌握数十条策略的做法,既是不现实的也是不可能的。只有反复实践,才能使学生尽快掌握所学的方法和策略并将其内化为自主学习能力。

3. 跨文化交际意识培养

英语学科有着特殊的育人功能,教师应有意识地发挥英语学科特有的育人价值,即培养学生跨文化交际意识。上海牛津英语教材中学习内容丰富,涉及中外文化知识,教师要充分利用相关资源,适当补充一些材料,让学生了解英语国家的历史地理、风土人情、价值观念等。教师要通过自己的理解把握教材内容,带领学生一起体验丰富多彩的他国生活。教师要善于在训练学生语言知识技能的过程中,引导学生感悟语言中所蕴含的独特情感。教师应结合教学实际,融入优秀中国文化元素,增强学生对中国文化的理解与热爱,加强学生对文化差异的了解与认同,逐步培养学生跨文化交际意识。

跨文化交际意识的培养是一个潜移默化、长期熏陶的过程。教师要有计划、分步骤地增强学生的文化体验,让学生体会语言文化的内在价值,感知所学文本的文化内涵。

(三) 对学生进行多元评价

在教学过程中,教学评价也是一个较好的德育契机。通过教学评价,学生可以感受到自己的进步,了解自己的优点并能有意识地改正自己的缺点。

1. 注重过程评价

传统的英语教学评价过于注重终结性评价,侧重对单纯的语言知识结构进行考查,重结果、重成绩。学生英语成绩一旦不理想,便会感到焦虑、自卑和自责,学习自信心也会受到打击,甚至会产生放弃的想法。许多阅读习惯需要长期培养,教师要注重对学生进行客观公正的评价,对他们在学习过程中所表现出来的兴趣、态度、参与活动的程度进行评价。这种形成性评价,淡化了评价结果,让学生在学习过程中体验成功的快乐。

2. 注重学生自我评价

教师可以设计如表2-5所示的学生阅读自我评价表,让学生自己记录阅读学习情况,对自己进行评价。

表 2 - 5　上外松外学校学生阅读自我评价表

评 价 内 容	优 秀	一 般	须努力	教师评语
课堂阅读笔记				
课后阅读记录				
测验中阅读部分得分				
测验整体情况				

3. 注重多元评价方式

教师应采用多元评价方式,对学生表演的课本剧、制作的小报等进行评价。

五、物理学科课堂教学提高学科育人实效性的行动研究要素及含义

物理学科中的知识和技能、过程和方法、情感态度和价值观,物理教师在课堂教学过程中所体现的教学态度、专业素养、师德风范,形成了物理学科的育人文化。物理学科具有深奥性、枯燥性、重要性。在教学过程中,常常是教师尽心尽力,学生百般努力,结果却差强人意。这就要求相关教师探索一条更有效的教学途径,提高学科育人实效性。而在教学过程中重视物理学科的文化熏陶,帮助学生形成健全的人格,使其在德育、智育、美育、动手动脑能力等方面得到培养和提高,是实现物理学科育人价值的有效途径。基于此开展中学物理学科育人价值的研究尤为重要。

(一) 要素

1. 研究目标

(1) 科研目标

总结初中物理课堂教学落实育人价值的特点和规律,初步形成初中物理课堂教学育人价值理论;探索有效的教学模式,促进电子教案、课件、资料的编写,用信息技术的软硬件设施辅助教学,促进教师的专业化成长。促进教师转变教育观念,将物理学科育人价值真正落实到课堂教学的全过程。提高教师业务能力,促进学校物理教师团队的专业发展。

(2) 育人目标

明确物理学科的育人功能,挖掘物理学科的育人价值,在物理课堂教学中落实育人价值,形成可操作的实施方案。使物理教师普遍树立教书育人观念和形成有效教学理念,帮助教师在规定的教学时间内,提高教学效率,大面积大幅度提高教育教学质量。切实减轻学生过重的作业负担,提高学生学习的有效性,促进学生全面健康发展。构建

和谐、高效的课堂教学模式,落实育人价值,提高教学质量。

针对初中物理学科特点和不同年龄学生认知能力,搜集物理学科的育人素材,探索显性育人学科和隐性育人学科不同的课堂教学形式,开发相关校本课程。

根据教材内容和初中物理学科特点采用不同的教学方法,丰富学习过程,使学生学习不同学科独特的策略逻辑,形成独特的审美体验,拥有独特的思维视角;优化师生互动的课堂教学行为,提高学生的德育素养;让教师的教学行为和人格魅力潜移默化地影响学生的思维品质。

2. 研究内容

坚持科学、有效、创新的研究思想,认真开展课题研究活动。

第一,基于初中物理学科育人现状与问题开展调查研究。主要研究以下内容:初中物理学科课程标准、教材育人的理念和途径、内容的目标指向和呈现形式是否符合学生健康成长的需要;初中物理学科育人现状对学生健康成长的影响;初中物理学科教师对学生健康成长的影响;初中物理课堂教学落实学科育人的现状。

第二,以初中物理学科为例,研究通过课堂教学落实学科育人价值的教学方法。通过研究初中物理教材,处理好学科知识与学科育人间的关系,充分挖掘物理学科育人素材实施课堂教学,灵活呈现物理学科育人效果。

第三,以初中物理学科为例,研究学科育人资源的开发与整合,创建物理学科育人模式。根据初中物理学科特点对学科育人的主题进行研究,充分发挥德育的教育功能,着力挖掘隐性的德育功能,培养学生的情感态度和价值观。

第四,界定初中物理学科育人实效性的概念,形成相应的评价机制。

第五,理论研究,厘清一些基本概念,建立初中物理学科育人价值结构框架。

第六,在建立的初中物理学科育人价值结构框架下分析物理学科育人现状。

第七,提出达成初中物理学科育人目标的教学实施建议。

3. 研究方法

主要采用行动研究法、调查研究法、文献研究法、个案研究法、比较研究法、现场观察法、经验总结法等方法。

(1) 行动研究法

根据本校实际情况,挑选各年级部分班级,进行课堂教学落实学科育人价值的课例研究和活动研究。

(2) 调查研究法

运用多种方法(如问卷调查法、统计法、座谈法)调查教师、学生对学科育人价值的理解和体会,不断总结经验,形成结论。

（3）文献研究法

梳理国内外的物理课程标准及物理教材内容，了解国内外关于实效教学的理论和实践，为本研究提供科学依据和可借鉴的资料。提升课题组成员的理论素养，为实施方案提供有力支持。

（4）个案研究法

对初中物理课堂教学典型案例进行分析研究，总结有效的教师课堂教学行为。建立学生成长档案，追踪学生成长过程。

（5）比较研究法

比较各类型学生与各种教学手段，寻找其中的规律，探求有效的教学策略。

（6）现场观察法

主要用于了解课堂教学中物理学科育人目标的落实情况，可借助录像等手段。

（7）经验总结法

结合本校实际，筛选与本课题有关的实践经验，从中提炼出一些符合本校实际且可操作的措施。

（二）含义

《礼记》有云："师也者，教之以事而喻诸德也。"这句话告诉我们，古往今来的为师者都希望学生德才兼备，不仅教授学生"谋事之才"，而且传授学生"立世之德"。

2014年教育部印发了《全面深化课程改革　落实立德树人根本任务的意见》，要求立德树人要落到实处，充分发挥课程在人才培养中的核心作用，进一步提升综合育人水平，倡导德育为先、能力为重、全面发展的教育理念，更好地促进各级各类学校学生全面发展、健康成长。

基础教育新课程的学科课程标准要求从知识和技能、过程和方法、情感态度和价值观三个维度建构学科课程的学习目标，根据学生的认识规律、心理发展水平设计和组织学科教学，明确学科具体教学内容，体现学科的育人目标和任务，落实学科教学育人价值。

新的学科育人价值观要求我们重新理解教学活动的性质，重新理解教学过程，重新审视教学过程中的师生关系，在此基础上，建立新的课堂教学育人价值观。新的课堂教学育人价值观在教学价值取向和定位上，打破了以往单纯重视知识目标的局限，从单一传递教科书上呈现的现成知识，转为兼顾能力培养和情感陶冶。教师不仅要教书还要育人，教师实际上通过教书实现育人。

物理学家郎之万说过："那种认为只需要掌握已获得肯定的想法是绝对错误的，它会使科学丧失全部的教育价值。"虽然传授物理知识是课堂教学的重要内容，但是，从立德树人这一教育根本目标出发,培育人也应该成为教师课堂教学的重要内容。而在物理课堂教学中渗透育人价值就是达成立德树人教育根本目标的有效措施之一。

第二节 课堂教学提高学科育人实效性的 行动研究理论基础

一、小学语文学科行动研究理论基础

在梳理了学科育人价值和教学节奏的相关文献资料后,笔者又进一步研究了小学生学习心理理论、启发式教学理论、对话教学理论、教学节奏调控理论、语文课程标准的相关理念,以期为小学语文课堂教学节奏调控实践寻找更为有力的支持。

(一) 小学生学习心理理论

1. 思维特点

皮亚杰在认知发展阶段理论中,将儿童认知发展分为四个阶段。而小学生(7 至11 岁)正处于第三阶段,即具体运算阶段。第三阶段的儿童已经能进行逻辑思维,相较第二阶段的儿童,其思维具有多维性、可逆性和动态性。在语言方面,第三阶段的儿童虽然已经能通过下定义的方式获得概念,但在获得和使用概念时,仍需要实际经验或具体形象的支持。[①] 小学生,尤其是中高年级的小学生,其思维已经开始从具体形象思维向抽象逻辑思维转变,但他们的抽象逻辑思维在很大程度上仍与感性经验相关联,仍具有具体形象性。

2. 注意力特点

年幼儿童很容易受到无关物体和事件的吸引而导致注意经常而又迅速转移。儿童的注意力具有集中时间短、易分散、以无意注意为主的特点。[②] 阿良莫夫曾用观察法对学龄初期儿童注意的稳定性进行了研究,认为 7 至 10 岁的儿童注意稳定的时间约为20 分钟。[③] 大多数小学教育工作者都认为,上课铃响后的 5 至 20 分钟是学生注意力最为集中的时间,其他时间学生就开始出现注意力分散的现象。

3. 认知特点

一般认为,小学阶段的学生好奇、好问、好动,兴趣广泛,以形象记忆和机械记忆为主。[④] 小学生从笼统、不够精确地感知事物的整体,渐渐发展到能较为精确地感知事物

---

① 皮连生.教育心理学[M].上海:上海教育出版社,2011.
② 纪大海.论教学节奏[J].中国教育学刊,2000.
③ 张灵聪.小学生注意稳定的初步研究[J].心理科学,1990.
④ 纪大海.论教学节奏[J].中国教育学刊,2000.

的各个部分,能发现事物的主要特征以及事物各部分之间的相互联系。①

4. 情感特点

小学生的情感处于相对稳定发展的时期。低年级小学生虽然已经能初步控制自己的情感,但是仍有不稳定的现象。到了小学中高年级,他们的情感逐渐趋向稳定,逐渐学会自我尊重,希望获得他人尊重的需要日益强烈,道德情感也初步发展起来。总之,随着年龄的增长,小学生的情感逐渐变得更加稳定、丰富、深刻。②

（二）启发式教学理论

孔子说:"不愤不启,不悱不发,举一隅不以三隅反,则不复也。"(《论语·述而》)这就是启发的原意。

联系孔子的教育思想,考察孔子的教育实践,其启发思想有一个完整的体系。第一,"知人"是启发的前提,就是要把现实问题与学生已有的感知联系起来,为学生创造条件,便于学生理解。第二,"乐之"是启发的开端。孔子提倡让学生在一种愉快的学习氛围中接受教师的启发诱导,背上没有包袱,心中也没有压力,启发诱导必然成功。第三,"疑思问"是启发的重要途径。学起于思,思源于疑,因此,孔子强调把问和思结合起来,主张"学而不思则罔,思而不学则殆"(《论语·季氏》),主张通过思考,探求道理,使自己在思考中变得聪明起来。第四,"举一反三"是启发的效果目标。举一反三,最后达到"闻一知十"(《论语·公冶长》),实现启发的最高目标。

（三）对话教学理论

对话教学是一种以教师和学生之间平等的地位关系为前提,进行教师、学生、文本之间的沟通交流,以培养教师和学生的对话意识、解放师生为目的的富有时代精神的教学形态。教师、学生、文本是支撑对话教学的首要基本要素。课堂教学过程就是教师、学生、文本三者之间进行特殊对话的过程。对话是有效对话教学中必不可少的要素,即有效对话教学通过对话得以实施。对话包括三个必要的因素,即倾听、问题、理解。对话在课堂教学中的意义在于帮助教师与学生建立起相互理解、融洽的关系,进而达到解放学生的教学目的。根据对话理论,课堂教学需要一个民主、平等、理解、宽容的环境,在这个环境中教师与学生相互倾听,讨论问题,进而打动彼此。

（四）教学节奏调控理论

关于教学节奏调控,多数研究者主要从教学内容、教学方法、教学过程、教学语言、学生注意力的变化规律等角度出发集中论述了调控策略,个别研究者还考虑到了学生

---

① 毛志远.浅谈小学生的认知特点和读书习惯的培养[J].楚雄师范学院,2012.
② 同上。

课堂情绪、教师教学风格等对教学节奏的影响。其中,李永明认为,课堂教学节奏调控是指在课堂教学中科学合理地把握教学步调和节拍,使师生双方在合理的编排下共同完成课堂教学任务,达成事半功倍的效果。[1]

笔者认为,教学节奏调控是指,在课堂教学活动中,教师针对学生心理和情绪的波动,结合教学内容起伏变化的需要对教学活动的发展、变化进行科学而合理的调节与控制,并最终较为高效地完成既定课堂教学目标和教学任务的一系列活动。

(五)语文课程标准的相关理念

《上海市中小学语文课程标准》中指出:"课堂教学是语文教学的基本组织形式。教师要在有限的时间和空间内,灵活、有效地组织教学,并将学生在有目的、有计划状态下的学习与其在自然状态下的获得有机结合起来,使每一个学生的才能都得到发挥。"[2]《义务教育语文课程标准(2011年版)》中指出:"语文教学要注重语言的积累、感悟和运用,注重基本技能训练,让学生打好扎实的语文基础。要注重激发学生的好奇心、求知欲,发展学生的思维,培养想象力,开发创造潜能,提高学生发现、分析和解决问题的能力,提高语文综合应用能力。"[3]

语文课程标准的相关理念,要求小学语文的课堂教学注重培养学生的语言表达能力和其他基本技能,发展学生的思维,激发学生的创造潜能。对小学语文课堂教学节奏调控的研究要从学生的学情出发,通过对学生、教材的研究,积极探索科学合理有效的调控方法,提高课堂教学效率,在激发学生好奇心、求知欲的同时,全面提高学生的语文素养。

二、初中语文学科行动研究理论基础

初中语文智慧课堂提高学科育人实效性研究有着坚实的理论基础。无论是人本主义教育理论、接受美学理论、最近发展区理论、建构主义教育理论、后茶馆式教学理论均为初中语文智慧课堂提高学科育人实效性研究提供了全新的视角和方法。

(一)人本主义教育理论

代表人物是美国的马斯洛和罗杰斯。他们认为,人是自然实体而非社会实体,自然人性即人的本性。真正的学习涉及整个人,而不仅仅是为学习者提供事实。真正的学习能够使学习者发现他自己的独特品质,发现他自己作为一个人的特征。教学的目的是把学生培养成具有灵活性、适应性和创造性的人,具有主动性、独创性和创造性的人。教育所培养出来的人应该是个性充分发展的人。这种人具有主动性和责任感,能够适

① 李永明.调控课堂教学节奏,推动语文课堂教学[J].科技信息,2009.
② 上海市中小学语文课程标准[M].上海:上海教育出版社,2004.
③ 义务教育语文课程标准(2011年版)[M].北京:北京师范大学出版社,2012.

应变化,能够自主发展,能够实现自我价值。他极力批判传统教学将教师和书本置于教学活动核心位置的做法,认为这种方式只能使学生成为"奴隶"。在罗杰斯看来,教学活动应把学生放在居中的位置,把学生的"自我"看作教学的根本要求,所有的教学活动不仅要服从学生的"自我"需要,而且也要围绕学生的"自我"进行。基于此种认识,罗杰斯所提出的非指导性教学具有以下特点:在课堂中创造一种接受的气氛;围绕个人的和小组的目标进行;教师的角色不断变化。这并不是完全站在传统教学的对立面,只不过强调了传统教学忽略的但又确实对学生的发展有利的方面,即赋予学生更多的空间参与课堂教学。这改变了传统的师生关系,拓展了教学研究的视角。人本主义学习观与教学观深刻地影响了世界范围内的教育改革。

（二）接受美学理论

德国的姚斯在1967年提出接受美学理论。其核心是从受众出发,从接受出发。经典作品只有当其被接受时才存在。读者的接受活动受自身条件限制,也受作品范围限制,因而不能随心所欲。作者通过作品与读者建立起对话关系。当一部作品出现时,读者就对其产生了期待水平,即期待从作品中读到什么。读者的期待建立起一个参照条,读者的经验依此与作者的经验相交往。期待水平既受文学体裁影响,又受读者以前读过的这一类作品的经验影响。作品的价值在于它与读者的期待水平不一致所产生的审美距离。接受者有3种类型,即一般读者、批评家、作家。此外,文学史家也是读者,读文学史的过程就是接受的过程,任何作品都在解决以前作品遗留下来的道德、社会、形式方面的问题,同时又都在提出新的问题,成为后面作品的起点。文学的社会功能是通过阅读和流通改变读者对世界的认识,改变读者的社会态度。

法国作家法朗士在《乐图之花》中曾经说过这样一段话:"书是什么?主要的只是一连串小的印成的记号而已,它要读者自己添补形成色彩和情感,才好使那些记号相应地活跃起来。一本书是呆板乏味,或是生机盎然,情感是热如火,或是冷如冰,还要靠读者自己的体验。或者换句话说,书中的每一个字都是魔灵的手指,它只拨动我们脑纤维的琴弦和灵魂的音板,而激发出来的声音却与我们的心灵相关。"这段关于作品文本和读者理解之间关系的精彩议论,形象生动地道出了接受美学理论的主旨。

（三）最近发展区理论

苏联教育家维果茨基提出的这一理论认为,学生学习有两个发展水平。第一个是现有的发展水平,表现为学生能独立地完成任务。第二个是潜在的发展水平,表现为学生不能独立地完成任务,要在教师的帮助下,在集体活动中,通过自己的努力才能完成任务。这两个发展水平之间的区域称为最近发展区。最近发展区,主要是就智力而言的,教师应着眼于学生的最近发展区,为学生提供带有难度的内容,调动学生的积极性,使其发挥潜能,把最近发展区转化为现有发展区,然后在此基础上进入下一个最近发展区。这一理论认为:"只有针对最近发展区的教学,才能促进学生的发展,而停留在现有发展区的教学,只能阻碍学生的发展。发展的过程就是不断把最近发展区转化为现有发展区的过程,即把未知转化为已知、把不会转化为会、把不能转化为能的过程。"我国当前教学改革强调素质教育,倡导面向全体学生、使学生全面发展的现代教学观,认为教学的本质是激发学生学习的积极性,帮助学生全面发展,与最近发展区理论所倡导的教学观一致。在最近发展区理论指导下,出现了"支架式教学""互惠式教学""合作型教学"等。

(四)建构主义教育理论

最早提出者是瑞士的皮亚杰。建构主义认为,知识不是通过教师传授得到的,而是学习者在一定的情境即社会文化背景下,借助学习而获取的。这一理论认为,情境、协作、会话和意义建构是学习环境中的四大要素。学习环境中的情境必须有利于学生对所学内容的意义建构。这对教学设计提出了新的要求,也就是说,在建构主义学习环境下,教学设计不仅要分析教学目标,还要创设有利于学生建构意义的情境,并把情境创设看作是教学设计的最重要内容之一。协作发生于学习过程的始终。协作对学习资料的搜集与分析、假设的提出与验证、学习成果的评价、意义的最终建构均有重要作用。会话是协作过程中不可缺少的环节。小组成员之间必须通过会话商讨如何完成规定的学习任务;此外,协作过程也是会话过程,在此过程中,每个学习者的思维成果(智慧)为整个学习群体所共享,因此会话是实现意义建构的重要手段之一。意义建构是整个学习过程的最终目标。所要建构的意义是指事物的性质、规律以及事物之间的内在联系。综上所述,学习的质量是学习者建构意义能力的函数,而不是学习者重现教师思维过程能力的函数。换句话说,获得知识的多少取决于学习者根据自身经验建构有关知识意义的能力,而不取决于学习者记忆和背诵教师讲授内容的能力。

(五)后茶馆式教学理论

上海市静安区教育学院附属学校张人利校长提出的后茶馆式教学理论可以概述为一个核心,两个特征,三个发展。一个核心,即以"议"为核心,与自己"议",与他人"议",与客观世界"议"。两个特征,即用课堂教学的两个关键干预元素进行干预,"学生自己能学会的教师不讲""尽可能暴露学生的潜意识,尤为关注'相异构想'的暴露与解决"。三个发展,即从"书中学"单一方式到"书中学""做中学"两种方式并存,教学的方式更加完善;从"读"一种方法选择到"读、议、练、讲"多种方法选择,教学的方法更加灵活;从"讲台之上"延伸到"讲台之下",引用数字化技术,教学的手段更加多样。以新课程三维目标为价值判断标准,以学生学习效能高低来选择方式、方法、手段。后茶馆式教学促进了学校教师专业化发展,提高了学生学习效能,使学校走向"轻负担,高质量"。

三、中学数学学科行动研究理论基础

高层次思维的概念源自本杰明·布鲁姆及罗伯特·加涅等人的学习理论。如果说西方学者对高层次思维的研究是动态的、具体的——研究各种具体的思维技能,那么我国学者对高层次思维的研究则多为静态的、理论的——研究思维形式、思维结构、思维品质。我国著名心理学家林崇德先生关于思维品质的研究影响最大。他在《学习与发展——中小学心理能力发展与培养》一书中,对思维品质进行了研究,以培养思维品质作为发展智能的突破口,总结了五种思维品质,即敏捷性、灵活性、批判性、独创性、深刻性。我国学者周超在此基础上界定了数学学科中的五种思维品质,并指出这五种思维品质是相互影响、相辅相成的。

东西方思维研究的不同路径,为本课题研究奠定了基础。一方面,西方的思维理论研究,为学生的思维培养与发展奠定了深厚的理论基础;另一方面,我国的思维品质研究,为本课题研究提供了抓手。本课题选择灵活性、批判性、独创性三个数学思维品质作为突破口,以初中数学课堂教学为载体,以任务设计及其教学为基本工具,在教学实践中对学生数学思维品质培养进行研究,进而对培养高层次数学思维能力的教学进行研究。本课题中把灵活性界定为变异、关联、转换三个维度;把批判性界定为纠错、质疑、优化三个维度;把独创性界定为流畅、变通、新颖和精致四个维度。这些维度是层层递进、彼此相连的。体现在课堂上,教师要精心设计教学背景,激发学生的参与热情,创设有利于学生思考的环境,在教学时展示数学知识的形成过程,分析教材所蕴含的数学家的思维活动过程,把握学生的思维活动过程,以两者的思维冲突为依据创设适当的教学情境,通过思维策略的指导来引导学生的思维活动过程,帮助学生总结思维规律、方法和技能,达到培养学生数学高层次思维的目标。特别要注意解题后的思考,思考解题的不同方法及题目的变换引申可以培养思维的灵活性,思考解题结果的正误可以培养思维的批判性,思考题目的隐含条件可以培养思维的独创性。

四、中学英语学科行动研究理论基础

著名的心理学家皮亚杰(J. Piaget)在《儿童的语言与思维》一书中指出,思维和语言有直接关系,思维和语言是人脑两种不同的功能,相互影响,相互促进。因此,在英语教学中我们必须自觉加强学生思维能力的培养。听说读写是英语学习中不可缺少的四项技能。而英语阅读理解是学生主动思考、理解和获取信息的过程,是一个含有多种技能的思维过程。认知规律告诉我们,人的认识过程是一个由低级到高级、由简单到复杂螺旋上升的过程。根据这一认知规律,在培养学生的阅读能力时,我们可以从表层理解(literal comprehension)、深层理解(inferential comprehension)和评价性理解(critical comprehension)等层面,给学生提供梯状思维空间,帮助他们较透彻地理解文章内涵,提高理解赏析能力。

国际学生评估项目(简称 PISA)将阅读素养界定为"为实现个人目标、发展知识和潜能、参与社会活动,对文本所进行的理解、使用、反思和积极主动的投入"(经济合作与发展组织,简称 OECD,2015)。《上海中小学英语课程标准》(2004)指出,小学阶段学生的课外阅读量不少于 10 万字。可见,在小学阶段就可以有意识地对学生进行阅读素养的培养。

英语学习离不开阅读。多年来,英语阅读一直是语言教学研究关注的一个焦点。在国外,许多教育专家长期坚持对阅读进行研究,取得了不少研究成果。20 世纪 60 年代,佛蒙特大学小莱曼·C·亨特初次提出持续默读(以下简称 SSR)的概念。持续默读是指在课堂上,学生自己选择阅读材料,并独立进行阅读(Gardiner,2005,p. 15)。SSR 包括 DEAR(Drop Everything And Read,抛开一切,专心阅读)、DIRT(Daily Individual Reading Time,每天个人的阅读时间)、SQUIRT(Sustained Quiet Un-Interrupted Reading Time,持续不受干扰的阅读时间)、FVR(Free Voluntary Reading,自发性自由阅读)(崔利斯,2009,p. 136)。SSR 的实施阅读专家罗伯特与玛琳·麦克瑞肯基于持续默读理论的实践着力培养学生的阅读素养,研究各种阅读技巧,并经学校实验验证,正式推出 SSR 阅读计划,形成 SSR 阅读课程。在国内,随着我国基础教育课程改革的逐步深入,有关英语阅读的研究也得到了重视和发展。北京师范大学王蔷教授将阅读素养细化成了 9 个维度,即外语文本概念、外语因素意识、外语拼读能力、外语阅读流畅度、外语阅读技巧与策略、外语语言知识、外语国家社会文化背景知识、外语阅读习惯、外语阅读体验(王蔷、敖娜仁图雅,2015)。这些研究成果为国内一线英语教师提供了指导和参考。

五、中学物理学科行动研究理论基础

《国家中长期教育改革和发展规划纲要(2010—2020 年)》中,把育人作为教育工作的根本要求,把提高教育质量作为教育改革发展的核心任务,强调教育发展要坚持德育为先,坚持能力为重,坚持全面发展,赋予未来教育发展更多的内涵。

教育部新颁发的《基础教育课程改革纲要(试行)》规定了课程目标的三个基本纬度,即知识和技能、过程和方法、情感态度和价值观,强调跨学科的学习方式,如探究学习、体验学习、合作学习。

探究学习又称研究性学习,是指学生在教师指导下,以类似科学研究的方式去获取知识和应用知识的学习方式。研究性学习重过程、重应用、重体验、重全员参与。物理学是研究物质世界最普遍运动形式及其变化规律的科学。在物理课堂教学过程中,教师应借鉴研究性学习理念,构建新的教学模式,潜移默化地进行德育。

德育大纲指出:"各科教师均要教书育人,寓德育于各科的教学内容和教学过程的各个环节之中,把德育大纲的贯彻实施,看作是各科教师的一项重要任务。"因此,借物理课程改革之机,努力挖掘物理学科德育素材,充分发挥物理教学的德育功能,开展有效教学活动,势在必行。

学科育人价值,作为一个十分重要的理论问题,是在新基础教育发展性研究阶段提出来的,主要是指科学教育(包括分科科学课程、综合科学课程)在传递科学知识、发展学生从事科学的能力、培养学生的科学兴趣、培养学生的科学思维、培养学生的科学精神、培养学生的科学态度等方面的意义和价值。相比生物、化学等其他自然科学学科,物理是一门与学生日常生活联系十分紧密且应用广泛的学科。物理以其抽象、辩证的思维方式及以实验为基础的特点,引导学生形成勤动脑、勤动手的学习习惯,激发学生探索自然、理解自然的兴趣和热情。因此,掌握正确的教学思想与方法,充分挖掘物理学科的育人价值并将其落实到课堂之中,是新时代对物理教师的新要求。

物理教材的编排,很大程度上体现了以人为本的理念。精美的彩色插图、精心设计的课内实验、思考与讨论以及阅读材料旁边的留白都给学生带来一种赏心悦目的感觉。教师作为物理知识学习过程的指导者,要吃透教材精神,领会编者意图。通过教材分析可知,新课程要让学生自己学会学习,在学习中培养学生的终身学习精神。学生通过学习物理知识,要学会求知、学会做事、学会共处、学会做人,充分发挥自己的潜能。

以下几种理论研究成果为本研究提供了支持。

（一）建构主义理论

学习不是学生对教师授予的知识的被动接受过程,而是学生以自身已有知识和经验为基础的主动构建过程。学习者以自己的方式建构对于事物的理解。教学就是创设一个适宜的学习环境,使学习者能积极主动构建自己的知识。教学模式以学生为中心,在整个教学过程中教师作为组织者、指导者、帮助者和促进者,利用情境、协作、会话等学习环境要素,充分发挥学生的主动性、积极性和创新精神,最终使学生有效实现对所学知识的意义建构。

（二）教学系统理论

从整体出发,既考虑教学系统的结构与功能,又考虑教学系统的层次与特征,立足整体,统揽全局,优选方案。

（三）物理课程标准的相关理念

必须从知识和技能、过程和方法、情感态度和价值观三个维度设计教学目标；必须培养学生的物理实践能力与创新精神；必须要实现学生学习方式、教材呈现方式、教师教学方式的同步改革；必须重新建构物理教学评价体系。

（四）主体教育理论

把学生当成教育教学的主体，在课堂提问过程中落实学生的主体地位，培养学生的主体性。这既是素质教育的要求，也是未来社会发展的要求。

（五）多元智能理论

美国著名教育家霍华德·加德纳提出了多元智能理论。该理论认为，每一个学生都有自己的优势智能领域，教育的起点在于教师怎样开发学生的优势智能领域，彰显学生的个性，实施个别差异教育，使拥有不同天资和禀赋的学生得到符合自身特点的发展。每一个学生都有多项智能且每项智能的强弱不同，因此每一个学生都有发展的潜力，每一个学生都有发展的空间。因此，教师要善于提问，注意引导，给学生提供平台和机会，让学生在原有的基础上有所发展。

（六）赏识教育理论

赏识教育理论要求教师在课堂提问中尽可能多地采取表扬、赞美、宽容的教育方式，引导学生努力挖掘自身的潜能、审视自己的学习过程、修正自我的学习方式，形成自主学习、自我教育的学习动力机制，使学生成为学习上的成功者。

第三节 课堂教学提高学科育人实效性的 行动研究设计方案

一、小学语文学科设计方案

通过梳理大量的文献资料，笔者发现关于小学语文学科育人价值的研究不多，而且基本上都是从教学内容的角度进行研究的。小昆山学校基于小学语文课堂教学节奏调控模式的设计与实施，试图通过调控课堂教学节奏来达到提高学生的注意力和思维能力、提高课堂教学效率的目的，进而提升学科的育人价值。

第一阶段，主要采用文献研究法，梳理前人对学科育人价值、教学节奏的思考和研究，整理国内外对学科育人价值、教学节奏调控模式产生过重大影响的学习理论和教育思想。在学科育人价值方面，叶澜教授及其领衔的新基础教育研究团队从教学内容、教学方法与工具、学科活动等角度对语文学科的独特育人价值进行了阐释。而我校也从中找到了研究依据。

第二阶段,采用案例研究法和行动研究法,总结有利于提升小学语文学科育人价值的课堂教学节奏调控模式。

小学阶段的学生年龄跨度在 7 至 12 岁之间,这六年间学生的变化是很大的。在思维特点方面,按照皮亚杰的理论,7 至 11 岁为具体运算阶段,11 至 15 岁为形式运算阶段。这两个阶段并没有明确的界限。在注意力方面,小学低年级学生的注意力具有明显的不稳定性,由于他们的兴奋比抑制占优势,所以,很难让他们长时间进行一项活动;中高年级学生集中注意力的能力在逐渐加强,但他们课前课后的注意力仍较为分散。教师只有掌握了学生的这一心理特点,并进行相应的教学节奏调控,才能充分调动学生的积极性,提升小学语文学科育人价值。另外,教学节奏调控还应遵循学生学习规律,现代学习理论所提出的三阶段六环节①,即感知阶段(启动兴趣,定向训练)、理解阶段(设场讨论,总结储存)、运用阶段(联系回授,外向创造)就是遵循学生学习规律的教学节奏,有利于提升小学语文学科育人价值。

小学一节课的时间为 35 至 40 分钟,这个时间是固定不变的,教学活动要根据这特定的时间来组织,以使学生在有限的时间内更快地投入到高效率的学习中来。虽然教学时长不会发生变化,但教学时段却有很大的不同。上午的第一、二节课,是上课的黄金时段,在这一时段,学生注意力比较集中,教师可以较多地根据教学内容调控教学节奏。上午第四节课和下午第一节课,学生或者饥肠辘辘,或者昏昏欲睡,学习效率很低,在这一时段,教师要加大教学节奏调控力度,努力提高学生注意力的集中程度。

教学活动一般在一个空间为 70 至 90 平方米的教室中开展。物理空间较为固定,因此,教师要有意识地拓宽和延伸学生在教学活动中联想和想象的思维空间。

基于小学生的年段特点和心理特征,结合课堂观摩与教学实践,笔者搜集了一些具有代表性的小学语文课堂教学案例,并据此设计出多种教学节奏调控模式,在课堂教学中反复实践,不断反思,及时改进,最终总结出三种有利于提升小学语文学科育人价值的课堂教学节奏调控模式。

一是"绿地圆舞曲"教学节奏调控模式。绿地原指绿色的平地,如草坪,其特点是平坦、开阔。圆舞曲是一种呈现出"强弱弱"三拍子的舞曲,音乐配合环绕支点音旋转,节奏明快,旋律流畅。这种模式主要针对抒情类散文、诗歌或小说的教学。在教学中,教师要寻找并围绕"支点"来组织节奏明快而又流畅的教学,使教学围绕一个个预设的"支点",形成一个个"强弱弱"的教学节奏,掀起课堂教学的一个个高潮。"支点"之间

---

① 韦志成. 语文教学艺术论[M]. 南宁:广西教育出版社,1996.

具有内在联系,都是围绕教学目标而形成的。

二是"山坡进行曲"教学节奏调控模式。山坡原指山顶与平地间的倾斜面,人只有通过在山坡上的艰难攀登才能到达山顶。进行曲是一种适用于行列前进时演奏的乐曲,由偶数拍子构成,旋律雄劲刚健、节奏铿锵有力,呈现出"强弱""强弱,次强弱"的节奏。这种模式主要针对内容深奥、含义深刻类文章的教学。该模式要求教师在学生"愤""悱"时,采取问答(多数是快速的一问一答)的教学形式启发学生,集中学生的学习注意力。教师在教学中根据学情铺设山坡,而后,学生在教师的启发下,逐步解决教学难题,攀登山坡,在此过程中教学呈现出逐渐上升的趋势,有助于集中学生的注意力,提高学生的思维能力。

三是"浪花交响曲"教学节奏调控模式。浪花原指波浪间冲击或拍打在其他事物上溅起的水,其特点是激扬、震撼。交响曲特指交响乐队演奏的、由多个乐章组成的大型音乐作品,其中,第一乐章称为快板,是交响曲的发生,第二乐章速度徐缓,是交响曲的发展,第三乐章速度稍快,是交响曲的高潮,第四乐章称为终乐章,速度飞快,是交响曲的结尾。这种模式主要针对矛盾冲突类文章或看似矛盾冲突类文章片段的教学。该模式中,教师引导学生围绕矛盾冲突展开讨论交流,在生生对话、师生对话中达到教学高潮,形成"起承转结"的教学节奏。"起"是教师导入讨论话题的环节,教学节奏有一个较快的提高;"承"是学生准备讨论话题的环节;"转"是该模式的关键环节,小组合作或者班内讨论,大家一起思维碰撞,奏起交响曲;"结"是教师或者学生总结讨论话题的环节。该模式有助于活跃学生的思维,激发学生的学习兴趣,在教学生"学语文"的同时教学生"学做人"。

第三阶段,结合对大量课堂教学案例的研究与总结,经过不断的实践和思考,笔者发现这三种教学节奏调控模式不论是独立使用还是整合使用,都能够激发学生的学习兴趣,对学生注意力和思维能力的提高、课堂教学效率的提高和学科育人价值的提升起到促进作用。

二、初中语文学科设计方案

(一)研究的主要思路

1.研究目标

第一,研究在智慧课堂引领下,如何利用沪教版"二期课改"初中语文教材实现学科育人。

第二,研究从语文学科特点的视角提升三新学校共同体初中语文学科育人价值的有效策略和方法。

第三,研究如何激发三新学校共同体初中语文教师自我发展的内在需求,提高教师的教学实践能力,促进教师的专业成长,提高学生的语文素养。

2. 研究内容

第一,智慧课堂实现初中语文学科育人的现状研究。通过对相关文献的收集与整理,了解国内外专家对教师教学实践智慧的研究情况,科学把握教师教学实践智慧的内涵和价值,使本课题研究有较高的起点。

第二,智慧课堂实现初中语文学科育人的过程性研究。有关教师教学实践智慧的研究主要包括四个方面:古代文言文学习中蕴含语文学科育人实践智慧的研究;思辨性阅读中彰显语文学科育人实践智慧的研究;作文教学中提高语文学科育人实践智慧的研究;初中语文综合性学习中提高语文学科育人价值实践智慧的研究。

第三,智慧课堂中初中语文教师学科育人的有效策略和方法的表现形式研究。尽管教师的实践智慧是在教学实践过程中生成和发展起来的,但它有着与教学实践活动不同的表现形式。具体说来,它包括两个方面,即学科育人的有效策略和学科育人的方法。

第四,智慧课堂中初中语文教师学科育人实践智慧的案例研究。通过对名、优、特级教师经典案例的解读,通过对文献资料的研读,通过课题组成员和学校教师的课堂教学实践,形成三新学校共同体初中语文学科育人典型案例。

第五,智慧课堂中初中语文教师学科育人实践智慧的比较研究。主要包括两个方面的研究,即新手教师与成熟教师学科育人实践智慧的比较研究,不同课型中初中语文教师学科育人实践智慧的比较研究。

3. 研究方法

本研究主要采用文献研究法、比较研究法、行动研究法和案例研究法等。

(1) 文献研究法

主要参考了《国家中长期教育改革和发展规划纲要(2010—2020 年)》《上海市教育委员会关于深入推进本市中小学学科育人工作的实施意见》《松江区中长期教育改革和发展规划纲要》等政策文件和《主体教育研究丛书·教学机智与智慧课堂》《扬起生命的风帆·中小学语文学科育人价值研究》等语文学科研究资料。

(2) 比较研究法

主要用于研究如何利用沪教版“二期课改”初中语文教材实现学科育人。重点关注智慧课堂实施过程中初中语文学科育人价值观、育人内容及育人方法。

(3) 行动研究法

在自然、真实的课堂教学环境中,教师按照“提出假设—验证假设—调整方案—实施方案"的操作程序,通过大量的课堂教学实践不断完善学科育人经验,总结智慧课堂引领下的学科育人策略和方法。

（4）案例研究法

通过采集并分析市、区、共同体不同层次学校初中语文教师的课堂教学典型案例,了解他们对初中语文学科育人价值的认识和实践情况,了解初中语文智慧课堂对学生价值观的影响情况等。

4. 研究步骤

（1）启动阶段（2014年9月至2015年2月）

通过个人申报和学校推荐,确定研究核心人员,成立课题组;收集和研读相关文献,分析已有研究成果,设计课题研究方案;与松江区语文学科专家、课题组成员一起进行课题研究可行性论证,根据研究需要和研究专长分工研究。

结合相关案例和文献资料,完善课题研究方案,提出一些具体的提高三新学校共同体初中语文教师学科育人实践智慧的研究策略;进行必要的预研究,使全体成员明确研究目标、研究意义和操作过程,使课题研究更具针对性和实效性;确定研究方法,撰写论证报告,召开开题会议。

（2）实施阶段（2015年3月至2016年4月）

2015年3月至2015年11月,结合课堂教学实践,对预研究内容进行第一轮研究。课题组长完善课题方案;通过共同体学校课堂研讨、教学沙龙、专家引领、案例研读和理论学习等途径,重点围绕研究内容开展研究;为确保方案顺利实施,根据教师教学情况、学生学习情况,课题组适时对原有方案中的部分内容进行调整;建立课题网页,资源共享,扩大课题成果的辐射范围;汇编《三新学校共同体初中语文教师学科育人智慧课堂探索案例集》。

2016年2月至2016年4月,在第一轮研究基础上开展第二轮研究。通过课堂观察、教学反思、教学论坛、案例研读等途径,重点围绕学科育人策略开展研究;汇编《三新学校共同体初中语文学科育人案例集》;整理课题结题资料。

（3）总结阶段（2016年5月至2016年8月）

系统整理各项研究资料,对案例和数据进行分析,撰写研究报告,推广研究成果。

（二）研究的关键问题和创新程度

1. 关键问题

第一,初中语文学科育人实践智慧的产生需要特定的教学情境。不同教学内容、实施策略和方法。

第二,初中语文学科育人实践智慧是动态生成的。课堂教学设计和实施途径。

第三,初中语文学科育人实践智慧有助于教师教学自主。课堂教学评价要点及维度设计。

第四,初中语文学科育人实践智慧的教学境界。它包括两层意思。第一层,教学的本质不是制作,而是一种目的含于自身的育人实践,应该追求一种充满智慧的语文学科育人境界。第二层,学生在教学过程中应形成一种综合的理性判断能力,即实践智慧。

2. 创新程度

第一,初中语文学科育人内容的梳理提升了教师的实践智慧,有利于初中语文教师教学行为的创新。教师的教学实践活动,是教师以一定的教学理念为基础开展的以人的培养为核心的各种实践活动。教师实践智慧直接影响初中语文学科教师教学行为的创新。

第二,初中语文学科育人策略的实施提升了教师的实践智慧,有利于发挥初中语文教师的教学机智。教师实践智慧表现为教师能够依据教学目标、学生的具体需要和教学情境,灵活地运用最适当的教学方法。

第三,初中语文学科育人方法的落实提升了教师的实践智慧,有利于展示初中语文教师的教学特色。初中语文教师实践智慧的个体差异性,使不同教师在处理同一教学问题时表现出不同的教学行为,形成千姿百态的教学特色。

第四,初中语文学科育人研究的开展提升了教师的实践智慧,有利于初中语文教师的专业成长。研究初中语文教师的实践智慧,能帮助初中语文教师获得语文学科教学智慧,促使初中语文教师在课堂中运用学科育人实践智慧,培养出身心和谐发展的学生,使课堂焕发生命活力。

三、中学数学学科设计方案

(一)研究目标

通过任务设计、教学实践、反馈评估、课例生成等一系列研究过程,有效提高初中生高层次数学思维能力,并在实践基础上归纳设计针对性教学任务的一般方法及有效的教学策略。研究目标的实现具体落实到批判性、独创性和灵活性三个维度。

(二)研究价值

第一,有助于初中数学教学评价。高层次数学思维的评价方法是一种新的能力评价方法,不仅要评价学生对知识的掌握情况,而且要对学生的学习过程进行诊断与评估。

第二,有助于初中数学教师在教学过程中培养学生的高层次数学思维能力,进一步提升教师自身数学思维技能和教学能力。

第三,有助于初中学生数学学习能力的提高,有助于他们把数学学习能力迁移到其他学科,有助于提高学科育人实效性,真正实现"减负增效"。

（三）研究内容

通过教学实践探讨有效培养初中生高层次数学思维能力的教学任务设计方法;通过教学实践探讨有效培养初中生高层次数学思维能力的教学策略。

研究整体上按照"分—合—分"的思路进行。"分",即从批判性、独创性和灵活性三个维度出发分别进行教学任务设计和教学实践研究;"合",即对三个维度的教学任务设计和教学实践研究进行经验梳理和提炼;"分",即针对三个维度分别应用具体策略和方法。

（四）研究方法

1. 文献法

借助互联网及华东师范大学图书馆丰富的资源进行文献追踪研究,收集中西方关于高层次数学思维能力研究的大量资料。

2. 调查法

运用封闭式问卷,对上海、江苏、四川、新疆等省、市初高中数学教师高层次数学思维能力教学的现状进行调查。调查分为信念与态度、经验与策略、问题与期望等维度,用以了解一线教师对高层次数学思维能力的认识、教学现状及常用教学策略。

运用开放式问卷,分别从批判性、独创性和灵活性三个维度设计问卷进行调查,具体了解一线教师在教学实践中产生的有效教学策略,总结一线教师在教学实践中设计的较为经典的教学任务。

3. 测验法

编制测试卷,对初中生数学思维批判性、独创性和灵活性进行教学实验的前后测试。测试题分客观题和主观题两种,测试结果可从定性和定量两个角度进行分析,用以了解学生高层次思维能力的变化情况,作为课题实施方案改进的依据。

4. 设计研究与案例研究结合法

本课题研究以设计研究为指导,以案例研究为载体,最终形成案例集。

（五）研究过程

1. 准备阶段（2012 年 11 月至 2013 年 11 月）

（1）前期研究阶段

课题组在全区范围内对初中数学课堂教学现状进行调查,对初中生的数学思维能力进行测试,并进行集体访谈。明确课题研究的目的、意义及相应的方法,进行课题可行性论证,设计课题研究方案。

（2）课题组组建阶段

组建初中数学高层次思维能力的实践研究课题组,召开课题组成员会议,根据组员自身研究特色确立3个子课题,确定子课题主持人,召开骨干成员培训会,分配组织、管理、科研等具体任务。

2. 实施阶段(2013年12月至2015年12月)

（1）调查聚焦,三足并进

课题实施之初,课题组成员通过学生问卷分析和课堂观察,初步了解学生高层次数学思维能力现状,发现学生善于解答常规问题,不善于解答开放性问题,提问意识较为薄弱,思维开放性、灵活性和创造性较为欠缺。课题组成员组织三新学校六、七、八三个年级的学生上网完成高层次思维能力测试题,测试结果用以辅助了解学生高层次思维能力现状。

完成学生高层次思维能力现状初步调查后,3个子课题组分别着手进行干预式的教学研究。总体原则是,在不影响教师正常教学安排的前提下,对某些内容的教学进行干预,以期提高学生数学思维的批判性、独创性和灵活性。各子课题组提前两周确定课堂教学干预点。对于每一个课题,各子课题组成员及时进行整理和提炼,形成教学案例。

（2）汇报展示,提炼优化

经过一年的实践磨合,各子课题组稳步有效地推进了课题研究。每次课题组研讨活动至少安排一个子课题组进行汇报课展示。每次汇报课展示都邀请专家进行点评和指导。我们结合专家的点评和指导及时优化教师的教学,并逐步提炼出有效的教学任务设计方法和教师教学策略,不断推进课题研究。

（3）经验提升,推进深入

通过不断的教学实践与经验积累,课题组成员深入分析案例,总结出一些培养高层次数学思维能力的教学策略,同时在教学任务的设计方法上创造性地提出了"数学任务空间"模型,初步形成关于该模型的一些设想,用以帮助教师有方向、有目的地改编教学素材以达到培养高层次数学思维能力的教学目标。简单来说,教师拿到一般性的教学素材,可以自己按照"数学任务空间"模型创造性地设计教学任务。这样,教师可以有针对性地进行教学。这里简单介绍一下"数学任务空间"模型的理念。

数学课总是围绕某个数学对象或主题(如某个数学概念、某个公式法则、某个对象的性质、某种解题方法)展开。每个数学对象或主题中学生所要学习的核心要素称为任务属性。比如,数学概念中可能包括以下任务属性:数学概念的背景、模型、定义与表征、应用。这些任务属性是数学学习的目标和关键。任务空间正是基于任务所指向的某个数学对象或主题的属性形成不同方向的维度来建构的。

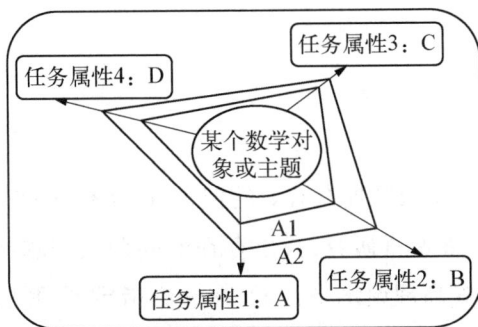

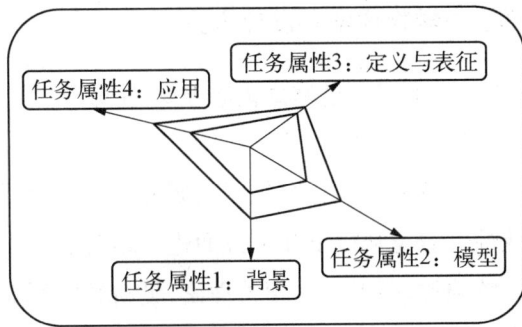

图2-1 某个数学对象或主题的任务空间　　　图2-2 数学概念的任务空间

图2-1是某个数学对象或主题的任务空间。中间的圆圈表示某个数学对象或主题;这个数学对象或主题周围的几条射线,表示这个数学对象或主题的不同任务属性,如 A、B、C、D;每个任务属性可能包含多个要素,用 A1、A2 等表示。把各个任务属性之间的联系,用线段表示出来,就形成了一个网状结构的任务空间。以数学概念为例,其任务属性可以按照概念教学的基本方面来设定,具体包括(1) 背景:创设引入概念的情境;(2) 模型:提取情境中的数学问题、关系或模型,使之成为数学概念的原型;(3) 定义与表征:对数学概念进行定义,并将其用一定的方式表示出来;(4) 应用:把概念应用于一定的情境,巩固理解。明确了任务属性后,我们可以根据属性的要素和属性之间的联系建立度量指标体系,量化任务空间,确定任务水平。数学概念的任务空间如图2-2所示。

有了该模型的初步设想后,课题组参照此理念以各维度(如灵活性分为变异、关联、转换三个维度)和学习对象的基本属性为二维变量设计有针对性的教学任务。

3. 总结阶段(2016 年 1 月至 2016 年 6 月)

课题组对实践成果进行了总结。教学成效方面,对学生思维批判性、独创性和灵活性三个维度的前后实验表现进行了定性和定量分析。分析结果表明,参与教改实验的学生在高层次数学思维能力上有了明显提升,说明本课题研究有着令人满意的成效。实践经验方面,收集整理了一系列案例,初步形成案例集,把较为成功的案例撰写成文并发表在省级以上期刊上。此外,课题组还创造性地提出了"数学任务空间"模型,为教师有目的、有方向地设计教学任务,进而采用恰当的教学策略进行教学提供了一条途径。

四、中学物理学科设计方案

(一) 研究的基本内容及策略

1. 基本内容

坚持科学、有效、创新的研究思想,研究如何使教师拥有有效的理念,提高教学的有效性。着重从以下几个方面进行研究:(1) 开展调查研究,找出存在的问题及问题产生的根源;(2) 学习相关理论,更新教师观念,提高理论水平;(3) 在理论指导下,开展有效教学实践活动,总结实践经验,探究学生积极参与的教学模式;(4) 对有效课堂教学案例进行研究。

2. 研究策略

根据教学内容,选择合适的切入角度,进行个性化教学。在教学过程中,不断激发学生的兴趣,引导学生质疑、讨论、争辩和探索。善于抓住学生活动中的"错误点""争论点""困惑点"展开教学,促进课程意义的生成和发展。善于打开学生的思维空间,释放学生的想象力和创造力,激发学生的潜能。把握教学过程的整体性和结构性。

(二) 研究的主要方法

以经验总结法为主,通过理论学习积极探索学生参与策略及有效教学模式,同时在研究中辅以文献研究法、调查研究法、个案研究法、比较研究法,确保研究得以有效开展。

1. 经验总结法

目的是结合本校实际,筛选与本研究有关的实践经验,从中提炼出一些符合本校实际且可操作的措施。

2. 文献研究法

梳理国内外相关的理论和实践成果,为本研究提供科学依据和可借鉴的资料,为实施方案提供有力支持。

3. 调查研究法

运用多种方法(如问卷调查法、统计法、座谈法)对课堂教学现状进行调查,不断总结经验,形成结论。

4. 个案研究法

对课堂教学典型案例进行分析研究,总结有效的教师课堂教学行为。建立学生成长档案,追踪学生成长过程。

5. 比较研究法

比较各类型学生与各种教学手段,寻找其中的规律,探求有效的教学策略。

(三) 研究的步骤

1. 准备阶段

主要任务是论证选题,完成方案,成立研究小组,设计研究方案。

2. 实施阶段

广泛查阅资料,阅读教材,研究课标,设计调查问卷。深入研究阶段,通过调查和实践,收集素材。广泛了解学生思维方式和学习方式,了解学生学习现状,研究教法和学法,并在实践中加以验证。实验探究,收集、分析、归纳、整理资料,撰写研究论文、案例等。

3. 总结验收阶段

系统整理有效教学的做法,传播推广有效教学的经验。完成实验报告,撰写论文。进行总结,撰写结题报告。

(四) 研究的过程

第一,调查教学现状。所有实验教师都要对本校课堂教学的现状进行调查,认清现状,寻找问题产生的根源,找准解决问题的切入点,把握课题重难点,选准研究的方向,突出课题研究的现实性和针对性。本研究中问题产生的根源是:(1) 教育教学观念更新得不彻底;(2) 教学实践活动缺乏理论指导;(3) 没有形成指导教学实践的有效教学模式。

第二,学习相关理论,更新教师观念。开展常规校本教研活动,在同伴交流与互助中,发展自己。认真钻研教材,明确教学目标,把握教材重难点,讨论交流,研究教法。组织教师深入课堂听课,互相学习。组织教师课后认真评课,听取同伴意见,及时反思总结,取长补短。

第三,在理论指导下,开展教学实践活动,总结实践经验,探索有效教学模式。一边学习理论,一边联系教学实际,不断探索,反复实践,大胆创新,以课堂为研究基地,在交流与互助中探究有效教学规律,在全体教师的共同努力下,探索有效教学模式。

第四,理论指导实践,丰富和完善有效教学模式。

第三章 小学语文课堂教学节奏调控模式 提高学科育人实效性的行动研究

第一节 小学语文课堂教学节奏调控模式 提高学科育人实效性的行动研究

一、小学语文课堂教学节奏调控的育人价值

（一）小学语文课堂教学节奏调控的内涵

小学语文课程是一门综合性、实践性课程，它的设置旨在使学生能初步运用语言文字进行沟通交流，并吸收古今中外优秀文化，提高自身文化修养，促进自身成长。为此，在小学语文课堂上，师生之间除了一般意义上的"传道授业解惑"外，还会有很多情感上的交流和思想上的共鸣，这也使得小学语文课堂教学节奏与其他学科课堂教学节奏有所不同。

结合教学节奏的内涵以及小学语文的学科特点，笔者认为，小学语文课堂教学节奏是指小学语文教师在课堂教学的过程中，充分考虑到学生的年龄特点和课堂中学生的表现及心理反应情况，根据所教授文本风格的特点，恰当合理地组织教学，在教学语言、教学方式、教学内容和教学过程等方面表现出的起伏变化的节律。小学语文课堂教学节奏调控是指小学语文教师在一节课的不同时间区域内，根据学生的表现及心理反应情况，组织教学，调节控制课堂教学气氛，使教学进程具有鲜明的阶段性，呈现出层次性的有节律的起伏变化。

（二）小学语文课堂教学节奏调控的特点

小学语文课堂教学的主体是性格活泼、思维独特的小学生，他们有丰富的想象力，有与众不同的个人见解，有发表个人想法的强烈欲望。小学语文的教学内容是文质兼美的文学作品，它们具有细腻的情感、深远的内涵、深刻的育人思想，并与社会生活的各个方面相联系，包含丰富的课外知识。因此，小学语文课堂教学节奏调控呈现出与其他学科课堂教学节奏调控不同的特点。

1. 课堂教学节奏调控受年段影响大

小学阶段学生的年龄多在 7 至 12 岁之间。在这一时期，学生的生理和心理变化较

快,个体差异也较大。小学低年级学生的年龄多在 7 至 8 岁之间,这个阶段的学生刚刚从幼儿园升入小学,学习习惯尚未养成,活泼好动,容易受无关因素干扰,注意力易分散,自控力较差。为此,在语文课堂上,教师节奏调控时要更多地考虑学生的情绪,通过活动、肢体运动、学生间的比拼等,调动学生的学习积极性,集中学生的注意力,使学生把较多的时间投入到课堂中来。教师会在一年级的课堂中加入很多活动,如教师写字时会让学生进行"书空"*,教学中会更多地设计表演等环节,课堂总结时会开展邮递员送信的认字活动。小学中高年级,学生的心智逐渐走向成熟,在课堂中的自控力明显增强,注意力集中的时间也渐渐变长。这时教师不需要刻意花费较多的时间去调动学生的情绪,而是要更多地结合所教授文本内容的语言和情感,通过教学方式的变化、教学语言的抑扬顿挫、教学内容的疏密有间来调控课堂教学节奏。因此,在小学阶段,教师课堂教学节奏调控受年段影响大。

2. 课堂教学节奏调控频率变化快

教学节奏的变化,可以吸引学生的注意力,提高学生的课堂学习效率,因此,教师要以学生心理、情绪、注意力的变化为基础,适度调节课堂教学节奏。因此,小学语文课堂教学节奏与初中、高中课堂教学节奏相比,频率变化会更快。

小学阶段课堂效率的高低,与教师的关系最为密切,因为学生普遍缺乏较好的自我控制能力。课堂内容精彩,学生就会投入其中,反之,学生就会被自己手头的玩具或文具吸引,对教师传授的知识充耳不闻。另外,相比中学生,小学生的注意力保持时间只有 5 至 20 分钟,让他们整节课都关注课堂教学是不现实的。因此,教师要根据学生注意力的保持情况,积极地调控教学节奏。

3. 课堂教学节奏调控手段变化程度高

由于小学生经常受无关因素的影响,注意力不容易集中,因此,教师应更多地根据文本内容调控课堂教学节奏,使学生能够在重要环节保持比较兴奋的状态,以提高课堂教学效率。相比中学语文,小学语文课堂教学节奏的变化程度会更高,这在小学低年级更为明显。刚刚步入小学的学生学习兴趣浓厚,他们求知欲高,好奇心强,多疑好问,对世间万物都充满着兴趣。然而,他们又有着活泼好动、注意力不集中、容易受外界干扰的不足。因此,在该阶段为了保持学生的注意力,教师课堂教学节奏调控手段往往呈现出变化程度高的特点。在小学低年级的语文课堂上,我们时常会看到这样的情形:一节课过半,学生因为疲惫,注意力开始不集中,这时,很多教师就会带领学生做手指操或身体舒展运动;有教师在教授《小螃蟹吹泡泡》一课时,真的给学生准备了吹泡泡的工

＊ 书空是指学生用手指在空中虚划字形。

具,让学生在课堂中真切地感受小螃蟹吹泡泡的那份快乐。这样的设计不仅促进了学生对文本的理解,也有效地调节了课堂学习气氛。

4. 课堂教学节奏调控受文体影响小

通过梳理关于课堂教学节奏调控的文章我们发现,在中学阶段,教师在进行教学节奏调控时会较多考虑文体,甚至会把文体作为课堂教学节奏调控的依据,文体对课堂教学节奏的影响较大。比如:教授小说类文本时,课堂教学节奏会随着文本开端、发展、高潮和结局的情节变化呈现出曲折起伏的形式;教授散文类文本时,课堂教学节奏受语言内部形式情感节奏的影响呈现出舒缓涟漪的形式;教授说明类文本时,课堂教学节奏受文本表达详略的影响呈现出点线的形式。

以上所提到的这三类文本形式,小学课本中都出现过。然而,在小学课堂中,教师很少提及文体的概念,也不会花费较多时间依据文体调控课堂教学节奏,而是依据文章的内容、事情的发展、人物的情感与形象等来调控课堂教学节奏。

(三) 小学语文课堂教学节奏调控的育人价值

和谐的课堂教学节奏既是高效课堂的基础,又是激发学生学习兴趣的有效手段,对提高课堂教学效率具有积极的促进作用。从理论上探究课堂教学节奏调控问题,能帮助教师有效完成教育教学任务,提高学科育人价值。

1. 有利于提高课堂教学效率

课堂教学效率是指在有限的课堂教学时间内,实际的教学效果与应取得的教学效果之比。课堂教学效率关系到学生的学习和发展,是课堂教学活动中很重要的一个方面。课堂教学节奏调控对课堂教学效率的影响是很大的。从教的方面来说,教学节奏调控是教师依据文本对教学过程进行调节和控制的一种现象,是教师对教学文本的再创造。课堂教学节奏调控有利于教师与学生之间情感的传递。适当的课堂教学节奏将使学生有更强烈的情感体验,使学生的思想受到熏陶。从学的方面来说,小学生具有活泼好动、注意力不集中的身心发展特点,适当的课堂教学节奏有助于集中学生的注意力,提高学生的学习效率。

2. 有利于激发学生的学习兴趣

兴趣是学生学习的内在动力,对学生的学习尤为重要,因此,教师都希望学生对自己的学科感兴趣。可如何才能使学生对学习充满兴趣呢? 课堂当然是一个重要的平台。因为课堂是师生交流的主阵地。小学语文的教学内容具有生动有趣、活泼新颖、语言优美等特点,又与生活息息相关,学科本身对学生应该有着很强的吸引力。然而,为什么会有那么多学生对语文不感兴趣呢? 笔者认为,这与教师课堂教学节奏不恰当有关。倘若教师精心备课,巧妙设计各个环节,灵活使用教学方法,留心教态和学生的反应,让课堂张弛有度、疏密相间、节奏和谐,便能紧紧扣住学生的心弦,牢牢抓住学生的注意力,激发学生对学习的兴趣。

3. 有利于提高小学语文学科育人价值

教学节奏,从表面上看是教学活动的一种运动状态和外在表现形式,但它对提高学科育人价值有着积极的意义。众所周知,课堂教学是在有限的时间和空间中进行的。在一节课35分钟的时间里,教师该如何提高课堂教学的有效性,以达到学科育人的目的?笔者认为,这就需要教师合理安排教学进程,使教学呈现出鲜明的阶段性和层次性。这也引发了我们对教学节奏调控问题的思考。反思自己的课堂教学实践,可以发现:节奏紧凑、跌宕起伏的课堂,会提高学生的学习兴趣,使学生在课堂中得到启迪,获得智慧;节奏拖沓、气氛沉闷的课堂,缺乏应有的生命力和创造力,效率低下,不仅会降低学生的学习兴趣,还会影响学生各方面能力的提高。因此,笔者感到,课堂教学节奏的调控不仅有助于提升学生的语言素养,而且对学生情感的熏陶、思想的启迪、审美乐趣的提高都有一定的影响,有利于提升语文学科的育人价值。

基于上述对小学语文课堂教学节奏调控问题的研究,结合自己的课堂教学实践,笔者搜集了一些具有代表性的小学语文课堂教学案例,并据此设计出多种教学节奏调控模式,在课堂教学中反复实践,不断反思,及时改进,最终总结出三种提升小学语文学科育人价值的教学节奏调控模式,并根据调控特点和适合的情境分别将它们命名为:"绿地圆舞曲"教学节奏调控模式、"山坡进行曲"教学节奏调控模式和"浪花交响曲"教学节奏调控模式。这三种教学节奏调控模式既可独立使用,也可两两结合,还可以三者整合使用。以下笔者将对这三种教学节奏调控模式分别进行阐释。

二、"绿地圆舞曲"教学节奏调控模式

(一)"绿地圆舞曲"教学节奏调控模式概述

绿地原指绿色的平地,如草坪,其特点是平坦、开阔。在我们的语文教材中有一些课文犹如绿地那样,平静而开阔。对于这一类课文,我借用了圆舞曲的节奏。

圆舞曲是一种呈现出"强弱弱"三拍子的舞曲,音乐配合环绕支点音旋转,节奏明快,旋律流畅。

用"绿地圆舞曲"的节奏来调控教学,是指在一节课的某个时间区域中,教师为了提高教学效率,针对抒情类散文、诗歌或小说,来寻找课文中可以形成"绿地圆舞曲"节奏的"支点",在教学中,围绕"支点"来组织节奏明快而又流畅的教学,使教学围绕一个个预设的"支点",形成一个个"强弱弱"的教学节奏,掀起课堂教学的一个个高潮。

"绿地圆舞曲"教学节奏调控模式如图3-1所示。

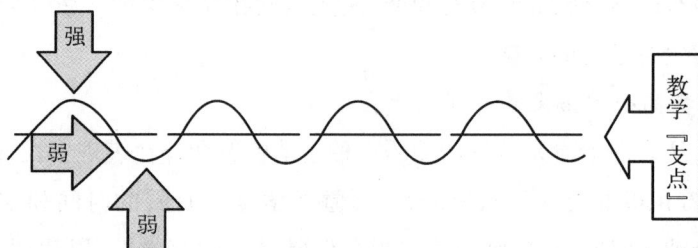

图 3 - 1 "绿地圆舞曲"教学节奏调控模式

(二)"绿地圆舞曲"教学节奏调控模式的理论依据

"绿地圆舞曲"教学节奏调控模式是有理论依据的,它的设计源自对学生学习注意理论和刺激—反应学习理论的研究。

1. 注意理论

著名心理学家加涅认为,注意有两层含义,一是指知觉的集中,二是指一般的警觉功能。注意又有三个基本特征:注意的广大度、注意的稳定性、注意的分配。其中,注意的稳定性有广义和狭义两种含义。狭义是指注意维持在同一对象上的时间。广义是指随着活动内容的变化,知觉指向相应内容上的时间。

注意的反面是分心。分心不是无注意。只是知觉没有指向教学所需要的任务上。在清醒的状态下,每时每刻有大量的刺激作用于感官,人们只能对范围很小的信息做出选择性的反应。[①]

注意对于学习而言是至关重要的,有效的注意才能保证学生把心思都投入在学习中,这样的学习才是有效的。然而,对于小学生而言,他们很容易分心。尤其是低年级的小学生,他们容易受到无关物体和事件的影响。因此,小学生的注意力集中时间短、容易分散。阿良莫夫也曾用观察法对小学生的注意力稳定性进行过研究,他在研究后得出结论,7 至 10 岁的儿童注意稳定的时间大约为 20 分钟。[②]

基于注意理论以及小学生注意稳定性的特点,教师在课堂中的教学节奏调控是有意义的。教学节奏调控就是教师能针对学生心理和情绪的波动,结合教学内容的起伏变化对教学活动的发展、变化进行科学而合理的调节与控制,并最终能够较为高效地完成既定课堂教学目标和教学任务。

2. 刺激—反应学习理论

斯金纳的操作性学习或工具性学习是这类学习的代表。例如,鸽子为得到食物会

---

① 邵瑞珍,皮连生,崔柳舒.学与教的心理学[M].上海:华东师范大学出版社,1990.
② 张灵聪.小学生注意稳定的初步研究[J].心理科学,1990(19).

做出某种动作(啄箱子里的红灯),小学生为了得到教师的表扬而认真做作业。

刺激—反应的条件是:(1)学生做出特定的反应后必须给予强化;(2)学生做出特定的反应后立即给予强化,反应与强化之间的时间越短,学习发生得越迅速;(3)刺激情境必须多次出现,学生的行为是逐渐习得的,学生的反应在学习过程中渐趋精确。①

"绿地圆舞曲"教学节奏调控模式显现出"强弱弱"的教学节奏,它主要围绕一个知识点,创设不同的语言情境,使学生在情境中复沓朗读,不断强化,尽可能增加情境刺激的次数,缩短反应与强化之间的时间。该调控模式正是符合了刺激—反应学习理论。

(三)"绿地圆舞曲"教学节奏调控模式的实施过程

1. 实施条件

"绿地圆舞曲"教学节奏调控模式得以实施,需要得到学生、教师、教材和环境四个方面条件的支持。

(1)学生方面

从一定意义上说,课堂教学中学生的注意力集中程度直接关系到学生对知识与技能的掌握情况,影响教学效率的提高。在一节课35至40分钟的时间里,学生在刚刚开始上课的5分钟和即将下课的5分钟里注意力比较分散。在其余时间学生注意力相对集中,这时教师就应该采取合适的教学节奏调控模式,调动学生的学习积极性,提高教学效率。

(2)教师方面

马卡连柯说:"做教师的绝不能够没有表情,不善于表情的人,就不能做教师。"②一个好的语文教师,其感情可以千变万化。教师的情感往往可以引起学生情感上的共鸣,教师的表现就是文本内容的代表。而"绿地圆舞曲"教学节奏调控模式呈现的是一种复沓、回旋的调控模式,学生要跟随着教师在绿地上舞动,在想象中驰骋,这都要求教师在教学语言上以辞抒情、动作上"以形生情"、表情上"眉目传情",能够用富有感染力的语言去描绘情境,用艺术再现的方式让学生仿佛看到、听到、感受到。

(3)教材方面

小学语文的教学内容以一篇篇文学作品作为基础加以确定。不同的文学作品,必然有着不同的创作背景、语言风格、情感基调和人物特点,这一切也同样影响着教师对

---

① 施良方.学习论——学习心理学的理论与原理[M].北京:人民教育出版社,1994.
② 韦志成.语文教学艺术论[M].西宁:广西教育出版社,1996.

教学节奏调控模式的选择。"绿地圆舞曲"教学节奏调控模式更适合抒情类的散文、诗歌或小说,如《慈母情深》《音乐之都维也纳》《春的消息》。当然,课堂教学的内容也需要教师去挖掘,教学节奏调控模式的使用更需要教师去把握。

(4)环境方面

教学活动一般在空间为 70 至 90 平方米的教室中进行。然而,近年来,多媒体技术在小学语文教学中广泛应用。多媒体技术图、文、声、像并茂的特点,有利于教师创设情境,激发学生的学习兴趣,增强学生探究的欲望。

2. "绿地圆舞曲"教学节奏调控模式的教学案例

在应用"绿地圆舞曲"教学节奏调控模式时,教师不用过多考虑年级的高低,但要选择抒情类的文章,并从中找到合适的教学"支点",调控并呈现"强弱弱"的教学节奏。

《西湖名堤》(沪教版二年级第四册)教学实录(节选)

教师出示西湖美景的图片,伴随图片和音乐朗读课文第 2 小节。

师:一边听老师读文章,一边欣赏西湖美景,说说你们喜欢这样的美景吗? 喜欢的理由是什么?【强】

学生听教师读课文。

师:刚才同学们听得那样专注,现在再自己读读课文第 2 小节,圈出描写西湖景物的词语。【渐弱】

学生圈出词语。

学生交流。

生1:我圈出了山、湖面。

生1:还有白鸥。

教师根据交流情况随机板书:山、湖面、白鸥。

师:作者在文中写到了山、湖面、白鸥这三种景物,你喜欢它们吗?

生(全体):喜欢。

师:那就挑选自己喜欢的句子读读,说说自己喜欢的理由。【渐弱】

学生交流。

生2:我喜欢山。(学生读句子)因为它很美,像一幅优美的山水画。

生3:我也喜欢山。(学生读句子)因为山的颜色各不相同,有的绿,有的青,有的浓,有的淡。

生4:我喜欢湖面。(学生读句子)因为它很平静,像银镜。

生5:我喜欢白鸥。(学生读句子)因为它们好看极了。

教师根据交流情况随机板书：

山　　　一山……一山……　　　山水画；

湖面　硕大　银镜；

白鸥　掠过　一闪一闪。

师：这么美的景色，就让我们一起来读一读吧！【弱】

师生共读，理清文章的结构。

（站在……只见远处是……平静的湖面……一群群白鸥……）

师：远处是层层叠叠、连绵起伏的山，要读出远的感觉。

学生齐读，个别读。

师：现在我们看着画面，尝试着把这一个小节背一背。【弱】

学生背诵第 2 小节。

师：很多同学已经能够背诵第 2 小节了，如果能配着音乐背诵一下，就更美了。

学生配乐背诵。

案例分析：

低年级学生的思维以形象感知为主，在文章中感受语言的生动，感受美的事物，因此，教师在本教学环节中，将教学"支点"设计为"初步感知西湖美景"。围绕这个"支点"，教师使学生在配乐朗读中，伴随着图片，欣赏文章，感受西湖美景，然后提出问题"你们喜欢这样的美景吗？喜欢的理由是什么"。这个问题的提出加强了教学节奏，使学生的思维顿时紧张起来。随后，教师指导学生圈出景物，找到描写景物的句子，在朗读中感受景物的美。在问题解决的过程中，教学节奏逐渐减弱。在理解内容后，教师带领学生复沓朗读，在此基础上，又让学生尝试背诵。这一系列的朗读背诵环节，让学生的思维得以放松，教学节奏逐渐松弛，呈现出"弱弱"的节奏。

3. 实施策略

该模式设计的两大特点是教学"支点"和"强弱弱"的节奏呈现，因此，在课堂中实施该模式时，重要的是依托抒情类文章，找准教学"支点"，并依托教学内容、教学语言等变化来调节教学节奏。

（1）找准教学"支点"

圆舞曲节奏的一大特点，就是配合环绕支点音旋转出"强弱弱"的节奏，这在一首圆舞曲中起到举足轻重的作用，因为它直接影响到圆舞曲的主旋律。该模式能否成功调控课堂教学节奏，一个个教学"支点"的选择至关重要。只有适当的知识点才能统领文章或文章的部分内容,揭示文章的主旨,在学生的思维过程中起到画龙点睛的作用。在《西湖名堤》一课中,教师以感受西湖美景为教学"支点",通过课堂交流、朗读体会和积累背诵等教学环节,使教学节奏表现出"强弱弱"的状态,学生在教师教学节奏的调控之下能较好地保持注意力,提高课堂学习效率。

（2）教学语言富有变化

教学语言对课堂教学节奏的调控起着十分重要的作用。一节精彩的语文课,教师的教学语言绝不会是一个腔调,一种语速,因为一成不变的语音语调必然会导致课堂的无趣,学生注意力的分散。语文教师要用含有强烈感情的富有变化的语言去拨动学生的心弦。为此语文教师在教学中,要善于使用朗读、描述、讲解等语言技巧,形成语言节奏,从而调控教学节奏。在《西湖名堤》一课中,教师的示范朗读非常重要,低年级学生的朗读水平有限,教师的朗读能带给学生美的享受,为学生创设情境,促进学生的模仿朗读和积累背诵。

（3）教学内容疏密有度

教学内容所含知识量的疏密既影响课堂教学节奏,也影响学生心理情感。如果整节课的信息含量很大,课堂形成一种密不透风的气氛,那么学生就可能会感到压抑和紧张,极度容易疲劳;而如果整节课的学习内容疏而不密,那么学生则会一直处于放松的状态,注意力就很容易集中。

在《西湖名堤》一课中,教师在教学内容的安排上,注意保持疏密结合,详略得当,因为只有这样才能让学生心理上张弛有度,注意力保持集中。在进行课文重点、难点的讲解时,教师的思维训练层层递进,环环相扣,使学生的注意力高度集中,能够在思维快速运转的情况下接受速度快、密度高的教学节奏。而在学生头脑已经较为疲劳的情况下,教师就放慢教学速度,让学生的头脑得到适当的放松。如此一来,教学就呈现出"强弱弱"的节奏,学生的学习效率也提高了。

（四）"绿地圆舞曲"教学节奏调控模式的育人价值

在《西湖名堤》一课中,我们可以看出"绿地圆舞曲"教学节奏调控模式适合抒情类的文章。此类文章,教师易于利用文本通过富有感染力的语言创设情境,使学生复沓朗读重点词句,以此调控课堂使其呈现出"强弱弱"的教学节奏,调动学生的情感,集中学生的注意力,增强教师的引导作用,提高教学效率。

1. 有助于集中学生的注意力

基于"绿地圆舞曲"教学节奏调控模式的课堂,学生注意力集中,学习劲头较高,兴趣浓厚,比较容易沉浸在课堂教学之中。

"绿地圆舞曲"式的抒情类散文、诗歌和小说,本身比较容易打动人心。学生容易与该类文章产生共鸣,受到文章美感的熏陶。于是,在"绿地圆舞曲"教学节奏调控模式中,教师正是利用了文本的这一特点,将其抒情的意味挖掘出来,通过创设情境,利用自己富有感情的语言和较为夸张的教态将其加以放大,把学生深深地吸引到文本中来,使学生的注意力得以集中。

在《西湖名堤》一课中,教师先围绕"初步感知西湖美景"这一教学"支点"展开教学,再出示图片,把文章中的优美文字更加形象地展现在学生面前,一下子就抓住了学生的注意力。另外,在学生朗读环节,学生的思维已经较为松弛,注意力也已经处于分散的状态,此时教师引导学生朗读课文,教学节奏由静到动,各种形式的朗读在一定程度上激活了学生的思维,提高了他们的注意力。

2. 有助于提高教学的有效性

"绿地圆舞曲"教学节奏调控模式在提高教学的有效性方面也具有积极的效果。教师通过自身合理而深刻的文本细读,找准教学"支点",并恰当创设情境,带领学生围绕一个个知识点或一个个重点语句,反复旋绕,复沓朗读,让学生在重难点部分得到反复强化,达到突出重点、突破难点的效果。通过"强弱弱"的教学节奏形式,学生的知识和技能得到了巩固,语文素养、审美情趣也得到了提升。

教师富有感情变化的语言也是"绿地圆舞曲"教学节奏调控模式的重要组成部分。学生在教师抑扬顿挫的语言的感染下,在强烈感情的推动下,提高了课堂学习的效率。在《西湖名堤》一课中,教师引导学生从文章的语句中体会西湖的美景,通过自己富有情感的语言帮学生创设一个个语言环境,让学生产生共鸣,提高了教学的效率。

3. 有助于体验文本语言、文本内容的美

"绿地圆舞曲"教学节奏调控模式的一大特点就是一个个教学"支点"的设计。圆舞曲主旋律是围绕支点音进行的,而课堂教学节奏"强弱弱"的呈现也是围绕教学"支点"进行的。教学"支点"就是课堂教学中的重点部分,这对体验文本语言、文本内容的美起到较为明显的作用。因为教师可以通过一个个"支点"串联整个教学过程,调控课堂教学节奏,而学生也正是通过这一个个"支点"领会到教学的重点,再强化对美的体验。在《西湖名堤》一课中,教师设计了"初步感知西湖美景"的教学"支点",突出重点,通过各种形式让学生感受西湖美景。可见,"绿地圆舞曲"教学节奏调控模式有助于学生体验文本语言、文本内容的美。

当然,"绿地圆舞曲"教学节奏调控模式有一定的局限性,因为这对教师的教学基本功要求较高,尤其是对教师细读文本的教学基本功要求较高。如果教师对文章的理解不到位,生搬硬套地使用这一模式,则很难起到调控课堂节奏的效果。

三、"山坡进行曲"教学节奏调控模式

（一）"山坡进行曲"教学节奏调控模式概述

山坡原指山顶与平地间的倾斜面,人只有通过在山坡上的艰难攀登才能到达山顶。在我们的语文教材中有一些课文好似山坡那样,内涵深刻,意蕴丰富,但学生却不易读懂。对于这一类课文,我借用了进行曲的节奏。

进行曲是一种适用于行列前进时演奏的乐曲,由偶数拍子构成,旋律雄劲刚健,节奏铿锵有力,呈现出"强弱""强弱,次强弱"的节奏。

用"山坡进行曲"的节奏调控教学,是指针对一篇内容深奥、含义深刻的文章,在学生"愤""悱"时,教师为了推进教学,调动学生学习的积极性,采取问答(多数是快速的一问一答)的教学形式。

"山坡进行曲"教学节奏调控模式如图3-2所示。

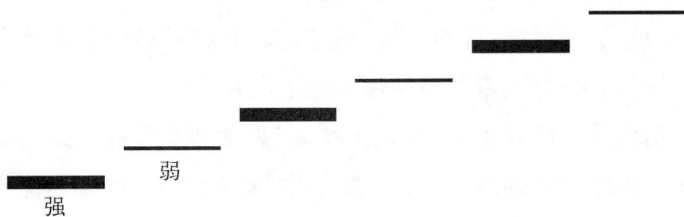

图3-2 "山坡进行曲"教学节奏调控模式

"山坡进行曲"教学节奏调控模式是教师在教学中根据学生学情铺设山坡,而后,学生在教师的启发下,逐步解决教学难题,攀登山坡,在此过程中教学呈现出逐渐上升的趋势。

（二）"山坡进行曲"教学节奏调控模式的理论依据

"山坡进行曲"教学节奏调控模式指教师针对学生的学习难题、教学中的难点展开教学,更加注重学生的学习动机和教师的启发式教学,因此学习动机理论和启发式教学理论为"山坡进行曲"教学节奏调控模式提供了理论支持。

1. 学习动机理论

动机是驱使人们活动的一种动因或力量,包括个人的意图、愿望、心理的冲动等。动机具有两种功能:一是唤醒功能;二是指向功能。学生课堂学习的主要动机称为学习动机,它集中反映在成就动机上。所谓成就动机,是指个人愿意去做,去完成自认为重要或有价值的工作,并力求达到完美的一种内在的推动力量。简言之,即为追求成就、希望获得成就的动机。

　　成就动机主要由三个方面的内驱力构成，即认知内驱力、自我提高内驱力、附属内驱力。第一，认知内驱力。认知内驱力是一种掌握知识和技能、解决学业问题的需要。即一种指向学习任务的动机或求知的欲望。当一个人能清晰地意识到自己的学习活动所要达到的目标与意义，并以它来推动自己的学习时，这种学习的目的就成为一种有力的动机。研究表明，这种对获得知识本身的认知内驱力在课堂学习中是一种最重要和最稳定的动机，它对学习起很大的推动作用。第二，自我提高内驱力。自我提高内驱力是指个体因自己的胜任能力或工作能力而赢得相应地位的需要。它并非直接指向学习任务本身，而是把一定成就看作赢得一定地位和自尊心的根源。它是一种外部动机，但适当激发学生自我提高内驱力也是必要的。第三，附属内驱力。附属内驱力是指一个人想获得自己所附属的长者（如父母、老师）的赞许和认可，取得应有的赏识的需要。这也是一种外部动机。在儿童早期，它最为突出，儿童努力学习以求得好成绩，主要是为了得到父母、老师的肯定和表扬。①

　　学习动机是学生学习的推动力量，换言之，就是学生想要学习，这是"山坡进行曲"模式调控教学节奏的前提条件。因为只有学生有学习该项知识和技能的欲望，才能有思维和头脑的投入，教师的启发才有意义。倘若学生对教学内容没有兴趣，根本没有学习的意愿，那教师的"山坡"设计还有何意义？

　　2. 启发式教学理论

　　孔子说："不愤不启，不悱不发，举一隅不以三隅反，则不复也。"（《论语·述而》）意思是：诱导学生，不到他心里想弄通而未通的时候，不去开导他；不到他口里想说出来却没有说出来的时候，不去启发他。这就是启发的原意。

　　联系孔子的教育思想，考察他的教育实践，其启发思想有一个完整的体系。第一，"知人"是启发的前提。启发，要引起学生的联想，让学生运用已知去理解问题、解决问题。也就是说，在启发过程中，要把现实问题与学生已有的感知联系起来，为学生创造条件，便于学生理解。可见，启发的前提是"知人"。第二，"乐之"是启发的开端。孔子提倡让学生在一种愉快的学习氛围中接受教师的启发诱导，没有思想包袱，也没有心理压力，启发诱导断然成功，否则，思维受阻，教学难以进行。第三，"疑思问"是启发的重要途径。学起于思，思源于疑，因此孔子"每事问"。（《论语·八佾》）孔子还强调把"问"和"思"结合起来，主张"学而不思则罔，思而不学则殆。"（《论语·季氏》）孔子主张通过思考，探求道理，使自己在思考中变得聪明起来。第四，举一反三是启发的效果目标。举一反三是启发的现实效果，可以判断启发是否成功。在启发过程中，教师通过

① 邵瑞珍，皮连生，崔柳舒.学与教的心理学［M］.上海：华东师范大学出版社，1990.

示范讲解,促进学生领悟,让学生"温故而知新"(《论语·为政》),"告诸往而知来者"(《论语·学而》),最后"闻一知十"(《论语·公冶长》),实现启发的最高目标。[①]

启发式教学被广泛地应用于小学语文课堂教学中,它在教学节奏的调控方面也是很有意义的。其中,"山坡进行曲"教学节奏调控模式中的启发式教学尤其重要,因为在设计了"山坡"之后,学生处于思考不能得的阶段,需要教师的启发诱导。此时如果教师未能成功地施以启发式教学,那么学生的思维便会中断或者不能得到较好发展,课堂教学就会停滞,教学节奏就会出现断层。为此,孔子所提出的"启发式学习",对于"山坡进行曲"教学节奏调控模式具有积极的推动意义。

(三)"山坡进行曲"教学节奏调控模式的实施过程

1. 实施条件

该模式对学生、教师和教材等方面条件的支持有较高的要求:学生必须对教学内容怀有较为强烈的学习动机,教师要具有较高的教学基本功,所选教材内容要是教学难点或学生的疑惑之处,否则"山坡进行曲"模式就失去其使用价值了。

(1)学生方面

该模式对学生的要求还是比较高的。该模式要求学生对教学内容怀有兴趣,即使此时的兴趣还在等待教师去激发,学习动机也是要存在的,否则当教师把难题抛给学生时,将不是一石激起千层浪,而是雪上加霜。动机对教学节奏的调控也会产生影响。

(2)教师方面

该模式对教师教学基本功的要求是很高的。首先,教师要了解学生的学情。班级中的每个学生都是一个独立的个体,他们的心智在发展的过程中存在着很大的差异性,即使是同一个班级的学生,在知识水平、兴趣爱好、性格特点等方面也会有所不同。而教师在教学活动时就应该考虑到学生思维能力的差异,所提问题的难度要适合本班的学生。其次,教师要能细读文本。实施该模式的关键是教师要提出一个与教学重难点相关的问题。这个问题需要教师在文本中去发现。教师教学水平的高低,教学节奏调控的好坏,很大程度取决于课堂教学中提问的质量。最后,教师要能时刻关注课堂。适时启发、巧妙提问,这都取决于教师能否时刻关注课堂中学生的表现,以把握调控教学节奏的时机。

(3)教材方面

该模式对教材方面的要求相对而言不是很高,该模式几乎在任何的文体和课堂教学形式中都可以使用。当然,当前小学语文课本中的一些文章,对于小学生而言过于简

---

① 韦志成. 语文教学艺术论[M]. 西宁:广西教育出版社,1996.

单,学生自己读几遍就能明白文章的意思和蕴含的主题。这样的文章就没有必要使用该模式了。

2.“山坡进行曲”教学节奏调控模式的教学案例

“山坡进行曲”教学节奏调控模式适用于小学的各个年段,既适用于对文章内容的理解,也适用于对文章写作特点的体会。它所针对的是内容深奥、含义深刻的文章,要在学生“愤”“悱”且对学习感兴趣的情况下使用。

《我们家的男子汉》(沪教版四年级第八册)教学实录(节选)

师:《我们家的男子汉》这篇文章的一大魅力,就是它的语言,你感受到它的语言有什么特色?【强】

(教师等待,学生思考,产生疑惑,但无人举手回应)

师:也许你感受到了,却不会表达。

(课件出示)攻击　阵线　求援

师:看到这三个词语,你觉得它们是在写什么?

生1:写战争场面。

师:那文章中在用描写战争场面的词语写什么呢?

生2:爸爸妈妈的拌嘴、争执场面。

师:你觉得怎么样?

生3:风趣幽默。

生4:用词很夸张。

学生读句子。【弱】

师:是啊,这一部分还有类似的词语吗? 再来读读这一部分,圈出你觉得作者写得风趣幽默的词语。圈好之后,在小组之中讨论讨论,你从中体会出文章怎样的语言特色,是怎样体会出来的。【强】

(学生独自圈出词语,进行思考)

(课堂交流)

生5:叙述,不属实,冤案,对证,了结此案。

(课件出示)

生6:这是在法庭辩论时用的词语,作者却用来写家庭中的一场误会。

师:感觉有意思吗? 读一读。

(学生读句子,读出了风趣幽默的语气)【弱】

师:还有体现这一写法的地方吗?【次强】

生7：无所不能。

师：什么意思？

生7：什么事情都会做。

生8：没有什么做不到的。

师：这个词语一般用来写谁？

生7：写神仙。

生8：写孙悟空。

师：是啊，孙悟空上天入地，无所不能，现在是用来写谁的呢？

生9：写爸爸，有意思吧！

师：用这样的词语写小男孩心目中的爸爸，能让你感受到什么？

生9：小男孩对爸爸极为崇拜。

师：是啊，风趣幽默的语言，不仅让人读后忍俊不禁，还抓住了小男孩的特点，这样的文章谁不爱读呢？那就让我们一起读一读吧！【弱】

（学生齐读第二部分）

案例分析：

在设计本环节时，教师为学生铺设了一个山坡，提出问题"这篇文章的一大魅力，就是它的语言，你感受到它的语言有什么特色"。对于学生而言，体会文章的语言特色是一个难点，然而这又是必须要领会的。所以，教师在复习旧知识之后，提出这样一个问题，就完成了为学生铺设山坡的过程。显然这个问题的难度是比较大的，因为当时学生中没有一个人举手，这就说明该部分是学生认知中需要教师启发指导的部分。

然而，学生是否会因为教师提问过难而停止不前呢？据教师对学生学情的了解，应该不会如此。本班学生对《我们家的男子汉》这篇文章风趣幽默的语言风格是十分欣赏的，这是因为前期在学习《病人》一课时，类似的语言风格就曾让学生的学习积极性异常高涨，他们常因读到幽默的句子而忍俊不禁。不仅如此，本班学生还非常喜欢读"淘气包马小跳"系列丛书，这与书中故事风趣幽默的语言风格也大有关系。对于本课的文章，学生通过预习朗读后，应该能感受到这一语言特色，只是暂时处于"愤""悱"阶段。基于此，教师可以得知，体会语言特色这一山坡的设计对学生而言是有挑战性的，但同时学生也会有憧憬，期盼获得成就感。

综上所述，此阶段适合采用"山坡进行曲"教学节奏调控模式，在学生遇到学习难点，又对此有求知欲时，教师步步启发，分别选取了文中的三组句子，有选择地采用了"强弱""强弱，次强弱"的教学节奏，把表现风趣幽默的词语展现出来，逐渐使学生体会到文章风趣幽默的语言风格。第一组词语由教师出示,旨在引导学生理解作者是在使用描述战争场面的词语描写爸爸妈妈的拌嘴、争执场面,语言风趣幽默。而后,学生自己划出其余两组词语,课堂交流时,通过教师与学生的一问一答,教学持续呈现出"强弱"的节奏,就如同军人在迈步向前。整个过程教师设计完成了一个铺设山坡、适时启发的"山坡进行曲"式的教学节奏调控模式。

3. 实施策略

"山坡进行曲"教学节奏调控模式中显现出的"强弱""强弱,次强弱"的教学节奏,有利于学生学习注意力的集中和思维能力的提高,但这对教师有着很高的要求,需要教师在了解学情后铺设山坡,关注学生适时启发,只有这样,"山坡进行曲"教学节奏调控模式才能取得事半功倍的效果。

(1)了解学情后铺设山坡

铺设山坡。"山坡进行曲"教学节奏调控模式的首要环节就是要铺设一个"山坡",这个"山坡"是一个基础,多数是指一个与教学重难点有关,甚至可以统领全文或者概括部分文章内容的问题。在教学节奏调控中,这个问题的提出,应该能引起学生思维的波动,引发学生的好奇与思考,激起他们认知的兴趣和求知欲,起到调控教学节奏的作用。

了解学情。学情指的就是学生已有的认知水平和发展可能性、学生的学习愿望和实际需要、学生的学习习惯和学习方法等。不同的班级,学生的发展情况自然不同,教师的施教内容和节奏调控手段也要发生变化。作为教师,就要在课堂教学前"备好学生"。在当今的教育理念下,更追求的是尊重学生在教学中的主体地位,教师是为了学生的发展而教,因此,了解分析学生的学情就显得尤为重要。

了解学情后铺设山坡。山坡如何铺设,什么样的问题适合在班级中提出,这不是一个简单的问题,而是一个值得教师思考的问题。考虑文本,是无可争议的,然而,那却有些闭门造车的感觉,因为问题是提给学生思考的,所以教师提出的问题要符合本班学生的学情。在《我们家的男子汉》这个案例中就是如此,教师先了解到学生对具有幽默风趣的语言特色的文章感兴趣,再提出一个看似非常有难度的问题"你感受到它的语言有什么特色",然而,学生并未就此气馁,而是在教师的启发下积极思考,这样的课堂状态与教师了解学情后再铺设山坡是密不可分的。

(2)关注学生时适时启发

关注学生。在课堂教学中,有经验的教师除了能尽情地表现自己的语文教学魅力,还能时刻关注学生的一举一动,如学生的注意力是否开始分散了,学生的情绪有没有被很好地调动起来。教师只有对这些情况了如指掌,才能做到真正掌控课堂。

适时启发。启发是指开导指点或阐明事例,引起对方联想并有所领悟,最有深远意义的是孔子的启发式教学。在课堂中,启发教学的例子比比皆是,然而,是真正开启学生的心灵,还是启而不发,则要看教师是否"启得其法",是否真正做到"不愤不启,不悱不发",因为只有学生在"愤""悱"之时,教师的启发才是有效的。

关注学生时适时启发。什么时间才是学生的"愤""悱"之时,这当然要依靠教师在课堂中观察和把握,因为学生的发展、变化会对教师的教学内容和教学节奏产生影响,所以只有在学生需要诱导时,教师再去启发,这样的教学才是高效的。在《我们家的男子汉》一课中,"启发"环节呈现出"强弱,次强弱"的教学节奏,课堂推进有气势,而且不浮躁,是稳中求进。教师提出问题后,留给学生充分思考的时间,然而学生却在思考后无所得。这时,教师通过关注学生而等到了适合"启发"的时机,于是教师开始启发式教学,环环相扣,进行连续性的一问一答,从案例的后面来看这次启发式教学是有效的。

(四)"山坡进行曲"教学节奏调控模式的育人价值

在教学中,教师既要为学生铺设山坡,同时又要适时启发学生,并在不断发问中呈现"强弱""强弱,次强弱"的教学节奏,在调控教学节奏的同时,提升学生的学习积极性,提高教学效率。

1. 有助于集中学生的注意力,提升思维能力

"山坡进行曲"模式中"强弱""强弱,次强弱"的教学节奏对集中学生注意力、训练学生思维有很大帮助。正是由于山坡一类的文章对学生而言有一定难度,学生难免会出现畏难情绪。因此,教师因势利导,采用反问、追问等发问的形式,不断启发学生对教学难点进行深入思考,促使学生注意力集中和思维高速运转,并形成进行曲的节奏形式。该模式不仅使学生的逻辑思维能力逐渐提升,也使学生渐渐养成良好的学习习惯。

在《我们家的男子汉》一课中,学生对文章的语言特色的体会是一个难点。于是,教师在铺设山坡后,通过一个个问题帮助学生思考,使学生的注意力集中在文章的语言特色上,并逐渐对幽默风趣的语言风格产生兴趣,为后期学习打下基础。

2. 有助于提高教学的有效性

在教学中,教师根据文章的重难点以及学生的学习动机,精心铺设山坡,学生针对教师提出的问题,投入到注意力高度集中的思考中,经百思不得其解后,出现了"愤""悱"之状,这时教师才进行启发点拨。学生这样的一种"愤""悱"状态是在课堂教学中教师希望看到的,因为有了这样的课堂感受后,学生会深感疑惑,并能跟随教师高度融入教学活动之中,提高课堂学习效率,改善师生关系。

在该模式中,教师适时把握学生的"愤""悱"状态,激发学生的学习兴趣,有助于提

高教学的有效性。学生思考后不能得解,这是教师铺设山坡的前提,也是铺设山坡成功与否的验证。如果教师能把握学生的这一状态,就能正确把握学生的学习动机,从学习动机入手进行教学,学生的学习必定事半功倍。在《我们家的男子汉》一课中,教师在课前就调查了学生的学习难点"感受文章的语言特色",把握了课堂教学中学生学习困难的时机,而且又在这个基础上有效地激发了学生的学习动机,为此,在小组讨论和全班交流的环节,学生非常投入,而且最终解决了他们在课前自己提出的难题。

3. 有助于加强教师的引导性

该模式的一大特色是铺设山坡。而山坡即是内容深奥、含义深刻的文章,是需要教师引导学生重点攻破的地方。在"山坡进行曲"教学节奏调控模式中铺设山坡是为了把握文章难点,引起学生的"愤""悱"之状,奏响该模式教学节奏中的最强音。

一节课中,教师需要重点关注的就是教学的重难点,而"山坡进行曲"教学节奏调控模式在教学重难点的引导方面有着较为突出的作用,学生也可以在此调控中有针对性地解决自己的问题。在《我们家的男子汉》一课中,教师接连抓住教学难点"感受文章的语言特色",并通过"山坡进行曲"模式一一呈现,学生在教师的启发引导下和小组合作中逐步解决问题,课堂高效且有条理。

然而,"山坡进行曲"教学节奏调控模式要求教师充分了解学生的学情,根据学生学习动机、学习基础甚至是学生的兴趣爱好等方面去铺设山坡,并在课堂中进行适时适度的引导。如果学生长时间苦思而不得法,大脑进入疲劳的状态或者是淹没在低效的思维训练当中,学生就会因为畏难而最终放弃对这部分知识的学习。

四、"浪花交响曲"教学节奏调控模式

(一)"浪花交响曲"教学节奏调控模式概述

浪花原指波浪间冲击或拍打在其他事物上溅起的水,其特点是激扬、震撼。在我们的语文教材中有一些课文仿佛"浪花"一般,高潮迭起、振奋人心,适合学生去讨论交流。

交响曲特指交响乐队演奏的、由多个乐章组成的大型音乐作品,其中,第一乐章称为快板,是交响曲的发生,第二乐章速度徐缓,是交响曲的发展,第三乐章速度稍快,是交响曲的高潮,第四乐章称为终乐章,速度飞快,是交响曲的结尾。

用"浪花交响曲"的节奏来调控教学,是指针对矛盾冲突类文章或看似矛盾冲突类文章片段,教师引导学生展开讨论交流,在生生对话、师生对话中达到教学高潮,形成"起承转结"的教学节奏,使课堂教学完整而有条理。

"浪花交响曲"教学节奏调控模式如图3-3所示。

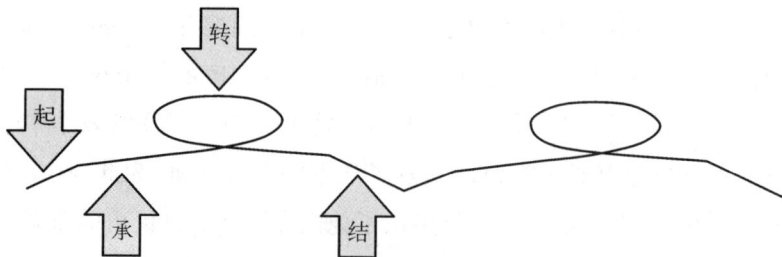

图 3-3 "浪花交响曲"教学节奏调控模式

"起"是教师导入讨论话题的环节,教学节奏有一个较快的提高;"承"是学生准备讨论话题的环节;"转"是该模式的关键环节,小组合作或者班内讨论,大家一起思维碰撞,奏起交响曲;"结"是教师或者学生总结讨论话题的环节。

(二)"浪花交响曲"教学节奏调控模式的理论依据

"浪花交响曲"教学节奏调控模式的理论依据是讨论式教学理论、对话教学理论。

1. 讨论式教学理论

讨论式教学法的本质是通过"三向"交流探讨来实现教学目标,即通过教师向学生、学生向教师、学生向学生的交流探讨,来达到课堂教学所要达到的目的,完成教学任务。[①]

美国学者布鲁克菲尔德(Brookfield S. D.)列举了讨论式教学法的 15 点好处,如:有助于学生思考多方面的意见;鼓励学生学会专心、有礼貌地倾听;有助于学生对不同意见形成新的理解;增加了学生思维的灵活性;使学生关心所谈的话题;使学生的想法和体验得到尊重;使学生成为知识的共同创造者;有助于学生养成合作学习的习惯。[②]

讨论式教学法是一种很好的教学形式,"浪花交响曲"教学节奏调控模式正是利用这样一种教学形式,通过动静结合、松弛有度的教学进程,达到调控教学节奏的目的。

2. 对话教学理论

对话教学是指以教师和学生之间平等的地位关系为前提进行教师、学生、文本之间的沟通交流,以培养师生间、生生间的对话意识和解放师生为目的的富有时代精神的教学形态。

(1)教师、学生、文本——有效对话教学的基本支撑点

教师、学生、文本是支撑对话教学的首要基本要素。之所以是首要基本要素,其根

---

① 何正斌. 讨论式教学法——思想政治理论教学的一种新形式[M]. 长沙:国防科技大学出版社,2009.
② (美)布鲁克菲尔德,(美)普瑞斯基尔. 讨论式教学法:实现民主课堂的方法与技巧[M]. 罗静,褚保堂,译. 北京:中国轻工业出版社,2002.

本在于对话教学的对话是教师、学生、文本之间的对话,三者之间形成了师生的对话、生生的对话、教师与文本的对话、学生与文本的对话。这样,教学中的基本要素之间的对话构成了对话教学的根本。

(2)实质性对话——有效对话教学的根本形式

根据对话教学理论,课堂教学就是教师、学生、文本三者之间的特殊对话过程。作为一种教学形式的对话就成为有效对话教学中必不可少的要素,即有效对话教学通过对话得以实施。如果在教学中没有对话,就没有对话教学,教学的效果也会大打折扣。而在教学中进行实质性对话,首先要学会倾听,其次要在倾听的基础上针对具体的问题展开对话,最后要在对话的基础上进行意义建构。对话过程包括三个必要的因素:倾听、问题、理解。

(3)对话精神——有效对话教学的内在品质

对话精神的意义在课堂教学中表现为通过教师与学生之间相互理解、融洽关系的建立,达到解放学生的教学目的。[①] 教学本身其实就是一个对话的过程,而在"浪花交响曲"教学节奏调控模式中对话将更加外显。根据对话理论,"转"的环节,即小组合作、班内讨论的的环节,需要一个民主、平等、理解和宽容的环境,让师生相互倾听、彼此理解。

(三)"浪花交响曲"教学节奏调控模式的实施过程

1. 实施条件

(1)学生方面

"浪花交响曲"教学节奏调控模式,是基于教学方式和教学进度的调节来进行教学节奏调控的模式,很关键的部分是学生要在教师的引导下进行动静结合的学习。听教师讲述、独立思考是静,小组合作、班内讨论是动。因此,动的节奏对于学生而言是有一定要求的。首先,学生要乐于表达,有表达的欲望和能力。对于教师提出的讨论话题,学生要有能力表达,可以语言不流畅,但却要乐于交流自己的观点,乐于与组内或者班级的其他同学进行对话,产生碰撞。其次,学生之间要建立一种平等融洽、相互尊重的关系。对话要建立在对话个体之间平等、民主、和谐的基础之上,否则势必会造成讨论的不充分。最后,学生要对讨论的话题有一定的知识储备,事先有所准备。这是为了让学生在讨论中有话可说,使"转"的环节能更有效地促进学生的学习。

(2)教师方面

选择该模式的教师要为学生选择一个适合讨论的话题,既要有话可说,又要具有讨

---

① 李森.有效对话教学理论、策略及案例[M].福建:福建教育出版社,2012.

论价值。* 教师在使用该模式时要保证课堂教学有秩序、有条理,要使讨论围绕教学目标进行,千万不要偏离教学目标。曾有教师在教授《愚公移山》一课时组织学生进行讨论,可讨论的结果不是愚公做事有毅力,而是愚公真的很笨,由于讨论主题偏离了教学目标,这样的教学是无效的。

(3) 教材方面

该模式主要适合存有难以理解的部分的文章。对于这些难以理解的部分,讨论可以使学生的学习兴趣更加浓厚,学习效率更高。比如:在《望梅止渴》一课中,有教师会提出"站在将士们的角度,评价曹操望梅止渴这一策略"这个问题。对于这个问题,一年级小朋友以一己之力很难想明白,所以这个问题就非常适合讨论。类似的问题,就非常适合采用该模式。

(4) 环境方面

在硬件环境方面,因为该模式中会有一个小组合作的动态环节,所以,教室中的桌椅摆放方式要有利于小组合作。根据小学生的年龄特点和合作学习的人数特点,小学生的小组合作学习人数一般为四个。为此,教室桌椅摆放,最好横排、竖列都是偶数,这样,学生需要"独立思考"时,就在独立的座位上进行思考,同学之间互不影响,需要"小组合作"时,奇数排的学生转过身来进行讨论即可,这样方便易行,教室桌椅的布局也井然有序。

在软件环境方面,需要教师与学生、学生与学生之间保持一种平等、友好、和谐的关系,这样无论是学生小组间的合作学习,还是大范围的全班交流,学生都能充分发表自己的观点,"浪花交响曲"教学节奏调控模式的教学节奏调控作用才能得到更好发挥。

2. "浪花交响曲"教学节奏调控模式的教学案例

"浪花交响曲"教学节奏调控模式比较适合小学中高年级,因为该模式中有一个交流讨论的环节,年龄较小的学生很难进行小组交流讨论,而在班内交流讨论时他们又很难较好地倾听别人的发言,当然这些倾听的习惯是要逐渐培养起来的。因此,低年级如果也要采用该模式,教师一定要注重把控课堂。为此,笔者挑选了中高年级的案例。其中,《采蒲台的苇》是讲读课文,教师主要让学生对充满矛盾的文章内容进行交流讨论,《语言大师》是自读课文,教师放手让学生学会方法并自学课文。

---

* 具有讨论价值在本书中是指:(1) 此问题,一个人很难完成或者很难想到完整的答案;(2) 此问题的答案不唯一,适合学生讨论。

《采蒲台的苇》(沪教版五年级第九册)教学实录(节选)

第二部分:学习故事,感受采蒲台百姓不屈不挠的精神。

师:采蒲台是白洋淀的一个小村庄,下面就让我们一起走近采蒲台,一起去认识这些普通的老百姓。【起】

(多媒体出示课文第 5 至 10 小节)

师:听老师读课文第 5 至 10 小节,你读懂了什么? 这群普通的老百姓是一群怎样的人?

(教师范读,学生思考问题)

师:请大家再默读这段课文,思考老师提出的问题,完成填空:她们是一群
(　　　　　　　)的人,因为(　　　　　　　　　　　　　)。在书中找出相关的词句说明自己的观点,注意用笔进行标注。

(学生思考,动笔标注)【承】

师:我们来讨论一下,你读懂了什么?【转】

学:我觉得敌人非常残忍,很凶残。

师:感受到敌人的凶残,很好! 那面对凶残的敌人,采蒲台的百姓做了什么呢? 她们是一群怎样的人呢?

生 1:采蒲台的百姓很聪明。

生 2:她们很机智,是一群很机智的人,因为她们想办法把枪支插进孩子的裤裆里,骗过了敌人。

生 3:她们是一群很坚强的人。无论敌人怎样威胁,她们都坚持说村里没有八路军,保护八路军。

(学生沉默了一阵,又有一个学生举手)

生 4:她们是一群团结的人,因为 12 个女人不约而同地把枪支插进孩子的裤裆里,从不约而同可以看出她们很团结,没有事先约定,就一起做了这件事。

生 5:她们很勇敢,是一群勇敢的人,面对凶残的敌人毫不害怕。

师:同学们说得很好,并且也在文中找到了依据。采蒲台百姓在日本侵略者面前表现出了顽强、勇敢、永不屈服的精神,是值得我们学习的一群人。【结】

学生分角色朗读课文。

教师指导学生简要复述这个故事。

案例分析:

在这个案例中教师采用了"浪花交响曲"教学节奏调控模式,因为《采蒲台的苇》是

一篇远离学生现实生活的文章,它讲述的是抗日战争时期,白洋淀采蒲台地区的百姓抗击敌人和保护八路军的故事。这一类文章,因为离学生的现实生活比较远,学生很难理解文章内容,也不能真切体会人物的精神品质,需要同伴帮助以共同解决问题。动静结合的教学方式,不仅能提高学生的学习兴趣,而且能集中学生的注意力,提高学生的学习效率。

在这一部分的学习中,教师通过语言和问题导入本次讨论的话题,这是该模式的"起"节奏,学生有了较困难的学习任务,注意力就能很快集中起来,思维也逐渐紧张,教学节奏由疏到密。而后,学生在朗读课文时边思边划,单独思考问题,为后期的讨论交流做准备,这是该模式的"承"节奏,学生安静思考,教学节奏仍较紧张,只是进程较上个环节要缓慢一些。准备过后,就是一个全班讨论的环节,这是该模式的"转"节奏,这时的教学节奏由静到动,由弛到松,学生独立思考后准备的观点在此时得以交流,大家在平等、和谐的氛围中,进行思维碰撞,就如同场面宏大、震撼人心的交响曲,学习问题在生生、师生的对话中得以解决,学生思维得到发散,课堂教学节奏得以调节,学生学习的效率提高了。最后是该模式的"结"节奏,课堂上讨论交流的只是一些零散的观点,教师或学生对其进行总结,使内容更加完整,此时是该模式的结束环节,学生的学习注意力开始分散,思维也开始松弛,教学节奏逐渐放缓,同时也预示着下一个教学节奏调控模式的开始。

(四)"浪花交响曲"教学节奏调控模式的育人价值

在《采蒲台的苇》一课中,我们可以看出"浪花交响曲"教学节奏调控模式更加适合小学中高年段的语文课堂,适合富含矛盾冲突的文章或看似矛盾的文章片段。教学中,在教师的引导下学生不再是单打独斗,而是在与同伴的合作、对话中共同提高,呈现出"起承转结"的教学节奏,将课堂教学逐渐推向高潮。这样的课堂教学调控模式对活跃学生的思维、激发学生的兴趣、让学生产生情感上的共鸣,都能起到很大的帮助。

1. 有助于活跃学生的思维

该模式分为"起承转结"四个环节,这些环节使得教学方式动静结合、教学进程张弛有度。"起""承"环节是导入和准备的阶段,教学节奏由张到弛,由疏到密,学生的思维火花也逐渐得到点燃。而后到了"转"的环节,这是体现"浪花交响曲"模式的特点,大家一起思维碰撞,奏起交响曲的时刻。在这一阶段中,学生与学生在一种和谐、愉悦的环境下进行知识上的交流和信息上的沟通,学生因交流、讨论而使思维变得更为迅速敏捷,注意力变得更加集中,知识也能更加迅速地得到内化。"结"的环节又使节奏由动到静,使学生思维上对知识有了一个总结,使知识在学生头脑知识建构中找到归宿。

该模式在《采蒲台的苇》一课中体现得特别明显,在面对敌人与采蒲台百姓的矛盾冲突时,在面对牺牲自己而保护八路军的生死抉择时,有很多地方值得学生思考,然而这又是学生凭借自己的思维水平很难得出结论的。于是,教师引导学生展开了针对"这群普通的老百姓是一群怎样的人"的讨论,就在这场独立思考和班级交流中,学生感受到深藏在文字背后的人物品质,这是因为思维碰撞提升了学生的思维品质。

2. 有助于激发学生的兴趣

该模式针对的是富含矛盾冲突的文章,这样的文章引人入胜,学生能情不自禁地沉浸其中;该模式还针对看似矛盾的文章片段,学生在学习时容易产生进一步学习的欲望或者与别人讨论的冲动。动听的音乐会因其节奏扣准心弦而吸引人,课堂教学节奏也是这样。好的教学就如同好的乐曲,"起承转合"浑然一体。该模式在"起""承"两个环节中引导学生,使学生对文章产生兴趣,并逐渐想去接触它,了解它。然而,因为课堂的沉闷,学生的兴趣会逐渐降低,最终导致注意力下降,但"浪花交响曲"教学节奏调控模式中的"转"环节,却能因为同伴间的讨论,充分调动学生学习的兴趣与积极性,使教师把握教学的节奏,从而引发学生在思想上的共鸣。

《采蒲台的苇》是一篇讲读课文,文章的内容远离学生生活,文字较为晦涩难懂,于是,教师就在该模式中,激发学生讨论的欲望、感受主旨的兴趣。

3. 有助于在"学语文"的同时"学做人"

"起承转结"四个环节,使课堂教学张弛有度、起伏和谐,提高了课堂教学效率。交流、讨论、对话是需要建立在和谐、愉悦、平等的课堂教学中的,这样的课堂能给学生带来轻松愉快的感受,当人心情愉快的时候,大脑皮层会形成兴奋中心,头脑中信息的传递会也更加畅通无阻,思维变得敏捷,注意力更加集中,记忆力也会加强,因此,"学语文"的效率自然会得到提高。

语文学科,借助语言文字传承民族文化,培养人文素养,有其丰富而独特的育人价值。在《采蒲台的苇》一课中,学生在开始阶段只能体会到采蒲台百姓机智、坚强的特点,并且还一度陷入了沉默,然而,在集体交流中,有的学生注意力更加集中,思维更加活跃,又感受到采蒲台百姓团结一致的精神品质,并深受感动,在"学语文"的同时"学做人",这是思维碰撞后的又一重要收获。

第二节　小学语文课堂教学节奏调控模式
提高学科育人实效性的研究效果

小学语文课堂教学节奏调控的实践,旨在不断探求用理论指导实践,并用实践去验证理论,以期找到理论与实践的最佳结合点。笔者在分析并研究了前人对教学节奏调控产生重大影响的学习理论和教育思想的基础上,结合自身的教学实践,设计并总结出了三种有利于实现小学语文学科育人价值的教学节奏调控模式,即"绿地圆舞曲"教学节奏调控模式、"山坡进行曲"教学节奏调控模式和"浪花交响曲"教学节奏调控模式,从而使小学语文课堂教学节奏调控模式的探索能在实现小学语文学科育人价值中发挥更大的作用。

一、有助于集中学生的注意力,提升思维能力

小学阶段学生的年龄跨度是在 7 至 12 岁之间,在这段时期,学生的学习习惯还在逐渐养成,并且,活泼好动,容易受无关因素干扰,注意力易分散,自控力较差,这是他们身心发展的特点。也正是因为他们具备这样的特点,课堂教学节奏调控显得尤为重要,恰当的调控能更加有效地关注到学生的注意力,确保他们注意力集中的程度和长度,保证他们学习的效率。

"绿地圆舞曲"教学节奏调控模式适合抒情类散文、诗歌和小说的教学。这些文本本身比较容易打动人心,学生容易与文章产生共鸣,受到文章美感的熏陶。教师正是利用文本的这一特点,将其抒情的意味挖掘出来,通过创设情境,利用自己富有感情的语言和较为夸张的教态将文本特点加以放大,使学生的注意力能得到较好的集中,学习劲头较高,学习兴趣浓厚。

"山坡进行曲"教学节奏调控模式中"强弱""强弱,次强弱"的教学节奏对集中学生注意力、训练学生思维有很大帮助。因为山坡一类的文章对学生而言有一定难度,学生难免会出现畏难情绪。而教师在课堂中因势利导,采用反问、追问等发问形式,不断启发学生对教学难点进行深入的思考,促进学生注意力集中和思维高速运转,并形成"进行曲"的节奏形式,促使学生的逻辑思维能力逐渐提升,帮助学生渐渐养成良好的学习习惯。

"浪花交响曲"教学节奏调控模式更是如此。该模式的完整结构分为"起承转结"四个环节,这些环节使得教学方式动静结合、教学进程张弛有度。"起""承"环节是导入和准备阶段,学生的思维火花也逐渐得到点燃,而后到了"转"的环节,大家一起奏起交响曲,实现思维碰撞。在这一阶段中,学生与学生在一种和谐、愉悦的环境中进行知识上的交流和信息上的沟通,学生因交流、讨论而使思维变得更为迅速敏捷,注意力变得更加集中,知识也能更加迅速地得到内化。"结"的环节又使节奏由动到静,使学生思维上对知识有了一个总结,使新知识在学生头脑知识建构中找到归宿。

二、有助于加强教师的引导,提高教学的有效性

教学节奏的调控是教师依据文本对教学过程进行调节和控制的一种现象,这是教师对教学文本的再创造,是把文本内容向学生的一种传达。另外,教学节奏的调控还有利于教师与学生情感的传递,适当的教学节奏能够使学生具有更强烈的情感体验,思想受到熏陶,这是符合小学语文学科特点的。

"绿地圆舞曲"教学节奏调控模式在提高教学的有效性方面也具有积极的效果。教师通过自身合理而深刻的文本细读,找准教学"支点",并恰当创设情境,用富有感情变化的语言带领学生围绕一个个知识点或一个个重点语句,反复旋绕,复沓朗读,让学生在重难点部分得到反复强化,并在抑扬顿挫语言的感染下,在强烈感情的推动下,提高课堂学习的效率,达到突出重点、突破难点的效果,让学生的知识和技能得到巩固,审美情趣也得到培养。

"山坡进行曲"教学节奏调控模式中,教师根据文章的重难点以及学生的学习动机,精心铺设山坡,学生针对教师提出的问题,投入到注意力高度集中的思考中,经百思不得其解后,出现了"愤""悱"之状。学生这样的一种"愤""悱"状态是在课堂教学中教师希望看到的,因为有了这样的课堂感受后,学生能跟随教师高度融入教学活动之中,提高课堂学习效率,事半功倍。

"浪花交响曲"教学节奏调控模式针对的是富含矛盾冲突的文章,这样的文章引人入胜,学生能情不自禁地沉浸其中;该模式还针对看似矛盾的文章片段,学生在学习时容易产生进一步学习的欲望或者与别人讨论的冲动。该模式在"起""承"两个环节中引导学生,使学生对文章产生兴趣;在"转"环节通过同伴间的讨论调动学生学习的积极性,让学生在思想上产生共鸣,进而提高课堂教学的有效性。

三、有助于发挥小学语文学科的育人价值

小学语文课程是一门工具性与人文性相统一的课程,它的设置旨在使学生能初步运用语言文字进行交流沟通,并吸收古今中外优秀文化,提高文化修养,提升思维能力,促进自身成长。为此,在小学语文的课堂上,师生之间会有很多情感上的交流和思想上的共鸣,这就使小学语文的课堂教学在学科育人方面能发挥更大的作用。

"绿地圆舞曲"教学节奏调控模式的重点就是要设计教学中的一个个"支点",使课堂教学节奏呈现"强弱弱"的形式,而教学"支点"则取自课堂教学中的重点部分,这对体验文本语言、文本内容的美起到较为明显的作用。因为教师可以通过一个个"支点"连接整个教学过程,调控课堂教学节奏,从而使学生不断体会抒情类散文、诗歌和小说

的美。

"山坡进行曲"教学节奏调控模式的重点是铺设山坡。而山坡既是课堂教学中的难点，又是学生需要教师引导的地方。教师通过对文章难点的把握，引起学生的"愤""悱"之状，同时奏响该模式教学节奏中的最强音。一节课中，教师需要重点关注的就是教学的重难点，而学生在此模式中经过连续性的问答，思维能力能够得到极大提升。

"浪花交响曲"教学节奏调控模式更加适合小学中高年段的语文课堂，适合富含矛盾冲突的文章或看似矛盾的文章片段，而"起承转结"四个环节，使课堂教学建立在和谐、愉悦、平等之中，真正形成张弛有度、起伏和谐的课堂教学节奏。语文学科，借助语言文字传承民族文化，培养人文素养，有其丰富而独特的育人价值。而学生通过同伴合作、对话在"学语文"的同时"学做人"，这就是思维撞击后的巨大收获。

第三节　小学语文课堂教学节奏调控模式提高学科育人实效性的思考与建议

教学节奏是教学活动中不可缺少的一部分，它在一定程度上影响着教学效率与教学质量。小学语文是学生接触我国语言文字的起始阶段，教师为学生呈现一个怎样的语文课堂，直接关系到学生对祖国语言文字的感情，关系到学生对祖国语言文字的积累。因此，小学语文课堂教学节奏调控应该引起广大小学语文教师的关注。

教学节奏是一个动态变化的过程，它存在着很多的不确定性，但又不是无规律可循的，因此，教学节奏的调控值得我们去探索。笔者在分析并研究前人对教学节奏调控产生重大影响的学习理论和教育思想的基础上，结合自身的教学实践，设计并总结出了三种有助于小学语文课堂提高育人价值的教学节奏调控模式。这三种模式各有其特点和作用，无法相互替代，然而，它们同时也具有各自的不足之处。如何将它们调控课堂教学节奏的作用发挥到最大？如何使它们能更好地提高教学效率、集中学生的注意力？如何将小学语文学科的育人价值发挥到最大？经过不断思考、研究和实践，笔者发现如果把这三种教学节奏调控模式进行整合，将会使它们相互促进，相互补充，相辅相成，对提高课堂教学效率、集中学生的注意力、提高学科育人价值起到积极的促进作用。

"绿地圆舞曲"教学节奏调控模式针对抒情类的散文、诗歌或小说，围绕"支点"来组织节奏明快而又流畅的教学，形成一个个"强弱弱"的节奏，形成课堂教学的一个个高潮。该模式中的教学"支点"一般是指教学的重点，"强弱弱"的教学节奏主要依靠创设情境后的复沓朗读加以呈现。因此，在以"山坡进行曲"教学节奏调控模式或"浪花交响曲"教学节奏调控模式为主要调控模式的课堂中，如果有抒发情感的文章片段，可采用"绿地圆舞曲"教学节奏调控模式。教师带领学生围绕"支点",用各种形式朗读文章以呈现"强弱弱"的节奏,调节课堂气氛,集中学生的注意力,增强学生对文本语言、文本内容美的体验。

"山坡进行曲"教学节奏调控模式适用于一篇内容深奥、含义深刻的文章,或一篇文章中较为深奥的部分,也就是教学难点。教材中的文章,绝大多数都是具有教学难点的,因此,在以"绿地圆舞曲"教学节奏调控模式或"浪花交响曲"教学节奏调控模式为主要调控模式的课堂中,教师在学生遇到学习困难,出现"愤""悱"之状时,就可以采用"山坡进行曲"教学节奏调控模式,用问答的教学形式调控教学以呈现"强弱""强弱,次强弱"的节奏,帮助学生集中注意力,提高思维能力。

"浪花交响曲"教学节奏调控模式是指在富含矛盾冲突的文章或看似矛盾的文章片段中,教师引导学生展开讨论交流,在思想碰撞中,在生生对话、师生对话中达到教学高潮,并呈现以班级讨论为核心的"起承转结"教学节奏,使课堂教学完整而有条理。在以"绿地圆舞曲"教学节奏调控模式或"山坡进行曲"教学节奏调控模式为主要调控模式的课堂中,教师可以针对某些矛盾的问题在班级中开展讨论交流,使用"浪花交响曲"教学节奏调控模式活跃学生的思维、激发学生的兴趣,让学生在"学语文"的同时"学做人"。

在小学语文教学中,将这三种教学节奏调控模式有机地整合起来,能够达到"整体大于部分之和"的效果。例如:在《西湖名堤》一课中先采用了"绿地圆舞曲"教学节奏调控模式,后采用了"山坡进行曲"教学节奏调控模式;而《采蒲台的苇》一课在讲述采蒲台百姓的英雄事迹时采用了"浪花交响曲"教学节奏调控模式,在讲述人与苇的关系时又采用了"绿地圆舞曲"教学节奏调控模式和"山坡进行曲"教学节奏调控模式。利用不同教学节奏调控模式的特点,发挥其调控教学节奏的作用,使不同模式之间优势互补,相互促进,相辅相成,能调动学生的学习兴趣,提高学生的思维能力,提高课堂教学效率,提升学科育人价值。

第四章　初中语文智慧课堂提高学科育人实效性的行动研究

第一节　初中语文智慧课堂提高学科育人实效性的行动研究

上海市松江区三新学校共同体初中语文名师工作室课题"初中语文智慧课堂提高学科育人实效性研究"，主要是针对初中语文教学内容中的难点，即文言文阅读教学、思辨性阅读教学、写作教学和综合学习四个方面的内容来展开实践探索的。从课堂教学、案例研究、策略总结和方法落实四个方面呈现了本课题在智慧课堂这一理论指导下的实施过程。受篇幅限制，这里仅以思辨性阅读教学、综合学习两部分内容为例进行阐释。

一、通过思辨性阅读教学提高学科育人实效性的行动研究

语文教学应当倡导思辨性阅读。思辨，是一种思考方式，只有实践才可以使主观见之于客观。倡导思辨性阅读，就是要提高语文阅读教学中的思维含量，就是要在语文教育中弘扬庄严、深刻而又充满活力的人类理性精神。

（一）倾听是思辨性阅读的基础

上海市语文特级教师黄玉峰老师认为，批判性思维乃至思辨性阅读应该包含两个维度：第一是强调思维过程的反思性；第二是强调理性态度的重要性。语文学科的内容决定它往往是感性的，因此在语文学科内强调批判性思维目的就是让学生对于知识生成过程诸环节保持敏感并养成反思习惯，在面对某种知识或意见时，能对其本身的可靠性进行独立的、有条理的分析与考察。

1. 在思辨性阅读中培养学生的听者意识

不同的文章，对阅读者阅读素养的要求也不同。读物容量小，思想浅薄，学生读得时间久了，自然心生居高临下之感。这种"君临式"的阅读，容易让学生养成随意、散漫和浮躁的阅读心理，也即常说的"浅阅读"。当下盛行的网络阅读，在阅读方式上主要

是浏览、跳读、略读,在内容上则趋于平面化、娱乐化、简单化;而现行的阅读检测,也存在将文本碎片化、简单化和教条化的倾向。若教材选文的容量和难度再不能激发学生细读与探究的欲望,必然会助长这种"浅阅读"的习气。

梁晓声在《〈卖火柴的小女孩〉是写给谁看的》一文中指出:"作为童话,它当然是首先写给孩子们看的;但它绝对不是首先写给卖火柴的小女孩们看的。卖火柴的小女孩们买不起安徒生的一本童话集。《卖火柴的小女孩》不是写给为了生存在新年之夜于纷纷大雪之中缩于街角快冻僵了还以抖抖的声音叫卖火柴的小女孩们看的,而是写给那些生活不怎么穷的人家乃至富人家的、权贵人家的小女孩们看的。通常,这些人家的小女孩们晚上躺在柔软的床上或坐在温暖的火炉旁,听父母或女佣或家庭女教师给她们读《卖火柴的小女孩》。她们的眼里流下泪来了,意味着人世间将有可能多一位具有同情心的善良的母亲。而母亲们,她们是最善于将她们的同情心和善良人性播在她们的孩子们的心灵里的——一代又一代;百年以后,一个国家于是有了文化的基因……这是为什么全人类感激安徒生的理由。"

因为缺乏听者意识,没有意识到表达的诉诸性,没有明确作者表述的对象,就无法真正明白作者想要表达什么,也就无法做出合宜的应答。同样的,《孔乙己》不是写给孔乙己们看的……也许只有当我们真正明白这些文本是写给谁看的,我们才能真正明白作者的创作意图,也才能带领学生真正走进文本。

2. 承认学生所面临的阅读困境

从写作角度看,所谓倾听意识,即读者意识,就是写作中的对象意识,即写作时心中存有倾诉或交流的对象。读者意识是写什么和怎么写这两者的前提和条件。为了培养学生的思辨性阅读能力,教育者要心平气和地承认我们阅读教学过程中所面临的问题和困境——读什么和怎么读。在我们的理解中,思辨性阅读在于意识到不同,在于倾听反对的声音,在于反思,在于对别人的遭遇感同身受,能够体会他人立场,不武断做出任何价值判断。将问题暴露出来,让学生思考,参与讨论,倾听不同的声音,是培养学生思辨性阅读能力的重要条件;另外,让学生懂得分辨各种声音的真伪,大胆提出质疑,是我们中小学语文教师应经常鼓励学生做的事情。

如《孔乙己》一文中,孔乙己是一个"苦人"。从周围人对孔乙己凉薄的解读,折射出阅读需要生命意识;阅读需要包容每个个体独立的生命空间;阅读需要思考。教师要让学生明白:读书的终极使命,是一种灵魂的救赎——理解别人,接受自己。读书的目的是什么?孔乙己读过书,但仅因捞不到半个秀才,没有得到书中的颜如玉、书中的黄金屋,就不能像丁举人一样得到权力和金钱。反过来说,如果孔乙己鲤鱼跃龙门,也得到了权力和金钱,会不会成为另一个丁举人呢?成者为王、败者为寇的社会土壤酿造了许多悲剧。俗话说，人生不如意十之八九，常想一二。生命无常，不因为你努力就一定成功，不因为你成功就一定幸福，不因为你做对了什么，就可以避开，也不因为你做错了什么，才受到惩罚。生命中遇到困苦、灾难、不平，都是命运。只有接受逆境，接受自己，才能克服命运所带来的痛苦，从而理解别人。如果孔乙己接受自己仕途的不顺，从读书求仕的理想世界进入现实社会，凭着一手好字，也能好好活下去。这种思辨性阅读的引导一定会使学生对小说思想内涵的理解更进一步。

（二）思辨的灵魂是具体分析

具体分析是"自由之思想，独立之精神"在思辨活动中的表征。西方哲人曾说："我思故我在。"反过来说，我不思故我不在。孙绍振教授提出的"用具体分析统帅三要素"，点出了中学写作教学的要害，同时也为我们在初中语文教学中开展思辨性阅读提供了指导。

1. 具体分析能提升思辨的品质

智力的核心是思维，语言与思维密不可分，在语文教学中要重视发展学生的思维，促进语言与思维的统一。在语文教学中教师不仅要授之以渔，教给学生思维的方法，还要完善学生思维的品质，培养其思维的能力。

如《孔乙己》一文中，有人笑孔乙己脸上又添了新伤疤，孔乙己不回答，对柜里说温两碗酒，要一碟茴香豆，便排出九文大钱。这里的排字是个很生动的细节描写，值得好好体味。排这个动作由孔乙己在被人们嘲笑的环境里做出，它表现了孔乙己当时怎样的心态，人们的理解是有分歧的。比较通行的说法是孔乙己在那些短衣帮面前显示阔气，炫耀自己有钱。对此，教师通过引导学生分析，得出不同结论。理由如下：其一，从孔乙己的思想性格看，他不会炫耀自己有钱。孔乙己是深受封建文化、科举制度毒害的下层穷知识分子，他深信"万般皆下品，唯有读书高"，信奉"君子固穷"。因此，值得他炫耀的并且他已经炫耀的无非是读书人这一身份——他不肯脱去那件又脏又破但标志着读书人身份的长衫，满口"之乎者也"，在小伙计面前吹嘘"茴"字的四种写法……他不可能以钱为荣，况且他也无钱去炫耀。其二，从场合看，他也不会炫耀自己有钱。孔乙己一到酒店就被人嘲弄、取笑，应该说，他很窘迫，不会洋洋自得，甚至连回敬几句的勇气也没有。他只能不予理会，又怎会在此种场合显示阔气、炫耀自己呢？其三，从钱的来路及数目看，他也不会炫耀。孔乙己好喝懒做，"弄到将要讨饭的地步了"，便"偶然做些偷窃的事"，虽然他的钱不都是偷来的，但是，在众人的眼里，他的钱是不干净的，也许他自己也知道这一点，因此，即使有钱他也不会在众人面前炫耀，更何况他只有九文大钱，与那些穿长衫的人比，不知寒酸多少呢。排字既表示分文不少，自己是个规矩人，又掩饰了孔乙己内心的不安，刻画了孔乙己拮据穷酸的本相。应该如何去理解这个细节呢？教师可引导学生从两个方面去考察：（1）孔乙己的这个付钱动作，是他在无端受到别人的讪笑、嘲弄，陷于很窘迫的境地，向酒店的伙计要酒要茴香豆时做出的。孔乙己面对短衣帮的取笑，内心自然是厌烦和不安的，但表面上又要表现出不予理会、满不在意的样子，便"排出九文大钱"，因此，这个细节是孔乙己以表面的镇定、从容来掩饰自己内心的不安；（2）孔乙己"排出九文大钱"是给伙计看的，似乎告诉伙计"九文，一文不少，请看清啊"，意在表现他的"清白"，也有没钱却装阔气的意味。

2. 具体分析使深度思考成为可能

语文课应该始终贯穿着思维的训练。语文课真的要如钱梦龙先生所说的那样："要不断地进行思维的训练，而不是一种简单的练习。"教师尤其要注重在这个过程中教会学生探索问题、思考问题、解决问题的方法和途径，让他们有联系的意识。最紧要之处是要讲出好文章的奥妙所在。

如三新学校语文高级教师邓为才老师执教的《背影》一课。面对七年级的孩子，到底该怎样上这节课？到底该让学生通过这篇文章获得什么？让我们一起来看看他是怎样做的。

（1）学生懂的不讲，学生不懂的多讲

读这篇文章想获得什么？阅读的过程中产生了什么疑问？学生提出了以下问题：文章为什么起名为《背影》？第6段，作者为什么看着父亲的背影落泪？为什么第7节又见背影会落泪？为什么只写父亲买橘子的背影？为什么害怕父亲看到自己落泪？为什么父亲近几年来待我不如往日？又见背影的部分可以看出作者怎样的心情？可以看出父亲怎样的心情？文中写了看见背影的三次落泪，有何不同？第5段"那时真是太聪明了"中的"太聪明"是什么意思？作者为什么要写家境变化？文章写了四次背影，分别是怎么写的？作者四次写背影，每一次分别蕴含了他怎样的感情？第4段，为什么"本已说定不送我"，后来又"决定还是自己送我去"？第4段，"怕茶房不妥帖"后为什么用分号？第6段，为什么之前写父亲买橘子"不容易"，后来又写他心里"很轻松似的"？教师只有了解学生的已知与未知，才能让他们经历思维训练的过程，从不懂到懂。

（2）让学生掌握读懂一类文章的基本路径

《背影》属于叙事类文章，读此类文章，需要把握事情、背景、感情。事情：父亲送我上火车（比较容易把握）。背景："近几年来，父亲和我都是东奔西走，家中光景是一日不如一日""那年冬天，祖母死了，父亲的差使也交卸了"（与事件发展趋向、情感表达相关）。情感：对父亲的背影、对父亲情感的认识过程（这一认知转变属隐性情感，需要挖掘）。针对《背影》这节课，把背景作为学生解决问题的突破口。

叙事类文章必须把握这三个基本要素。当然，落实到具体文本，要体现具体文本的个性。叙事类文章的背景有时很重要，例如《百合花开》《二十年后》《背影》。

（3）不断进行思维训练以形成思维链

背景的作用（为什么要花大量笔墨交代事情发生的背景）→题目《背影》（为什么文章题目要叫《背影》）→对背影的描写（从实写背影的部分入手，开始探讨）。

作者为什么要写出这样的内容？通过对相关问题的讨论，顺藤摸瓜，让学生逐渐学会解决问题、解读文本的方法。学生能回答出哪个层面的问题，就从哪个层面入手。

（4）引导学生关注语言形式

引导学生关注语言形式。第一，比较，为什么第 6 段主要用描写，而第 4、5 段主要用叙述？描写往往定格在某一特定情境。第二，这个特定情境下的背影定格在哪里？这是一个怎样的背影？戴着黑布小帽、穿着黑布大马褂和深青布棉袍的背影，胖胖的、蹒跚地走着的背影，努力在月台上攀登的背影。第三，父亲的背影，"我"过去也曾见过，为何独独这次落泪？过去虽然见过，然而视而不见——漠然；第四，找出文中表明"我"对曾见过的背影漠然的直接叙述，如"其实我那年已二十岁，北京已来往过两三次，是没有什么要紧的了。……我两三回劝他不必去""我那时真是聪明过分，……唉，我现在想想，那时真是太聪明了"。

通过引导学生关注文章表达时使用的语言形式，逐步引导学生理解作者对背影的特殊情感：不只是难忘背影，更是对以往漠然的深深愧疚。此时此刻作者才感受到这个背影，才体会到父亲对自己的感情。具体分析使深度思考成为可能。

【实践案例】

理性思考　培养人格
——以《石缝间的生命》一课为例

《石缝间的生命》是沪教版初中七年级《语文》教材中的一篇抒情散文，赞美了顽强的生命力和在困境中努力拼搏的精神，借石缝间的生命的生存状态来传达精神、抒发情感。七年级的学生对于这类以具体事物寄托抽象情感的散文存在理解和感情上的陌生感和距离感。这些认知困惑与学生的年龄特点、阅读经验、生活经历有很大关系。文章特征和学生认知困惑互相碰撞，育人的核心价值就清晰地浮现出来，即以对语言的含英咀华和有重点的理性思考为载体，培养语文人、独立人、成长人。

【案例描述】

这是一篇主题鲜明的文章,学生在学习过程中容易喊口号、说空话,在教学中教师要引导学生沉浸到文本的字里行间,通过反复诵读,真正领悟文字背后作者要传递的信息,对"面对逆境要顽强"有深刻的理解。开始教学时,我用课件来展示大自然丰富的景观,让学生打开视野,欣赏自然界壮美的景色。我通过让学生领略自然界的精彩,感悟生命的美好与无处不在,为下面课文的学习创设了一个良好的环境,使学生以主动积极的心态投入对课文的学习中。接着整体感知课文,发现生命。学生通过快速浏览课文,跟随作者的目光,发现石缝间三种生命具有共同的性格特点:倔强。我又以"石缝间倔强的生命为什么常使我感动得潸然泪下"为本节课的主问题,引发学生对课文内容的探讨和思考。然后精读课文,认识生命。学生找出作者着力表现生命倔强的句子和关键词语,反复有感情地诵读,认真品味。如描写野草,文中抓住了叶子的特点"三两片""长长""细微""瘦""自己生长",学生反复诵读,然后去挖掘这些文字的内涵。最后联想迁移,拓展思维,感叹生命。解读文本最后一段,明确托物言志的写作方法。通过课件出示有关名言,全班齐读、感悟。

在教学中,我通过教学语言来营造教学氛围,让学生有感情地朗读,以帮助学生更好地把握文章的内涵。另外,我在教学过程中,结合生活体验,实实在在地对学生进行情感、态度、价值观的教育,切忌拔得过高。在学生朗读、交流、体会课文内容的过程中,我注重对学生进行美好情感的熏陶。

【教后反思】

每一节语文课都是语文课程中一个看似微小实则不可或缺的有机组成部分,从整体设计到教学细节均应渗透语文课程标准的核心观——语文素养与育人价值的高度统一。具体到《石缝间的生命》一课的教学,我力图将学生语文素养的培养、独立思考习惯的培养和终身发展相融合。从案例中可见,学生围绕文章的重点词句,展开了关于草、花、树具体形象的交流。这些交流有的是对关键词句的分析,从语言的表象深入到情感的内层,有的是由此及彼,从已有的阅读经验和积累中搜寻到相关阐释并恰当地表达出来,他们用自我积累的语汇和擅长的表述方式进行语言交流和语言实践,并且相互启发和促进。学生在具体的阅读教学活动中,在与其他对象意识形态交流碰撞中,或多或少地改变和重塑自身的语文素养。而针对学生无法深入之处,教师把自己的阅读体验恰当地表达出来,这既是对学生的点化,也是育人的一个组成部分。

本课教学基于七年级学生的年龄和学习认知特征,立足语言文字本身,着力于文本的研读和感悟,注重激发学生的思考动力与增强学生的情感体验,实现了学科育人目标。任何一门学科其价值的挖掘与开发,都要立足对人的发展价值的认识和把握。怎样在语文教学中做到这一点?这就需要教师在教学过程中以开阔的视野、开放的心态、创新的思维审视语文教育,为学生的终身发展奠基。

二、通过综合学习提高学科育人实效性的行动研究

新课标把语文综合学习引进到语文课程体系中来,使其成为与识字和写字、阅读、写作、口语交际相并列的五大板块之一。它作为一种全新的课程形态,集中鲜明地体现了语文课程的新理念和主张,成为备受人们关注的亮点。因此,对语文综合学习开展的一般过程和教师在语文综合学习过程中的指导作用一定要有一个明确的认识。

(一)语文综合学习的一般过程

1. 确定探究主题

语文综合学习教材虽然规定了综合学习的具体内容,但只是一个范例,学生既可以在选题范围内选择和确定主题,也可以另行选择。因为有的内容可能不太适合某些学生学习,学生间会存在知识基础、语文能力、生活阅历、学习环境等方面的差异,如城市学生和农村学生在生活阅历和学习环境及条件方面就存在差异,只能选用不同的主题。新课标强调:学生在第一学段要对周围事物有一定的好奇心,能就感兴趣的内容提出问题;在第二学段要能提出学习和生活中的问题;在第三学段要能解决学习和生活中的问题;在第四学段要能提出与生活相关的问题。这不仅为学生自主寻找主题指明了方向,也为教师指导学生寻找主题提供了依据。我想,教师除了依据语文综合学习教材中的内容来确定主题外,还可以通过以下几种方式来生成和确立综合学习的主题。

(1)课内延伸式

课堂教学是培养学生语文素养的主阵地,也是进一步生成和扩展综合性选题的主要依据。一是由于课堂教学一般围绕教学重难点来进行,有一些内容在课堂内没有得到充分学习,而一些学生又对此很感兴趣,师生可以把其作为综合性学习的选题,开展进一步的探究;二是新课程倡导让学生带着更多的问题走出课堂,这些由课内引发的问题多数是比较有价值的,学生可以分别选择适合自己的问题深入探究;三是由于受时间和条件等因素限制,有些活动在课堂内无法充分展开,可以作为活动专题进一步探究,如在《孔乙己》一课的教学中,由于小说结尾作者没有明确交代孔乙己的生死,学生就提出了有关孔乙己生死的问题,这时教师可以把"孔乙己的生死和科举价值观"这个专题留给学生在课外以综合学习的方式去自主探究。

（2）生活应用式

学习生活化和生活学习化是语文综合学习追求的一种境界，丰富多彩的学习生活中蕴涵着大量的语文课程资源，学生可以随时去捕捉，关注生活中与语文有关的现象和问题，以此作为选题进行研究。如"新近流行词汇的调查研究""广告词对学生识字的影响""电视屏幕上常出错的字""演员们读错的词统计研究"。

（3）学科联结式

语文课程内容包罗万象，与其他学科存在着千丝万缕的联系，常常可以从这个角度去确定主题。如沪教版七年级下册第一单元选的《山中访友》《溪水》《芦花》等写不同季节景色的文章，把语文与美术、音乐、地理等学科联系起来，师生可以把表现相关季节景色的诗、画、音乐放在一起去赏析和研讨。

2. 制定学习方案

一般来说，综合学习是以小组合作的形式来开展的，内容和过程都比较繁杂，为此应制定学习方案，以增强探究的目的性、计划性和科学性，保证其有效进行。制定学习方案一般应以学生为主，教师给予指导，对不合理的地方教师可以提出意见或建议。学习方案应包括选题名称、研究人员及分工、研究目标、研究内容与方法、研究的步骤及时间安排、预期的研究结果等内容。

3. 开展探究活动

这是整个学习过程中最为重要的一个环节。学生根据学习内容的特点，运用自主学习、探究学习、合作学习、实践学习等多种方式，以获得丰富而又积极的体验。教师要鼓励学生走出课堂，走出学校，走进社会，走进生活，开展调查、访问、参观、记录等实践活动，获得信息数据，并通过观察、调查、统计测量、查阅资料、协商交流感受和体验生动的现实生活，帮助学生发现新的问题，掌握新的知识和技能，培养其合作精神，发展其个性和特长。

4. 交流和分享探究成果

这个环节是综合学习必不可少的一个组成部分。交流的目的一是通过对探究成果的评价，激励学生更好地去参与学习，二是创造一个真诚对话和思维碰撞的平台，以使学生取得更大的收获。交流和分享的内容，不仅包括物化的研究报告、图片数据，更包括过程、方法及独特的体验。如在探究过程中遇到哪些困难，这些困难是如何克服的，克服困难的体验和感受如何等等。另外交流和分享的内容还包括对探究的批评意见和建议、自我反思和教训，这样可以相互帮助，取长补短。

（二）语文综合学习过程中的教师指导

由以上内容可以看出，语文综合学习打破了传统的课堂教学模式，体现出自主选择、自由结合、自主探究的特点。这又往往容易导致教师指导作用的缺失,造成学习活动的偏差和失控。事实上,综合学习不但需要教师的关注和指导,而且要求体现新的方式和特点。它要求教师转变角色:由知识的权威者转变为平等参与者和合作者;由教学的主宰者转变为学生学习的支持者和指导者;由课堂的实施者转变为课程资源的开发者。总之,它要求教师在尊重学生自主性的同时,适时引导,伺机点拨,适当监控,帮助学生调节和改进学习。

第一,在确定探究主题和制定学习方案阶段,教师要切实利用课堂教学来激发学生的兴趣,培养学生的动机和问题意识,扩展和迁移出有价值的问题进行探究,同时扩展课程资源,创设问题情境,提供必要的条件和范例,指导和帮助学生选择适合自己的主题。教师还可以对方案提出意见或建议,帮助学生修正和改进。

第二,在开展探究活动阶段,教师的指导主要表现在思路引导、方法指导和心理疏导上。学习中学生难免会遇到各种各样的困难或障碍,教师要及时关注,鼓励学生克服畏难心理、大胆探索、独辟蹊径、开阔思路,为学生提供观察、实验、调查、考察、访谈、搜集整理资料和撰写研究报告的基本方法和策略,指导合作的方式和技巧,确保学习活动沿着正确的方向持续前进并收到实效。

第三,在交流和分享探究成果阶段,教师要引导学生选择和确定恰当的呈现方式表达自己的体验和感受,交流探究成果,进行全面的总结和评价。教师在指导学生进行评价时,要激发学生对探究过程和目标的反思,引导学生整理、总结自己的体验和感受,注重语文实践能力、探究方法和创新精神的提高与发展。

【实践案例】

过出民族节日的传统味儿来

——以六年级《语文综合学习》(实验本)第一课为例

【案例描述】

第一阶段是阅读感受。(1)读本单元的诗文,感受传统节日的文化内涵。阅读《北京的春节》《端午歌谣》《十五夜望月》《阳关曲》,了解文本中所描绘的传统节日活动;(2)制定活动方案,确定研究内容,让学生自愿组成研究小组;(3)调查一年中所过的传统节日,通过调查、采访和查找数据、填写表格,让学生对中外节日有一个初步、整体的了解;(4)调查班内同学喜欢过什么节日,然后填写表格。让学生了解班内同学喜欢哪些节日,了解学生对传统节日的看法和态度;(5)根据研究内容让学生自愿组成研究小组,拟订小组活动计划,按活动主题确定小组成员,选出小组组长,确定活动过程并组内分工;(6)根据活动需要,指导学生制定活动方案。

第二阶段是体验生成。指导学生在课外通过多种途径搜集有关资料。(1)访问家中的长辈,了解他们以前是怎样过传统节日的;(2)利用网络和图书馆,查找相关数据,了解传统节日的相关传说、风俗、活动;(3)找与传统节日相关的诗文读一读;(4)组内信息交流,并对数据进行整理;(5)组内讨论交流自己的发现,完成研究报告。

第三阶段是成果展示。(1)各小组交流各自活动的过程;(2)课堂表达,让学生选取自己喜欢的一个传统节日并描述自己是如何过这个传统节日的;(3)再读文本,体会文本表现了传统节日中的哪些活动;(4)比较与发现:如何把传统节日过得更有传统味儿;(5)课后各小组完善研究报告。

【教后反思】

从课例设计的展现形式来看,它分为三个阶段,即阅读感受、体验生成和成果展示。(1)阅读本单元的诗文,通过让学生了解文本中所描绘的传统节日活动,确定了研究主题;(2)学生先调查一年中所过的传统节日,调查班内同学喜欢过什么节日,再自愿分组,明确分工,形成自己的活动方案,这是学习方案制定阶段;(3)学生通过多种途径收集相关数据,组内交流信息,讨论后完成自己小组的研究报告,这是具体地开展探究活动阶段;(4)学生通过组与组之间的交流完成探究成果的分享。这个课例是这样展开的:首先,通过再读文本(六年级《语文综合学习》第15至24页),明确文本中所描绘的传统节日活动,然后分组展示活动成果,共分为四个小组,即元宵节小组、中秋节小组、端午节小组和春节小组,每个小组组长介绍成员的分工情况和研究情况,其他小组进行评价并补充。其次,教师总结每个节日的由来,让学生说一说自己过节时的的心情。最后,师生通过比较与发现,完善"让传统节日过得更有传统味儿来"的小组研究报告。其中还有学生提出了"通过全国立法机关给传统节日立法来保证传统节日更有传统味儿"的见解,这说明语文综合学习使学生变得越来越有思想,越来越有用自己的头脑进行独立思考的意识。

三、初中语文智慧课堂提高学科育人实效性的行动研究小结

综上所述,初中语文学科育人具有一种天然的优势。第一,"文道统一"是中国传统教育一直坚持的做法。"教文育人"是贯穿语文教学的一条鲜明的红线,语文课要充分体现"文道统一"的精神,在听、说、读、写训练中,结合思想教育,恰似春风化雨,渗入学生的心灵深处,实现教养与教育的和谐统一。第二,《上海市普通中小学课程方案》中提出了"以德育为核心,强化科学和人文精神的培养"这一课程理念,明确要求培养

学生良好的思想品德,改进德育的方式,坚持"行在知前,知行统一"的德育原则,加强实践环节,提高德育的针对性和实效性。第三,语文学科的本质特征决定了语文课程的工具性和人文性。文字和语言是人们重要的交际工具,也是人们学习、工作和生活的重要工具;是人类文化的载体,也是人类文化的重要组成部分。语文课程作为中小学阶段的一门基础课程,对学生基本学习能力的提高、人文素养和科学素养的形成、全面发展和终身发展起着奠基作用。

以此为基础,我们借用著名语文教育家于漪先生的一句话,来阐述三新学校共同体语文名师工作室对语文学科育人课堂教学实践的思考——胸中有书,目中有人。所谓胸中有书是指语文教师的学科专业精神;所谓目中有人是指语文教师在教学时要充分尊重学生的主体地位。

(一)胸中有书

1. 寻找语文教学的核心价值,发展学生的思维认知

语文课堂教学实践的"内容意识",有助于语文教学回归根本。面对一篇课文教师本应该冥思苦想"教什么",但在实际的备课活动中,教师往往没有耗费大量时间去研究教学内容,而是从一开始就陷入教学方法之中。在"教什么"还拿不定的时候,一心去设计有新意的"怎么教"。从"怎么教"入手去解决"教什么"的难题,造成了语文教师大量的无效劳动。我们认为一节好的语文课,主要标志是教学内容正确并使学生有效地获取相关经验。在这一前提下,课堂组织漫散一点,教学中出现一些弯路插曲,都是常态,无伤大雅,语文教学的课堂形态可以相对宽松。同时,树立语文教学实践的"内容意识",还有利于教师反思自己想教与实际所教之间的关联,审议自己所教与学生实际所学之间的关联,反思和审议自己想教、所教、学生实际所学与语文课程目标的关联。即:(1)教师想教什么——教师实际在教什么——学生实际在学什么;(2)语文课程目标——教师想教什么——学生的实际情形。

所以,我们认为语文课堂教学实践的"内容意识"应该成为语文课堂教学研究的主要任务。阅读教学——现代文阅读三类文体核心问题的确定。(1)说明文:概括说明对象及其特征、说明方法的判断及其作用、说明语言的准确性和说明顺序;(2)议论文:概括中心论点或分论点、论证方法的判断及其作用、论证结构、议论语言的逻辑性、论证思路分析和论据分析;(3)记叙文:修辞句的判断及其表达效果、描写方法的判断及其作用、因果关系理解、概括事件或情节及其特征表现、记叙顺序的判断及其作用、段的作用、人物形象分析、主旨或写作意图。

2. 探究课堂教学的育人途径,形成有效的学科经验

阅读教学方面。挖掘文章内在的思想性,揭示其蕴含的深意;重锤敲打关键词句,

使它们迸出耀眼的火花;变换提问的角度,选择最佳切入口,激发学生的感情;创设情境,带领学生置身情境之中,使他们耳濡目染,受到熏陶;联系、扩展,增添感情浓度,余音缭绕。

语文综合学习方面。应注意过程设计和教师方法指导。

作文教学方面。作文写作内容由关注个人转变为关注他人。厘清作文的本质就是做人。对于学生来说,就是"要说好话,做好事,做好人,写好文"。

（二）目中有人

1. 语文教师的平常心——这是语文学科育人的自我定位

尊重差异,是一种常态。每个学生都有自己的特点,不可能都是天才,不可能都很聪慧。学生的自身条件和家庭条件不同,知识积累情况也会不同,这是一种常态。

教师不能去埋怨,否则问题会更大。教师一定要去了解学生,对学生用心。教师既要对学生有耐心,也要对学生有信心。在"享受学习"中,让学生逐渐学会做人、学会求知、学会做事。

2. 关注教学过程——这是对学生最基本的尊重

学会设计问题,这是提高语文学科育人有效性的根本出路。语文的教学过程,主要是一个培养学生学习能力的过程。教师要关注学生的学习经历,凸显语文学科的文本价值。问题的拾级而上体现了课堂的结构、层次。教师要带领学生沉浸文本,品味顿悟,让学生学会、会学和会用。其中,学会是指教师引导学生在学习过程中利用事实依据和自己原有的知识结构,通过独立的认知实践活动自己掌握基础知识、形成基本技能、提高思想认识水平;会学是指学生在自己学会的过程中逐步掌握并积累必要的观察方法、思维方法、学习方法;会用是指学生能将学到的基础知识、基本技能、学习方法迁移到新的学习或生活情境之中,做到活学活用。

教师在课堂教学实践中要引导学生通过自己的努力依次解决三大问题:知识从哪里来? 知识是什么,知识之间有何联系? 知识到哪里去? 教师要以学生的认知为起点来进行教学,只有这样才能让学生达到真正意识上的学会、会学和会用,才能培养学生的实践能力和创新精神。

3. 学生思维层次的深度标志着教学的高度

课堂教学的三个层次分别是规范课堂、高效课堂、智慧课堂。判断的标准分别是目标精确、内容精当（目中有人）、方法精准（心中有数）。这就是以学生的"原始理解"为教学的起点和依据。语文教师,相对于其他科目的教师而言,其课堂语言表达,更应凸显"汉语言文化"的独特魅力。就这一点而言,我们认为语文教师要力求用精练的语言、巧妙的教学艺术打动学生,激发学生,使学生在与老师表达的对比中深刻感受到语文令人回味无穷的独有张力。久而久之,教师颇有意蕴的表述习惯就自然地化成学生的习惯、效仿的模式。而榜样的力量定会让学生的表达彰显汉语的准确、深邃、精妙。

第二节　初中语文智慧课堂提高学科育人实效性的研究效果

一、确立了初中语文智慧课堂提高学科育人价值的基本前提

（一）确立基本理念

初中语文教育固然有其自身的学科教学目标,但是初中语文学科教学目标必须从属于教育的终极目标——培养全面发展的人。要把学生培养成为一个个大写的人,仅仅教给学生语文的知识、技能、方法,仅仅把初中语文视为学习的工具、交往的工具是远远不够的,仅仅把初中语文视为应试升学的工具、生存的工具更是可怕的。语文教育必须回归育人的根本,把每一个学生都培养成为有修养的文明人。培养可持续发展的有智慧的人,应该成为语文教育的根本任务和最终归宿。初中语文智慧课堂教育理念始终坚持育人为本,强调"工具性"是语文教育之基,"人文性"是语文教育之本,强基方能固本,固本方能立人。语文教育是养成的教育。要全面提升学生的语文素养,必须从学生学习语文的养成教育入手,从培养学生良好的阅读习惯、言说习惯、思考习惯、写作习惯开始。习惯源于细节,习惯源于积累,而好的习惯背后透视出的是思想、是哲学、是智慧。智慧课堂教育理念追求从大处着眼,从细节入手,向思想的深处进发,向精神的高度攀爬。只有智慧的教师方能培养智慧的学生,只有智慧的教育方能成就学生智慧的人生。教师必须用基本理念来指导自己的语文教学实践。

（二）建立目标体系

智慧课堂强调"做智慧教师,教智慧语文,育智慧学生",让师生的智慧在教与学的过程中得以开启、得以发展、得以丰盈。智慧课堂通过师生智慧的碰撞,带给学生成功的愉悦和幸福的体验,达成语文课堂融知识、能力、素养于一体的"三维目标",从而真正把教师和学生都发展成为有思想、有智慧、有境界的人。智慧课堂把语文学科教学特点融入每一课的课堂教学之中,并提出具体的教学实施建议。智慧课堂把育人目标进行类化和分解,其中,社会责任感是指课文的学习目标,实

践能力是指达标的手段,创新精神是指结合课文具体内容进行实践体验,表达学生自己的学习成果。限于篇幅,这里仅以沪教版九(下)的七篇课文为例进行说明,如表4-1所示。

表4-1　三新学校共同体智慧课堂初中语文九(下)育人目标与教学建议

教学内容	育人目标			教学建议
	社会责任感	实践能力	创新精神	
九(下)感悟生活 8.《清塘荷韵》	(1) 从"种荷""盼荷""品荷"中领悟生命的意义,表现对生命的讴歌和赞美 (2) 体会课文的多种表现手法,在理解"荷之韵"主题的基础上认识生命的力量	(1) 如果把文中的第4至5段删去,在表达上会有什么变化,请用心体会一下 (2) 学生搜集、交流与"荷"有关的诗文名句,体会"荷"的文化意蕴	请用正面描写和侧面描写相结合的方法,描写一种具体的景物来表达自己对生命的赞美	(1) 引导学生在诵读的基础上,品味语言,在此基础上把握作者的思想情感 (2) 引导学生学习本文的表现手法:动静结合、正面描写和侧面描写相结合
九(下)感悟生活 9.《沙原隐泉》	(1) 感受大自然的雄浑和壮美,领悟人生不断跋涉进取的意义 (2) 理解课文情、景、理融于一体的写法,体会文章所构成的深远意境	(1) 搜集鸣沙山、月牙泉和一幅绵绵沙山的实景图,使学生有身临其境的感受 (2) 抓住关键语段,反复品读,细细品味文章内容	(1) 本文作者用独特的视角和独特的感受描写了荒漠中的一景,请你运用类似的写作手法,描写一处校园景物 (2) 在班级中开展对某次社会实践活动的大讨论,让学生说一说自己的见闻和启示	(1) 引导学生抓住行程路径来品读课文,通过挖掘富含哲理性语句的内涵来准确把握文章主旨 (2) 引导学生从理解情、景、理三者关系角度体会文章所构成的深远意境

续　表

教学内容	育 人 目 标			教学建议
	社会责任感	实践能力	创新精神	
九（下）感悟生活 10.《故乡在远方》	（1）理解作者对几个故乡的情感，深入挖掘故乡的内涵 （2）通过欣赏文章语言给人以联想和想象的诗意美来领会作者四海为家、不断追求的生活理念，感悟生命的价值	（1）自读文中的景物描写并进行标记。看看作者是如何描写这些地方的。在阅读时，把你认为美的文字标记出来，读完之后，和我们分享你的感受 （2）深入品读，说说作者对"故乡"和"在远方"的理解	（1）思考：作者已经有了太多的故乡，但她是否停住了自己"流浪"的脚步呢？（"以后的日子，'我'也许还会继续流浪，在这极大又极小的世界上，寻觅着、创造着自己精神的家园"。作者还在行走，她的更多的故乡还在远方） （2）如果你现在正身处异乡，你应该对生活抱着怎样的态度（不断追求自己的人生价值等）	（1）引导学生诵读文中描写故乡的语段，体会作者情感的细微变化 （2）反复诵读课文最后一段，领会这一段对于全篇主题的升华作用
九（下）历史风云 11.《诗两首》	（1）通过学习诗歌内容，感受革命者不畏艰险、敢于斗争的英勇精神 （2）通过了解红军长征和渡江战役的历史事件，感悟新生活来之不易，培养学生的爱国情感和责任感、使命感	（1）搜集有关长征的文字、图片资料，组织学生观看反映长征的纪录片和故事片，加深学生对长征的认识 （2）回顾《老山界》《七根火柴》等课文，深入理解这两首诗的内涵	体会七律诗语言凝练、对仗工整和内涵丰富的特点，自己试着写一首七律诗，来表达热爱祖国的情感	（1）引导学生把握诗歌中的典故，通过反复诵读，体会诗歌语言的凝练和优美 （2）通过了解诗歌反映的历史事实，认识红军长征和人民解放军占领南京的历史意义，感悟新生活来之不易，增强学生的责任感

教学内容	育　人　目　标			教学建议
	社会责任感	实践能力	创新精神	
九（下）历史风云 12.《我们对香港问题的基本立场》	（1）知道我国对香港问题的基本立场 （2）通过学习本文准确、深刻而又具有鲜明感情色彩的语言来增强学生的爱国意识，激发学生的民族自豪感和使命感	（1）找出文中能够体现作者举重若轻、刚柔并济语言特色的句子，深入领会文章的深层内涵，领略一代伟人的风采 （2）搜集相关历史资料和作者的生平资料，加深学生对课文的理解	（1）开展讨论：中学生应该怎样严密、连贯、得体地表达自己的观点 （2）模仿文章思路结构写一篇议论文《我对初三语文学习方法的基本看法》	（1）从三个问题入手，引导学生从作者对基本立场的表述过程中了解作者的态度 （2）梳理文章思路结构，把握分写部分的观点，引导学生准确把握文章语言的深层含义
九（下）历史风云 13.《陈涉世家》	（1）读懂文章的内容：知道陈胜和吴广起义的原因、过程及其历史必然性 （2）学习本文运用对话来表现人物性格和材料处理详略得当的方法 （3）感悟陈胜和吴广心系天下的反抗精神，增强学生的历史责任感	（1）在理解各段内容的基础上，把握人物的精神品质：胸怀大志、有反抗精神、斗争决心坚定、富有政治远见 （2）明确材料处理详略得当对表现中心的作用 （3）反复朗读第二段内容，学习文言文规范的语言，培养良好的文言文语感	（1）积累古汉语通假字，掌握文中名词活用作动词的文言实词等文言现象，从学过的其他文言文中查找类似的词语，提高学生古汉语阅读能力 （2）思考：作者为什么把此次农民起义的发动者陈胜和吴广列入记录帝王事迹的"世家"这一部分	（1）在熟读的基础上，梳理文章结构，整体把握文章内容 （2）重点学习课文第一和第三自然段，在弄清故事内容的基础上，具体理解某些词语

教学内容	育　人　目　标			教学建议
	社会责任感	实践能力	创新精神	
九（下）历史风云 14.《答司马谏议书》	（1）学习王安石变法的坚决态度：反对因循守旧、主张革新、坚持把新法进行到底的斗争精神 （2）学习作者简明扼要地表达观点、针锋相对、有理有据、层层深入的写作方法 （3）培养学生对杰出人物的敬仰之情，激发学生积极向上的进取精神	（1）了解王安石变法的大致情况，帮助学生理解课文内容 （2）掌握文中重点实词的词义，理解句段的含义	以《我坚守的底线》为题写一篇作文，运用文章简明扼要地表达观点、针锋相对、有理有据、层层深入的写作方法	（1）在熟读课文的基础上，引导学生找出论敌的主要观点，体会作者针锋相对、逐层批驳的方法 （2）结合释义区别词性，结合具体语句分析来认识古汉语一词多义现象

（三）设计基本教学流程

关注学习过程，引导学生智慧提升是这一教学设计的核心指导思想。教学过程要充分呈现学生实践过程、发展过程。课上教师要给学生提供充分思考的机会，在听、说、读、写活动中引导学生发现问题、提出问题、呈现问题。教师要抓住课堂生成的教学资源引导学生深入阅读、交流，及时反馈，及时引导，通过多回合思维碰撞的过程，丰富学生元认知。教师要引导学生思维逐步发展，这样才能最大限度发现学生智慧，激发学生智慧，从而发展学生智慧。智慧课堂基本教学流程如表4-2所示。

表4-2　智慧课堂基本教学流程

教学过程	学　生　学　习	教　师　指　导	教　学　目　的	课堂状态
熟读课文 10分钟	了解作家	简介	知人	书声琅琅
	字词注音、释义	检查	字词积累	
	读熟、读顺	范读指导	朗读能力	
	主旨、结构、内容	提问指导	整体理解	

续　表

教学过程	学生学习		教师指导	教学目的	课堂状态
理解课文 10分钟	概括内容		巡视指导	自主学习	鸦雀无声
	分析手法				
	品读语言				
	探求主旨				
研讨课文 10分钟	学生交流：各抒己见		组织诱导	个性	思维碰撞
	学生争论：激发创见				
教师讲解 7分钟	学生质疑与疑难		精当	正确	洗耳恭听
	题目、结构、手法、语言		精深	深入	
	思想内涵或写作意图		广博	融会贯通	
布置作业 3分钟	知识能力拓展		督促批改	合作探究	尽力完成

注意：（1）把课备好，熟悉作家、熟悉课文、熟悉学生；（2）坚持自我，不要摇摆、不要盲从、不要虚假。

二、形成了初中语文智慧课堂提高学科育人价值的有效策略

（一）通过思辨性阅读教学提高学科育人价值的有效策略

1. 个性化阅读策略

语文阅读教学中，学生对于统一文本的兴趣、统一问题的认识可能是不同的，学法是各异的，表达也是有差别的。教师应为学生提供展示的平台，让学生在课堂上自由地思考，充分展示个性和智慧，能动地谋求自身发展，让每个学生就自己感兴趣的某一方面对文本进行品读、分析，让每个学生都有话说，都能感受文本，在学习过程中获得独特体验。比如，教师可以鼓励学生针对文本就自己喜欢的、擅长的或力所能及的某一方面进行品读或就文本所想到的感兴趣的某一话题进行分析，发表见解。这样的课堂，每个学生都有事情做，都有动力做，忙得不亦乐乎。阅读不是做广播体操，教师只有为学生搭建好平台，学生才能得到个性化的发展，共享、共鸣、共识、共进。教师要营造一种师生平等和谐对话的氛围，让学生在心灵深处产生震颤，进而迸发个性阅读的火花。当然，个性化阅读，强调的不仅仅是个性的理解，共性的理解也是绝对不能丢弃的。只有阅读者尊重文本，尊重作者，才能真正"我心知他心"，真正理解文本。

2. 问题探究策略

问题探究策略就是在问题探究中感受文学的魅力。王荣生教授说："语文教师，要教学生看不到的地方。"正是这些不为人留意之处，使语文教师无可替代。这样的点

拨,超越了学生认知水平,令学生深感信服。教师要提醒学生关注文本的细微处,暗示学生将人物放在大的社会背景下去理解,告诉学生千万不要犯"脸谱化"的错误。

3. 体验式阅读策略

体验式阅读教学,是指使阅读者充分发挥主体的能动性,用自己的情感态度对阅读内容进行深切的感悟,以获得真切鲜明的感受,从而深刻理解阅读内容,增强体验的教学。长期以来,鲜有人真正去实践"读书就是读生活",语文阅读教学改来改去,不是侧重在内容理解分析上,就是侧重在语言学习上。前者是内容学习,后者是形式学习,两者都忽略了产生材料内容和语言形式的本源性东西——丰富的社会实践和个性化的阅读主体。即便是偶有启发,启发的目的还是为了更好地完成系统的材料内容和语言形式的灌输,整个课堂实际上是封闭的,师生之间、生生之间缺乏真情实感的交流,读书内化,成为虚谈。

语文,因生活而灿烂,哪里有生活,哪里就有语文。然而,很多时候语文教学恰恰远离了学生的生活,教学内容局限于书本上、课堂里,没有融合鲜活、丰富的社会生活,单调、乏味,失去了生活的情境和乐趣。因此,语文教学必须打破学生书本世界和生活世界之间的界限,必须与学生的生活需要、精神需要联系在一起。

(二) 通过综合学习提高学科育人价值的有效策略

1. "问题—解决"策略

培养学生提出问题、发现问题、分析问题和解决问题的能力,是初中语文综合学习的重要目标。解决问题的方法是多种多样的,可以通过查找资料、调查访问、相互讨论等方法去解决问题;可以合作解决问题,也可以独立解决问题。主要分如下四个步骤。

第一,感悟问题阶段。在开展初中语文综合学习之前,可以邀请有关老师做专题报告、推荐资料。此阶段旨在让学生发现、找到与自己兴趣、爱好相关的探索课题。

第二,发现问题阶段。在这一阶段中,教师要做的是帮助学生发现自己想要解决的问题,引导学生提出解决问题的假设与预测解决问题的途径,同时根据问题的性质,将研究同一问题或近似问题的学生组织起来,组建研究小组。

第三,解决问题阶段。这是初中语文综合学习中"问题—解决"策略的核心阶段,即解决问题和体验活动的阶段。教师要引导学生通过访谈、上网、查阅书报杂志、问卷调查等方式获取资料,搜集和分析有关资料,根据收集的资料进行有条理、有逻辑的整理、归纳与判断,得出相应的结论;组织学生根据问题解决方案,按照预定的研究方法,选择合适的方法进行调查,获取调查结果;鼓励学生将通过收集资料、调查研究得到的初步研究成果在小组内充分交流,客观认识事物,认真对待他人意见和建议,逐步丰富个人研究成果,形成科学精神与科学态度。

第四,归纳结果阶段。在这一阶段,要把研究结果通过图、表、照片等形式展示出来,并将其汇总成报告,最后采取开辩论会、开指导教师主持的答辩会、开研讨会、搞展板、出墙报、编刊物(包括电子刊物)等方式进行交流或发表。

2."活动—探究"策略

初中语文综合学习充满探究色彩,语文活动的过程就是学习探究的过程。培养学生自主组织丰富多彩的语文活动的能力,培养学生综合运用语文知识探究事物的能力,是综合性学习的重要目标。在落实研究性学习的有关内容时,可由学生确定探究的问题,提出开展实验活动的假设,制订探究的活动计划,调控活动过程,总结探究结果,使语文综合学习过程成为学生自主、合作、探究过程。

例如,针对部分独生子女以自我为中心的现象,设计的旨在开阔学生视野、丰富学生内心情感的《关爱:生命里的阳光》语文综合学习,就使用了探究式活动策略。在课前准备环节,教师让学生搜集有关"关爱"的资料,与几个好朋友组织一次"春风行动",到敬老院做一天"爱心天使",同时,自己设计一份"你最喜欢什么样的朋友"问卷,在同学、老师、家长以及邻居中做一次简单的调查。这一课题的教学环节可以这样设计:其一,谈话引入,进入情境。让学生说一说、想一想、忆一忆、谈一谈自己得到的关爱。其二,合作探索,实践体验。先请学生讲最让自己感动的有关"关爱"的故事以及朗诵有关"关爱"的诗歌;再要求学生根据好朋友的需要,为他(她)做一件事,课堂不能展示的事情可用写纸条的方式告知好朋友。其三,表达交流,应用拓展。要求学生将自己或者小组经过实践、体验得到的收获进行归纳、整理、总结、提炼,之后相互交流、研讨。其四,教师引导学生共同评价。

三、总结了初中语文智慧课堂提高学科育人价值的落实方法

(一) 通过思辨性阅读教学提高育人价值的落实方法

《课程标准》对现代文阅读的目标要求可以细化为两个层次三个方面的内容。第一个层次:(1)把握文本的内容、作者的情感、作者的基本见解;(2)有个人的体验与发现。第二个层次:能赏析、评价文学作品,形成健康的审美情趣。

第一,关注四个主要教学环节。首先,读出文章的内容。目的在于培养学生概括文章内容的意识,通过概括文章内容的训练,使学生能从整体上把握文本,不至于使学生在理解内容方面出现偏差。其次,读出文章的精彩。目的在于使学生能深入文本,把握作者所描述的场景和作者的情感,使学生感悟作者的情感。再次,读出自己。目的在于使学生能够有个人的体验与发现,使学生对文本产生亲切感,读着作者的文章,就想起

了自己,使学生深入文章之中,在赏析文本的同时,与作者一起走进了一个健康的审美世界。最后,读出问题。目的在于使学生养成独立阅读文章的习惯,只有深入文本、发现问题,才能解决问题;只有主动思考,积极地寻找解决方法,才能不断地提高独立阅读文章能力。学生在课堂上所表现出的提问能力、主动解答问题的意识,使我看到了这样设计教学环节对学生阅读能力提高的作用。

第二,读文方法的引导。初中学生的学习习惯正在养成,对学生进行读文方法的引导是很有必要的,并且要将其贯穿到整个初中的阅读教学之中,这是学生养成独立阅读现代文能力的又一关键。教师先通过"导入新课"这一教学环节中"怎样才算读懂一篇文章"的问题设计,激励学生思考并说出自己的认识,再通过师生小结来回顾以前教师介绍的"读书三步法",即文章写了什么内容、怎样写的、为什么这样写,使学生对读文的方法有一个基本的认识,最后通过给学生介绍"读出自己,读出问题"这种新的读书方法,使学生消除畏难心理,使学生知道了书应该怎样读,对不理解的问题应该怎样探究,充分调动了学生读文章的积极性。这种"授之以鱼,不如授之以渔"的做法,体现了学生学习过程和方法的重要性。

第三,要养成学生"鉴赏者"的阅读姿态和阅读方式,坚决反对那种为了完成课后练习题式的"作业者"阅读倾向的引导。前者是将别人的东西当作自己的东西来感受,它注重体会作者的思想感情,尽可能与作者保持一致,与作者产生共鸣,并融入读者自己的情感体验与认识。后者是语文教师特有的一种备课样式的阅读取向,学生在学习中采用的是为了完成课后练习题式的阅读姿态和阅读方式,学生一直被培养的能力是围绕思考和练习分析课文的能力。这种姿态和方式的阅读,在教师为了讲课文的备课之外的其他场合,教师自己从来都不用。这种纯粹为了解题、应付考试的阅读其实不是真正的阅读。

（二）通过综合学习提高育人价值的落实方法

初中语文综合学习注重活动过程。综合学习的目标,并不是单指某种知识或能力的达成水平,而是提出一些学习活动要求,实际上主要指过程。《课程标准》把这种过程纳入了目标体系,要求教师在实际教学中,不仅要关注学习活动的结果,而且更应当关注学习活动的过程。过程是一个隐性的目标,有人把这个目标称为长远目标。专家提醒我们:"过程就是目标。综合学习过程就是听说读写整体发展过程。"从某种意义上来说,学生富有个性的学习过程比所要追求的结果更重要。

每次综合学习,学生都要经历一个学习活动的过程。因此,教师认真指导,安排好其过程是十分重要的。通常情况下,每次综合学习,教师都要提前一至两个星期布置,让学生有充分的时间探究有关的课题。具体的活动大致上可以这样安排:（1）自由组合,以4至6人一组为宜,组内有分工,个人职责明确,分别完成搜集资料的任务;(2)完成任务后组内交流、展示、互相讨论切磋;(3)补充完善,装订成册(或袋子);(4)上课交流、展示、评价;(5)写作;(6)评选优秀资料和优秀个人。通过这一系列活动的开展,让学生在过程中感受、体验。

注重活动过程,就是关注学生对学习活动的参与程度、参与态度。学生有强烈的参与意识和合作意识,主动、积极地投入其中,就为提高综合学习效率提供了有力的保证。这就要求语文教师重视学生调查、访问、查阅和收集资料等活动过程,鼓励学生多渠道获取信息、收集资料,帮助学生逐步掌握获取资料的方法与途径。

四、达成了初中语文智慧课堂提高学科育人价值的评价共识

(一)达成了教学评价共识

第一,处理好转变教学行为和课程目标的关系。教学行为是教学活动的形式,我们需要的是与课程目标统一的教学形式,而不是不考虑课程目标的教学形式。

第二,处理好过程和结果的关系。不要把教学过程仅仅视为学生获得知识结果的手段。过程本身就是课程目标。过程在学生获得体验、增强意识、掌握方法、发展能力方面具有不可替代的作用。而这些方面往往是解决问题的关键。

第三,处理好教学和教材的关系。课堂教学是课程实施中的第三次创造。课堂教学必须对教材进行再创造,课堂教学的创造主要是在教材基础上依据三维目标对教学活动过程进行设计。

第四,处理好教育理念和考试分数的关系。贯彻新的课程理念有利于从根本上提高初中语文测验的成绩。以为实现过程目标和情感目标会降低考试分数,实际上是一种误解。

第五,处理好讲授和探究的关系。讲授和探究是两种不同的教学方式,各有各的特点,各有各的局限性。它们功能互补,相互渗透,才有利于实现课程目标。

第六,处理好方法和知识的关系。方法的教学得到重视,这是一大改进,但把方法当成知识讲却是当前教学的普遍倾向。讲方法可以使学生理解方法,但未必能使学生自觉运用方法。方法的教学有自身的倾向性。

第七,处理好阶段性目标和终结性目标的关系。处理不好阶段性目标和终结性目标的关系,危害甚大。分步实施、逐步递进,才利于目标的全面达成。制订不同阶段的教学目标,才能提高教学效率。

初中语文智慧课堂对综合学习的评价认识的变化,如表4-3所示。

表4-3 初中语文智慧课堂对综合学习的评价认识的变化

智慧课堂实施前的评价	智慧课堂实施后的评价
重视探究环节的设计	重视探究行为的设计
关注探究的形式	关注探究的本质(特征)
只关注探究结论	同时关注探究中的初中语文素养
注重初中语文探究的实施	深化对初中语文探究的理解
构思探究教学的过程	思考探究教学的目标
孤立地看待初中语文探究教学	关注初中语文探究教学与其他教学方式的关系

（二）形成了四个维度的观察量表

四个维度观察量表的使用,大大地提升了初中语文智慧课堂课后反思的质量,为改进智慧课堂提供了切实保障,具体如表4-4、表4-5、表4-6、表4-7所示。

表4-4 初中语文智慧课堂观察量表一——学生学习的维度

时间：_____ 讲课人：_____ 评课人：_____ 课题：_____

视角	观　察　点	结果统计	评价反思
准备	（1）学生课前准备了什么,是怎么准备的		
	（2）学生准备得怎么样,有多少学生做了准备工作		
	（3）学优生、学困生的准备习惯如何		
倾听	（1）有多少学生能倾听老师的讲课,对哪些问题感兴趣		
	（2）有多少学生能倾听同学的发言,对哪些问题感兴趣		
	（3）倾听时,学生的辅助行为（记笔记、查阅、回应）有哪些,分别有多少人		
互动	（1）学生有哪些互动行为,学生的互动行为是否能为目标达成提供帮助		
	（2）参与提问、回答的人数、时间、对象、过程、质量如何		
	（3）参与小组讨论的人数、时间、对象、过程、质量如何		
	（4）参与课堂活动（个人、小组）的人数、时间、对象、过程、质量如何		
	（5）学生的互动习惯如何,出现了怎样的情感行为		
自主	（1）学生自主学习的时间有多少,有多少人参与,学困生的参与情况如何		
	（2）学生自主学习的形式（探究、记笔记、阅读、思考）有哪些,分别有多少人		

续　表

视角	观　察　点	结果统计	评价反思
	（3）学生的自主学习是否有序,学生有无自主探究活动,学优生、学困生的参与情况如何		
	（4）学生自主学习的质量如何		
达成	（1）学生是否清楚这节课的学习目标		
	（2）预设目标达成有哪些证据（观点、作业、表情、检测、成果展示）,有多少人达成预设目标		
	（3）这节课生成了哪些目标,效果如何		

表 4-5　初中语文智慧课堂观察量表二——教师教学的维度

时间:_____　讲课人:_____　评课人:_____　课题:_____

视角	观　察　点	结果统计	评价反思
环节	（1）本节课由哪些环节构成,是否围绕教学目标展开		
	（2）这些环节是否面向全体学生		
	（3）不同环节的时间是怎么分配的		
呈现	（1）怎样讲解,讲解是否有效（清晰、结构、契合主题、简洁、语速、音量、节奏）		
	（2）板书是如何呈现的,是否为学生提供了帮助		
	（3）多媒体是如何呈现的,是否适当,是否有效		
	（4）教师在课堂中的行为和动作（走动、指导）是如何呈现的,是否规范,是否有利于教学		
对话	（1）提问的次数、知识的认知难度、教师的候答时间如何,提问是否有效		
	（2）教师回答的方式和内容如何,回答是否有效		
	（3）对话围绕哪些话题展开,话题与学习目标的关系如何		
指导	（1）怎样指导学生自主学习（阅读、作业）,指导是否有效		
	（2）怎样指导学生合作学习（讨论、活动、作业）,指导是否有效		
	（3）怎样指导学生探究学习（教师给出探究题目并指导学生围绕探究题目自主探究）,指导是否有效		
机制	（1）教学设计与预设的有哪些不同,为什么,效果如何		
	（2）怎样处理来自学生或情景的突发事件,效果如何		
	（3）呈现了哪些非言语行为（表情、体态语）,效果如何		
	（4）有哪些具有特色的课堂行为（语言、教态、技能）		

表 4-6　初中语文智慧课堂观察量表三——课程性质的维度

时间：＿＿＿＿　　讲课人：＿＿＿＿　　评课人：＿＿＿＿　　课题：＿＿＿＿

视角	观　察　点	结果统计	评价反思
目标	(1) 预设的学生学习目标是什么,学习目标的表述是否规范和清晰		
	(2) 学习目标是根据什么(课程标准、学生、教材)预设的,是否符合该班学生		
	(3) 在课堂中是否生成新的学习目标,是否合理		
内容	(1) 教材是如何处理的(增、删、合、立、换),是否合理		
	(2) 课堂中生成了哪些内容,如何处理		
	(3) 是否凸显了学科的特点、思想、核心技能、逻辑关系		
	(4) 内容是否适合该班学生,如何满足不同学生的需求		
实施	(1) 有哪些预设的教学方法(讲授、讨论、活动、探究、互动),其与学习目标达成的关系如何		
	(2) 是否体现了学科特点,有无关注学习方法的指导		
	(3) 创设了什么样的情境,是否有效		
评价	(1) 检测学习目标所采用的主要评价方式是什么,是否有效		
	(2) 是否关注在教学过程中获取相关评价信息(回答、作业、表情)		
	(3) 如何利用所获取的相关评价信息(解释、反馈、改进建议)		
资源	(1) 预设了哪些资源(师生、文本、实物与模型、多媒体)		
	(2) 预设资源的利用是否有利于学习目标的达成		
	(3) 生成了哪些资源(错误、回答、作业、作品),其与学习目标达成的关系如何		
	(4) 向学生推荐了哪些课外资源,可获得程度如何		

表 4-7　初中语文智慧课堂观察量表四——课堂文化的维度

时间：＿＿＿＿　　讲课人：＿＿＿＿　　评课人：＿＿＿＿　　课题：＿＿＿＿

视角	观　察　点	结果统计	评价反思
思考	(1) 学习目标是否关注了高级认知技能(解释、解决、迁移、综合、评价)		
	(2) 教学是否由问题驱动,问题链与学生认知水平、知识结构的关系如何		

续　表

视角	观　察　点	结果统计	评价反思
	(3) 怎样指导学生开展独立思考,怎样对待或处理学生思考中的错误		
	(4) 学生思考的人数、时间、水平如何,课堂气氛如何		
民主	(1) 课堂话语(数量、时间、对象、措辞、插话)情况如何		
	(2) 学生参与课堂教学活动的人数、时间、水平如何,课堂气氛如何		
	(3) 师生行为(情境设置、叫答机会、座位安排)如何,学生间的关系如何		
创新	(1) 教学设计、情境创设、资源利用有何新意		
	(2) 教学设计、课堂气氛是否有助于学生表达自己的创新性思维,教师是如何处理的		
	(3) 课堂生成了哪些目标、资源,教师是如何处理的		
关爱	(1) 学习目标是否面向全体学生,是否关注了不同学生的需求		
	(2) 特殊(学习困难、疾病)学生的学习是否得到了关注,座位安排是否得当		
	(3) 课堂话语(数量、时间、对象、措辞、插话)、行为(叫答机会、座位安排)情况如何		
特质	(1) 整节课体现了教师哪些优势(语言风格、行为特点、思维品质)		
	(2) 整节课的设计是否有特色(环节安排、教材处理、导入、教学策略、学习指导、对话)		
	(3) 学生对教师教学特色的评价如何		

第三节　初中语文智慧课堂提高学科育人 实效性的思考与建议

上海市教委教研室主任徐淀芳同志在 2011 年 3 月 11 日"学科育人价值研究工作"汇报会上指出,中小学学科课程,不仅要有明确的研究对象、完整的学科知识体系、独特的研究思想方法,还要满足育人的要求。智慧课堂当然也不例外。

一、初中语文智慧课堂提高学科育人实效性的思考

叶澜教授指出,为实现并拓展现有学科的育人价值,要认识到学校教育中现有学科的独特价值在于育人,在于学生的发展。

(一) 初中语文智慧课堂应植根于学生精神文化

1. 把握学科课程的价值

语文是一个工具性、人文性学科。潘文国教授认为,语言作为一种世界观,一是一个民族构筑的世界图像,二是一个民族看待世界的方式。汉语和文字中,深藏着中国人的思想情感、认识世界的哲学视角、精神世界、生存方式。"文以载道"是所有优秀知识分子创作经典文学作品的根本出发点。重悟性、重含蓄,追求韵味,是中国人独特的思想方法。中国人自古以来就强调整体性思维,更长于整体把握。所以中国人在组织篇章语言的过程中,往往重视整体上的形合,重视语意和思维的连贯,重视内容的自然衔接和前后呼应。这些特质赋予了汉语与文字独特的育人价值,如悟性的滋养、整体性思维方式。就一门学科的育人价值而言,除了教学内容维度,我们还可以从教学方法与工具、教学过程、学科活动等维度去整体把握。任何一种维度的把握与解剖,都会为我们认识语文学科的育人价值打开一扇窗,都会促使我们立足学生个体生命的成长,去更好地把握学科课程的价值。

2. 把握学科课堂教学的价值

语言是文化的根,母语是民族文化的根。鲁迅先生曾说过:"汉字有三美:意美以感心,一也;音美以感耳,二也;形美以感目,三也。"这么优美的语言文字本身就是民族的骄傲。把语言文字看成是一种纯粹的工具,认识就会进入误区。学好语文是为了正确地表情达意。情和意是语文特有的人文内涵。语言文字承载着民族的文化,蕴含着民族的情结,体现着民族的智慧,包含着民族的思维方式。所以要学好语文,绝对不是抄几个词或者进行一些机械训练就可以的。只有既抓语言文字的表达,又抓情和意的提升,表达正确,情意丰富,才能学得好。学语文,语言文字的表达、情和意的提升,二者是分不开的。课堂教学教文育人,可以提升教师自身素养。因为教育的本质是育人,所以在教育实践中必须教文育人,而要实现这一目标,就要提升教师自身素养。现在的学生面临着丰富而复杂的文化现象,因此教师要注重学生文化判断力的教育,要使学生正确认识、判别、取舍各种文化现象。教师必须引导学生学习先进文化,培养他们的文化判断力。学校、教师必须重视学生的文化生活,为学生营造积极向上的文化氛围。教师要让学生在接受与体验文化的过程中对文化信息进行识别与取舍、评价与更新,帮助学生从民族优秀文化和人类优秀文化中汲取养料。学生一旦有了正确的文化判断力,就

更容易接受先进文化,朝着理性和德性的文明方向发展。

（二）初中语文智慧课堂必须依靠思维培养

1. 语言能力是思维能力的体现

语文实际上是陪伴人一生的。一个人的语言组织能力很强,讲的话很恰当,他就能讲到人的心里去。这其实不仅仅是语言问题,还与这个人的文化素养有关。一个语言表达清晰的人,他的思维一定是清晰的。如果他的思维不清晰,那么他说出来的话、写出来的文章就会杂乱无章。语言和思维是紧密联系的。语言和人的情感思维同时产生,密不可分。语文为什么难学？因为语文要学好关联到人的认识水平的提高、情感世界的丰富、视野的开阔、知识的积累。语文学习过程不是一个机械操练的过程,语言能力体现了学生的思维能力。

2. 逐步培养学生的思辨阅读和写作能力

心理学研究结果表明,初中阶段学生的思维发展迅速。一方面,他们的思维方式已经由再现性形象思维向着创造性形象思维的方向发展；另一方面,他们已经逐步学会了概念思维,并在此基础上,向着更高形态的辩证思维发展。这是中学生思维发展的一般规律。这一规律决定了中学生的思维心理已由被动接受、以识记具体形象为主要特点向主动感知、以理解抽象概念为主要特点转化。

一个人的辩证思维方式,不是生来就有的,而是在实践中通过努力学习逐步形成的。在初中语文智慧课堂教学中,语文教师要充分树立以下教学观念：第一,一切正确反映了客观现实的文章,必然自觉或不自觉地遵循了辩证法规律,其中必然包含着辩证思维的因素,引导学生积极思考、挖掘这些因素,既有助于培养学生的辩证思维能力,又有助于深化学生对课文的理解。第二,一些文章包含着若干辩证思维的因素,但又有某些不足。引导学生研究这类文章中的辩证思维因素和不足之处,并有针对性地剖析观点,有助于提高学生的辩证思维水平。第三,在教学中,有时学生的某些认识背离了辩证思维,具有主观性、片面性、表面性。教师可以此作为"反面教材",引导学生深入思考,辩析正误,提高学生的辩证思维能力。由于这些非辩证思维的实例,存在于学生自己身边,甚至存在于学生自己头脑中,因而有关的讨论能引起学生更大的兴趣,给学生留下的印象也就格外深刻。切切实实地经历几次这种由非辩证思维到辩证思维的苦苦思索过程,有助于提高学生的思想水平。第四,每篇文章都是作者在特定历史时期、特定历史条件下对现实生活反映的产物。引导学生研究今天如何正确认识这些文章所反映的生活,有助于提高学生的辩证思维能力。以上阐述了在阅读教学中培养学生辩证思维能力的四种情况。实际上,可以进行辩证思维训练的材料俯拾皆是,何止上述几个方面。教师应当"有意为之",抓住适当的材料和时机,精心设计,予以实施。更为重要的是,教师应用辩证思维看待教学过程中的一切问题,在讲解教材、评价学生发言等方面,都力求成为辩证思维的榜样,使学生得到潜移默化的影响。

在具体的方法落实上可以参考以下做法:首先,课前结合阅读,"寻点"训练。"寻点"是指教师在指导学生阅读找出教材中蕴含的辩证思维因素的基础上,有的放矢地激发和训练学生的辩证思维。其次,课堂上结合争辩,点拨诱导。由教师组织学生针对有辩论意义的问题展开辩论,以探求正确答案。最后,课后走进生活,发散思维。

《课程标准》突出了语文教学的实践性特征,指出语文实践能力要通过多种形式、多种渠道的语文实践活动来培养。这就是说,真正的语文课不是知识课,而是实践课。写作能力是学生语文综合能力的一个重要方面。从思维的角度来看,学生在写作过程中,必然要综合运用形象思维、抽象思维、辩证思维、直觉思维、相似思维、创造性思维等思维方式。在这些思维方式中,辩证思维是极为重要的一种思维方式。尤其是在话题作文的写作中,辩证思维更是作用显著。因此,教师要有意识地在作文辅导中培养学生的辩证思维。

二、初中语文智慧课堂提高学科育人实效性的建议

学生的文化学习过程也是其智力发展和道德成长的过程。教学内容中的学科知识,应该成为学生精神成长和德性发展的基础。基于此,我们提出以下实施建议。

(一)初中语文智慧课堂实践路径的建议

注重文本解读和教学过程的建构。在文本解读方面,教师在进行阅读教学备课时,必须读厚教材,先读进教材再读出教材。所谓读厚教材,是指教师要通读教材,正确把握教材的特点和编写意图,大量搜集和查阅与教材相关的资料。所谓读进教材,是指教师自身要努力沉浸到文本中去,对文本倾注感情,努力透过文字读出文本背后的内容。所谓读出教材,是指教师从教材出发,进行拓展延伸,体现了教师处理教材的能力和教师的教学智慧。在教学过程的建构方面,教师要精心设计教学活动。一是研读文本要深思。如果教师自身没有对文本进行深入研读,课堂教学的目标定位就可能会出现偏差,教学的重难点就可能无法突破,教学的内容就可能流于肤浅。二是教学设计要精思。教师要从课标、教材出发,明确课堂教学目标和学习重点;从学生学情出发,确定教学起点;从问题出发,精心设计教学环节。三是教学之后要反思。教师要善于总结经验,不断提升形成理论,并在实践中不断改进。倾力打造智慧课堂,实现初中语文学科的育人价值是我们的不懈追求。

(二)总结经验并促进成果向外辐射的建议

加强"教、学、研"备课组建设。根据教师平均年龄小的特点,三新学校共同体应加

强备课组建设,实行"备课组长轮岗制",即由学校指定一位有经验的教师担任大备课组长整体协调,其余教师轮流担任备课组长并负责具体事宜。让教师轮流担任备课组长,旨在提高备课组教师的责任感、团队意识和交流合作能力。它要求轮岗者在轮岗期间完成六个"一",即组织一次备课组活动;进行一次教材分析,讲清教材重难点;统一教学进度;布置每一天的分层作业;上一节备课组内公开课,并针对公开课进行说课、评课;组织一次单元测验与质量分析。"备课组长轮岗制",使青年教师在教研组挑起大梁。

教研组不仅应积极探索"学会学习、学会探究、自主发展"的课堂教学模式,让多种教育个性和风格在组内互相碰撞,互相激励,互相交融,还应鼓励教师随时探讨教学中遇到的新问题、新知识,交流学习中获得的新理念、新方法,主动奉献个人所长,虚心学习他人所长,形成良好的"教、学、研"氛围。

在教研活动中,教师们总结出自主学习、情境创设、讨论交流、学科整合、合作学习等策略,各校教研组也初步总结出许多具有学科特色的策略,如:上外松外语文组的质疑解惑策略和阅读赏析策略、车墩学校语文组的散文类化教学策略、三新学校语文组的阅读专题策略和师生角色互动策略、华阳桥学校语文组的思辨性阅读策略、张泽学校语文组的读写结合策略和以读促写策略。教师们应通过反思撰写教后感、智慧课堂教学小结、案例、课例、论文等形式,诊断自己的教学思想和教学行为,促进成果向外辐射,提升教研组的组织绩效。

第五章　培养初中生高层次数学思维提高学科育人实效性的行动研究

第一节　培养初中生高层次数学思维提高学科育人实效性的行动研究

一、数学学科培养批判性思维提高学科育人实效性的行动研究案例和策略

（一）批判意识的培养

批判性思维的发生以批判意识为前提。有了批判意识，学生才会主动对事物进行批判性反思，有了适当的批判方法，学生才能进行有效率及有效果的批判性反思。

1. 摆正角色，营造和谐的课堂环境

在和谐的课堂环境中，学生求知欲旺盛，敢想、敢说、敢问，乐于思考和发表意见，这是学生发展批判性思维技能和批判精神的温床。为了培养批判性思维，教师必须热爱、信任、尊重每个学生，并刻意营造一个鼓励冒险、增强自信、气氛宽松的学习环境，营造一种敢于说话、敢于批判、敢于反思的学习氛围。为了营造这样一种学习氛围，我们在课题实践研究时坚持以下几种理念：发现错误能促进学生学习；不要求学生一开始就什么都能理解；好学生也应得到教师的帮助和反馈；每个学生都有成功的可能；学生的批判性反思会给教师带来新的想法等。如在对学生说话的时候，教师要把"你们"应当如何，换成"我们"应当如何，这样才能真正与学生打成一片，成为学生的知心人。当然，教师还要摆正自己的角色，教师只是一个引导者，是配角，学生才是课堂的主人，是主角。

2. 善于鼓励，注重培养学生的自信心

在这个多层次的批判网络中，教师是一个重要的组成部分，教师对学生的引导和鼓励是必不可少的。对那些数学思维能力较强的学生，教师在表扬肯定的同时，还要提出新的更高的要求；对那些数学思维能力较弱的学生，教师要耐心启发引导,鼓励他们多思考、多发现,只要他们有一点进步,教师就要给予充分肯定,以激发他们批判的欲望,培养他们学习的自信心。批判活动因为脱离常规、突破规范,或多或少有些怪异,最初还有可能不被人们所理解和接受。所以数学教师应该鼓励学生发挥想象力,支持学生某些脱离常规甚至有些荒唐的想法。比如在学习"图形的平移与旋转"时,教师要鼓励学生根据自己所学的知识大胆想象,发表自己的见解。

3. 引导质疑,激发学生有条件地反思和发现

学生批判性思维的核心是质疑。教师应引导学生质疑,激发和保护学生的质疑精神,即要求学生不唯书、不唯师、只唯实,不盲目崇拜权威,不迷信现有结论,在自己独立思考的基础上,敢于对教师、对教材、对其他来源的信息提出质疑。这里所说的质疑不是怀疑一切,而是批判性地接受课本上的或教师所讲的知识内容和思想方法。首先教师要引导学生就不会的问题进行提问。受年龄的影响,学生对知识的理解参差不齐,提出的问题有时很容易,有时又很难。无论哪种情况,教师都应鼓励。至于很难的问题,教师不能解决也很正常,教师应结合这个问题去学习相关知识,这就是所谓的教学相长。其次教师要鼓励学生质疑课本上的知识,尤其是一些解题的思路和答案。就算学生提出的质疑不完整,教师也应肯定学生愿意提出质疑的态度,以培养学生的批判意识,并给学生足够的思考时间,尽量让每个学生都能够参与并发表自己的见解。教师要鼓励学生自己发现问题、自己有意识地解决问题,慢慢养成自我质疑的习惯。

(二) 批判技能的训练

1. 基于纠错的批判,目的在于提高学生的辨析能力

批判性思维是高层次思维的一个重要组成部分,是创造性思维的基础。批判性思维以严密的逻辑推理对已有结果进行再次检验,从中发现可能的错误并加以改正,以找出较佳的解决方案。基于纠错的批判性思维培养探究是批判性思维培养的起点。我们主要以预初(1)班学生为实验对象开展基于纠错的批判性思维培养探究,通过教学内容进行教学干预,每节课的干预点一般不超过 4 个。在研究中,老师针对纠错课的任务设计,系统地将各类可能出现的错误展示给学生,用语言引导学生完成查错、质疑、反例变式这三个步骤。学生通过观察典型错误例题,总结所有可能的错误类型,学习系统的纠错方式,提高做题后检查时的纠错效率。

（1）纠错训练

【课堂片段1】

表5-1　六年级"有理数的四则运算"复习课课堂片段

典型错误例题	$5^2 = 10$　　　　　　　　　　　　$-3^2 = 9$	
	$-3+5\times2=4$　　　　　　　　　$-3\times(5-2)=-17$	
师：	以上四道题目是否有错误之处？若有错误之处，请说出错在哪里并改正	老师鼓励学生发表自己的见解并提示学生纠错的三个步骤
生：	七嘴八舌。已有部分学生指出错误之处	多数学生愿意参与，已经表达出自己的想法
师：	环顾全班，看看是不是每个学生都参与了。过了一段时间后，点名让学生回答	老师有意识让多数学生都参与
生：	被点名的学生纷纷起立回答并对错误之处进行改正	学生可以对错误之处进行适当的优化

设计意图：设计这一环节，首先是为了提高学生对纠错的参与热情，较为简单的题目使绝大多数的学生都可以回答，提高了他们的参与热情。其次是对已经教过的知识点进行梳理、总结，让学生可以更清楚地掌握正确的概念和方法。

当学生能够有条理地找出题目的错误之处，愿意表达自己的见解并改正错误时，就初步有了批判性思维。当学生回答错误时，教师既不能奉送"真理"，也不能听之任之，而应利用学生错误中的可利用因素，追问暗示，引导学生发现错误，及时纠正，即以学生错误答案为前提，推导出荒谬的结论，让学生在前因后果的矛盾中顿悟，从而逐步提高批判性思维能力。坚持订正作业的教学常规对发展思维的批判性也是大有裨益的。学生在订正作业的过程中，可以发现自己的错误并加以纠正。让学生互相批改作业，不仅可以让学生了解他们普遍存在的错误，还可以让学生对照自身，避免出现同样的错误。教师还可以让学生对容易出错的问题进行归类比较，自己总结相同点、不同点以及解决问题的关键所在。

（2）正反对比

注意运用正反对比，辨别概念差异，培养学生的判断力。初中数学中的正数与负数、常量与变量等都包含着对立统一的关系；加法与减法、乘方与开方等都是明显的对立统一的运算。运用正反对比，能引发学生的认知冲突，加深学生对概念的理解，培养学生敏锐的判断力，如学生常把"恒等变形"与"因式分解"混为一谈，就是因为搞不清楚"因式分解"的定义，故要加强对比练习。

（3）举出反例

数学中有些问题,若从正面讲,学生往往理解不透,甚至还会形成错误的判断。为了提高学生的识别和判断能力,教师教学时可突出反例。如,平行四边形定理推论的逆命题,许多学生都认为是正确的,但又无法证明,其实,它是一个假命题,只要举出一个反例即可说明。再如,有些学生在证明对角线相等后,即判断该四边形为矩形,实际上等腰梯形也具有这样的性质。因此在教学中,无论是否定学生的答案,还是指出学生作业中的错误,最具说服力、最有效的办法莫过于举出反例。

2. 基于优化的批判,目的在于拓宽学生的解题思路

思维批判性的高层次表现为思维论证性。思维论证性较强的学生不迷信书本,不盲从教师,而是耐心地探求足以进行某种判断的事实,寻求每一步的根据,去伪存真,最终正确揭示假设与结论之间的因果关系。我们主要以七、八年级学生为实验对象,通过七、八年级教材中的一些内容,特别是几何论证内容进行教学干预,在探讨解法合理性、严密性的过程中优化学生的思维方式。当然,学生思维具有发散性,学生的表现常常不在教师的意料之中,因此,一个旨在训练学生高层次思维的课堂,对老师基本功的要求特别高。教师一方面要引导学生表达自己的想法,另一方面还要判断学生表达出来的想法是否正确、适宜。我们以课堂为主,以课后学生反思日记为辅,鼓励学生提出问题并给出解决问题的最佳方案。

（1）对解题方法的批判

思维具有批判性意味着学生有能力评价解题思路是否正确,并对某种思路可能导致的结果加以判断。只有帮助学生树立正确的评价观,才能培养他们的批判性思维。教师可经常要求学生解释其解法的合理性,要求学生给出尽可能多的解法并对这些解法的优缺点进行比较,要求学生思考条件与结论之间的内在联系。对于一些学生能解决的问题,教师应组织班级或小组讨论,让学生通过自己的批判性思考获得一个问题的多种解法。

【课堂片段2】

如图 5-1 所示,在 $\triangle ABC$ 和 $\triangle A'B'C'$ 中,当 $\angle C = \angle C' = 90°$,$AB = A'B'$,$BC = B'C'$ 时,你能证明 $\triangle ABC \cong \triangle A'B'C'$ 吗?

① 学生动手操作,展示 6 种不同的拼法。

② 教师提问:以上 6 种不同的拼法都能拼合吗? 能拼合的关键是什么?

③ 教师追问:在能拼合的 4 种拼法里,如图 5-2 所示,你能证明哪几种?

④ 具体步骤:

a. 让学生说说图（1）的证明方法。

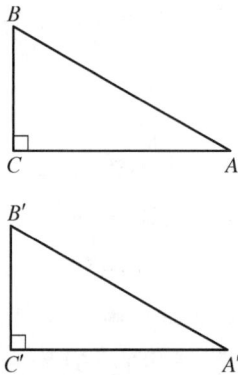

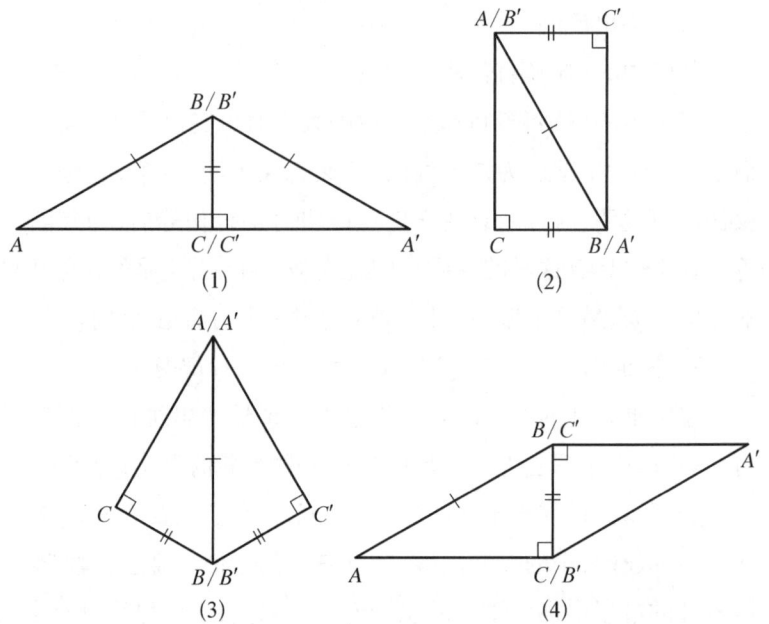

图 5-1   △ABC 和 △A′B′C′   图 5-2   能拼合的 4 种拼法

教师引导学生质疑：这位同学的证明过程，大家是否完全同意？（留一些时间给学生思考）"等边对等角"这个定理的前提是什么？△ABA′ 是三角形吗？证明 AA′ 是一条边也就是证明什么呢？怎样证明点 A、C/C′、A′ 在一条直线上？

b. 让学生说说图(3)的证明方法。

c. 图2、图4 中的两种拼法目前我们还不能证明，主要的困难在哪里呢？

师：由已知条件要想证明全等，只要再证明一个锐角或一条直角边相等就可以了。而这两种拼法没有创设出角相等或边相等的条件，所以目前还不能证明，留待以后解决。

设计意图：让学生体会"操作—猜想—验证—归纳"的知识形成过程，学习解决问题的常用方法。让学生懂得有些证明方法是可以借鉴的，并向学生渗透归纳、演绎等数学思想。在证明图(1)时，学生很容易忽视三点共线的证明方法，教师充分利用这一点，通过严密的几何推理，培养学生的批判性思维。让学生探究在给定了一条直角边和斜边后，怎样把一个三角形画出来，既强化了学生的动手能力，也增强了学生的团结合作能力。

（2）对教材内容的批判

华罗庚说过："学习前人的经验，并不是说要拘泥于前人的经验，我们可以也应当怀疑与批评前人的成果。"现代课堂教学要求"以学生的发展为本"，书本和教师都不是绝对的权威,都有不可避免的局限性,因此学生可以接受知识,接受指导,也可以挑战书本,质疑教师。实验中,当学生通过思考得出批判性结论时,教师可以引导学生比较自己的结论与书中的结论。如六年级第二学期在学习"异号两数相加"时,教材是这样概括的:"取绝对值较大的加数的符号,用较大的绝对值减去较小的绝对值。"而学生的概括是:"符号取大,两数绝对值相减。"学生的概括确实比教材的概括精练了许多。

【课堂片段3】

六年级第一学期"带分数加减法"例题4(3),教材是这样解答的:

$$3\frac{5}{12}-\frac{11}{4}=3+\frac{5}{12}-\left(2+\frac{3}{4}\right)=3-2+\frac{5}{12}-\frac{3}{4}=1+\frac{5}{12}-\frac{3}{4}=\frac{12+5-9}{12}=\frac{8}{12}=\frac{2}{3}.$$

在教材左侧还有另外一种计算方法:

$$3\frac{5}{12}-\frac{11}{4}=3+\frac{5}{12}-\frac{11}{4}=\frac{36+5-33}{12}=\frac{8}{12}=\frac{2}{3}.$$

生1在阅读教材后认为,这两种方法都不合理,用下面这种方法做更合理:

$$3\frac{5}{12}-\frac{11}{4}=3\frac{5}{12}-\frac{33}{12}=\frac{41}{12}-\frac{33}{12}=\frac{8}{12}=\frac{2}{3}.$$

老师问:你认为带分数加减法怎么计算更合理?

生1答:化成假分数计算。

老师追问:你们是否都认为带分数加减法化成假分数计算更合理?

(老师环视全班,几乎没有学生不认同)

老师出示题目 $3\frac{5}{12}-2\frac{3}{4}$,让学生尝试解决。

学生经过思考发现:带分数加减法计算时,一般将整数部分和分数部分分别相加减,若分数部分不够减,则从整数部分取出1。

设计意图:在对教材解答方法的研讨中,学生既批判了教材的解题方法,又批判了自我的狭隘想法。在这个不断批判的过程中,学生不仅认识到具体问题要具体分析,而且也提高了思维的广阔性。

(3) 对他人信息的批判

理论家把批判性思维界定为"对以前的公认标准进行评价的行为",强调对各种信息进行合理的批判。因此在教学中,教师要鼓励学生对他人信息进行多元评价,使学生不盲从他人。在讲课时,教师也难免会出错,学生要学会批判思考。

【课堂片段4】

六年级第一学期"百分数应用题"课堂片段

老师课前准备的题目讲完了,但离下课还有3分钟,老师临时出了道题目让学生练习:甲车、乙车同时分别从松江城东站和大学城站相对开出,甲车速度每小时40千米,乙车速度比甲车速度快20%,15分钟后甲车、乙车在途中相遇,问两站相距多少千米?一个学生看完题后很快列式计算得出答案22千米。正当老师准备往下讲时,另一个学生站起来说:"不对,老师,松江城东站和大学城站相距22千米,不符合实际情况。我妈在车站工作,她告诉过我,松江城东站和大学城站大约相距25千米。"更有一个细致的学生纠正道:"此题表达不严密,松江城东站和大学城站之间有好几条线路可达,应加上同一条线路。"老师这才回过神来,不想稍稍疏忽,就挨了学生的"批评"。老师随即纠正了错误,肯定了学生的"批评"。老师对学生的质疑予以充分肯定和赞赏,会极大地培养学生敢于独立思考发表见解的创新意识,有助于培养学生勇于挑战权威追求真理的精神。

3. 基于活化的训练,目的在于提高学生的批判质量

思维活动过程就是不断地形成思维障碍又不断地突破思维障碍的过程。受思维的肤浅性、差异性和思维定式的消极性等因素的影响,在解决具体问题时,学生的思维往往会阻滞在某个结点(如概念理解、逻辑规则)上。在数学活动中,教师要遵循学生的认知规律,善于剖析案例和揭示思维过程,引领学生独立、全方位思考,形成多元性思维、逆向性思维、变异性思维和创新性思维等,提升批判质量。

(1)仔细聆听,在换位思考中彰显个性

亚里士多德有句名言:"思维是从疑问和惊奇开始的。"有疑问才会有思考,有思考才会有创新。批判性思维讲究思维的独立性,强调个体经过自己的独立思考与辨别,得出自己的结论。但学生的特点是喜欢自我表现,有时某一内容其他学生已讲得很清楚,仍有些学生争着发言;有时学生批判的话题又会偏离中心。对此,教师可用以下方法训练学生:错位法,即要求学生仔细听取他人发言内容,思考"如果我来回答,我会怎样讲";差异法,即要求学生思考"他人与我的差异是什么""我会批判的是哪一部分,我不会批判的部分他人是如何批判的""我还要补充什么"。对一些共同讨论的问题,教师可鼓励学生使用"我从他人发言中学会……""本来我不会……""我建议……"等话语,讲出自己的观点。这样,通过比较,学生具备了抓住他人发言中心并进行批判的能力。不同层次学生的批判能力都提高了。

(2)优化形式,在多样结合中凸显效益

注意自我批判与互相批判的结合。自我批判能充分调动学生学习的积极性。由于经验背景不同,学生对问题的理解也常常不同,这种不同本身便构成了一种宝贵的资源。互相批判,是指学生通过相互交流,相互质疑,进行思想观点的交锋,以摆脱自我中心的思维倾向,深化认识,同时利用他人的想法激发自己的灵感,提出新的假设,培养自己的想象力、创造力。

注意即时批判与延时批判的结合。教学的魅力在于时机的掌控,有的评价需要即时,有的评价需要延时。在学生想出一种方法后,教师可以提出进一步的要求:"还有其他方法吗?"如果学生一下子想不出来,教师可以说:"相信你们经过仔细思考肯定还会有新的方法,课后你们可以把想出来的方法告诉老师。"课后,总会有几个学生又想出了新的方法。延时评价时,教师利用了学生的期待心理,对学生提出的或回答的问题不予即时评价,而是创设积极和谐的教学氛围,留给学生充足的时间和广阔的思维空间,激发学生乐于探索、敢于批判的斗志。

【课堂片段5】
八年级"二元一次方程练习"实践课片段

问题1:已知关于 x 的方程 $(k-3)x^2+kx+1=0$,求证:不论 k 取何值,方程总有实数根。生1回答:"要使方程总有实数根,只需要证明 $\Delta=k^2-4(k-3)\geq 0$ 即可。"大部分学生都同意生1的这种解法。针对学生由于思维定式而给出的错误解法,教师没有即时评价,只是微微一笑,然后快速扫视全班。教师注意到平时沉稳细心的生2似有疑问,于是问:"你是否有不同的见解?"生2怯怯而又肯定地质疑道:"老师,该不会是您出错题了吧?只有在 $k\neq 3$ 的条件下,这个方程才有实数根。"生2话音刚落,生1立刻反应过来:"是啊,我刚才的解法忽略了二次项系数不为零这个条件了。老师,难道您出错题了?"这时班中大部分学生都呈现出洋洋得意的表情并窃窃私语:"老师出错题了呢!"看到学生沉浸在"成功"的喜悦中,教师并没有急于评价,而是让学生自己找出"错误":"老师到底有没有出错题呢?先看看下面这道题!"

问题2:已知关于 x 的方程 $(k-3)x^2+kx+1=0$,当 x 取何值时,该方程分别为一元一次方程和一元二次方程,并判断此时该方程是否存在实数根。学生很快完成解答。因为问题1还在黑板上,这时有的学生已经明白了老师的意图,思维又转回问题1,开始了热烈讨论。生1忽然说道:"老师没有出错题,是我们错了!"老师微笑点头,请生1分析错误。生1解释说:"此题没有说给出的方程是一元二次方程。当 $k=3$ 时,方程就是一元一次方程,同样有实数解 $x=-1/3$,而我们在证明 $\Delta \geq 0$ 时要求 $k \neq 3$,不符合题目的求证要求。"教师追问:"你能细心观察,发现问题,勇于质疑,并通过类比联想,得出解决问题的正确方法。那么,请大家反思刚才的错误对于今后解题有何启示?"学生从思维定式及知识点的掌握等方面追根溯源,各抒己见,畅所欲言。

（3）逆向思维,在联系其他思维品质中获得发展

在数学教学中进行逆向思维训练,能拓宽学生的解题思路,促使他们的思维由单一型向发散型发展,有助于发展学生思维的批判性和创造性。逆向思维的基本特点是从已有思路的相反方向出发思考问题。它有助于克服思维定式,帮助学生寻求新的思路和方法,增强数学学习的趣味性。在数学教学中,教师可通过以下途径培养学生的逆向思维能力:利用公式的可逆性和概念间的互逆关系进行双向教学,帮助学生从题设问题的对立面寻求解题思路,对数学定理的逆命题进行判断和论证。

二、数学学科培养创造性思维提高学科育人实效性的行动研究案例和策略

（一）培养创造性思维的意义

数学教学不仅要传授知识,而且要培养学生的思维能力。数学思维能力是数学能力的核心,其中,创造性思维又是高品质数学思维,它是以感知、记忆、思考、联想、理解等能力为基础并以综合性、探索性和求新性为特征的高级心理活动。这种思维方式要求学生在遇到问题时,从多角度、多侧面、多层次、多结构进行思考,既不受现有知识的限制,也不受传统方法的束缚,探索多种方案和途径。创造性思维具有广阔性、深刻性、独特性、批判性、敏捷性、灵活性等特点。这里的创造性,不仅要看创造的结果,还要看创造的态度。创造性思维是未来的信息社会中,能适应世界新技术革命的需要且具有开拓创新意识的开创性人才所必须具有的思维品质。因此,在数学教学中,如何培养学生的创造性思维能力,是一个非常值得探讨的问题。

（二）培养创造性思维的策略

1. 开放式教学

开放式教学是指教师通过开放题引入,让学生在问题解决的过程中体验创造性数学活动乐趣的一种教学形式。开放题给学生提供了广阔的思维空间,为学生进行创造性学习提供了条件。开放式教学中的开放题一般有以下几个特点:（1）条件开放,得

出同一个结果需要不同的条件;(2) 结果开放,同一个问题可以有不同的结果;(3) 方法开放,同一个问题可以用不同的方法解决。只有教师的教学手段与方法开放,才能使学生的学习状态开放;只有教师抓住教学时机,营造开放氛围,才能使开放题真正起到开放学生学习状态的作用;只有让学生在开放的学习状态下审视问题,才能挖掘学生潜能,培养学生的创造性思维。而问题是数学的心脏。教师在课堂教学中要注重问题的开放性,以问促思,以问促变,以问促创新。著名数学家华罗庚教授年轻时曾在学校当教师,他特别鼓励学生向教师提问,总是想方设法让学生通过不同途径提问题并使学生在问题解决过程中获得喜悦、自信,从而对数学学习充满兴趣。著名教育家陶行知先生曾说:"发明千千万,起点是一问。"

2. 活动式教学

活动式教学是指让学生进行适合自己的数学活动,通过模型制作、游戏、行动、调查研究等方式,使学生在活动中认识数学、理解数学、热爱数学的一种教学形式。数学课堂上受知识内容和时间的限制,学生学数学的机会很多,但用数学的机会却很少,用数学的观点、态度、思维方法去观察日常生活中的数量关系和空间形式、用数学语言和数学模型描述实际问题的机会则更少。我们深知:"实践出真知,知识指导实践。"知识和实践是辩证统一的,两者互相制约又互相促进。因此,有计划有组织地安排数学活动课,不但能培养学生的创新精神,而且能培养学生的实践能力。数学活动课形式可以多种多样,如实践课、探究课、测量课、写作课、游艺课。数学活动课内容可从日常生活中挖掘,如银行储蓄存款利息的计算、球赛场次的安排、药液浓度的稀释、市场促销方式的选择、环境状况的测定和计算、广告图案的设计与绘制。我们发现,在数学活动课中,学生的情感、心理都处于积极状态,许多学生都发挥了他们的聪明才智,即使某些被认为较差的学生也显示出极大的热情和兴趣,积极动手操作、动脑思考、交流信息、观察分析、归纳概括、联想创新。

3. 探究式教学

探究式教学是指在教师引导下,以学生独立自主学习和合作讨论为前提,以现行教材为基本探究内容,为学生提供自由表达、质疑、探究、讨论问题的机会,让学生通过个人、小组、集体等多种活动形式,将自己所学知识应用于实际问题解决的一种教学方式。探究式教学,通常采用"发现式"的问题解决方法,引导学生主动参与知识的形成过程、规律的发现过程、问题的解决过程。这种教学虽然耗时较多,但是,磨刀不误砍柴工,它对于学生形成数学整体能力、发展创造思维等都有极大的好处。这种教学鼓励想象,教师作为学生想象力的开启者和引导者,只有通过行之有效的途径,才能最充分地把学生的这种能力调动起来,有效培养学生的形象思维。这是培养学生创造性思维的重要途径。培养学生的想象力,首先,要使学生学好基础知识;其次,应根据教材内容,创设想象情境,提供想象材料,诱发学生的创造性想象;最后,还应指导学生掌握一些想象的方法,如归纳、类比。著名的哥得巴赫猜想就是通过归纳得来的,而仿生学的诞生则是类比、联想的结果。

（三）培养创造性思维的案例

引入九年级第一学期数学教材第 38 页例题 6。

如图 5-3 所示,在 $\triangle ABC$ 中, $AB = AC = 10$, $BC = 16$,点 P、D 分别在 BC、AC 上, $\angle APD = \angle B$.

问题 1:若 $BP = 12$,求 CD 的长.

设计意图:通过学生已经熟知的问题引出核心知识"一线三等角"模型的概念和性质。这里运用了先概念后性质最后应用的数学研究方法。

问题 2:设 $BP = x$,求 y 与 x 的函数关系式.

这里为创造性思维培养提供了四个切入点。

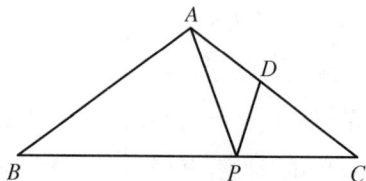

图 5-3 　$\triangle ABC$

第一个切入点:问题的提出

开始学生会认为题目出错了,因为没有指定的 y 变量。但正是这里的"错"让学生产生了好奇心。当教师问"谁可以成为 y"时,学生的思维逐步打开,CD、AD、AC、PC、DP、AP 等都可以成为 y。学生逐步意识到 A、B、C 三点是固定的,$BP = x$ 这个条件是为了限定 P 点的位置,又因为 $\angle APD = \angle B$,从而确定了点 D 的位置。这样一来,图中所有的线段都可以用 x 表示出来,包括 BP 和 AB。有创造性思维的学生还会想,如果图中所有的线段都可以用 x 表示出来,那么图中所有三角形、四边形的面积也可以用 x 表示出来,图中所有角的大小也可以用 x 表示出来(高中可以用反三角函数表示出来)。这样,学生的思维从一维发展到二维,创造性思维的发展主要来源于问题的开放。

第二个切入点:问题的求解

初看上面有很多问题,但依然可以将这些问题分为边、角、面积三类,然后分别对每一类问题进行思考。对边来说容易知道 $BP = x$,$CD = y$,因为 $AC = 10$,故 AD 可以设为 $10 - y$,换言之,只要能用 y 表示的量都可以设为 y,其他的线段则可以用 x 表示出来。相比边,用 x 表示图中三角形的面积就要复杂一些。如表示 $\triangle DPC$ 的面积,可以用三角形面积公式,但谁为底,高如何求,则需要比较三种方法。如表示 $\triangle ADP$ 的面积,除了用三角形面积公式和三角形相似得到外,还可以用 $\triangle APC$ 的面积减去 $\triangle DPC$ 的面积得到。平时学生在思考这些问题时,大多只思考了一种方法,这时其他方法对他来讲就是一种创新,所以创造性思维对个体来讲是相对的,个体想到的方法有别于他人就是一种创新。

第三个切入点：变式设计与练习

问题3：如果要把题目中的"点 P、D 分别在 BC、AC 上"条件改成可以分类讨论的条件，如图5-4所示，应如何修改呢？

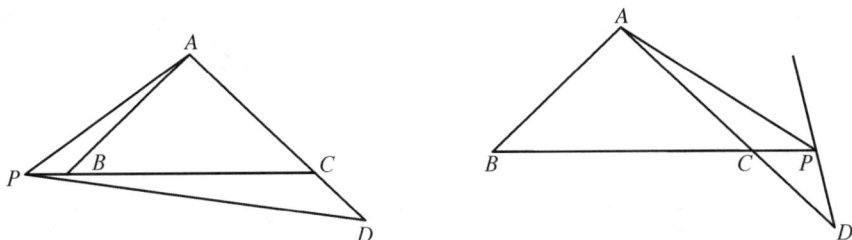

图5-4 问题3图片

设计意图：这里依然通过让学生回答半开放问题达到培养学生创造性思维的目的。但有别于问题2的思维角度，学生不仅要认识图形结构(点 P 和点 D 相互依赖)，还要具有整体性思维(点 P 可以在线段 BC 上，也可以在线段 BC 的延长线或反向延长线上)，然后才能用问题2中的思维方式和思维角度解决这个问题。

问题4：(1) 图5-5所示的图形中是否存在"一线三等角"基本图形？在什么条件下存在？(2) 是如何从图5-3变换来的？

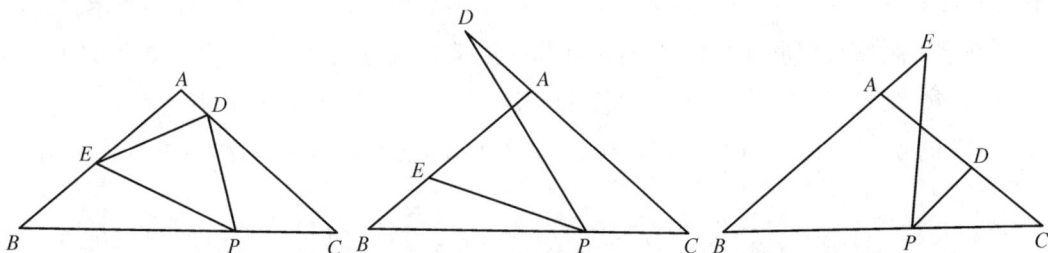

图5-5 问题4图片

问题5：(1) 图5-6所示的图片中是否存在"一线三等角"基本图形？在什么条件下存在？(2) 是如何从图5-3变换来的？

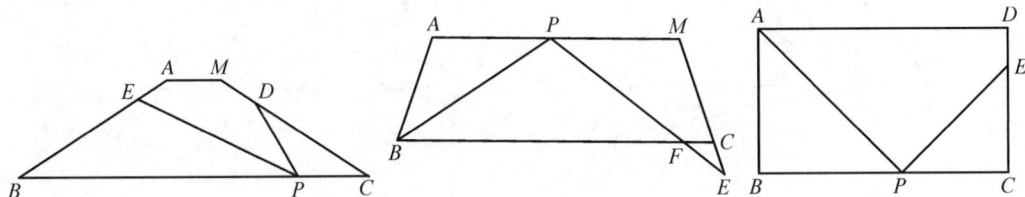

图5-6 问题5图片

问题6：如图5-7所示，在平面直角坐标系中，O 为坐标原点，$B(5,0)$，M 为等腰梯形 $OBCD$ 底边 OB 上一点，$OD = 2$，$\angle DMC = \angle DOB = 60°$．(1) 求点 M 的坐标；

（2）$\angle DMC$ 绕点 M 顺时针旋转 $\alpha(30°<\alpha<60°)$ 后得到 $\angle D_1MC_1$（点 D_1、C_1 依次与点 D、C 对应），射线 MD_1 交直线 DC 于点 E，射线 MC_1 交直线 CB 于点 F，设 $BF=x$，$DE=y$，求 y 关于 x 的函数解析式，并写出它的定义域.

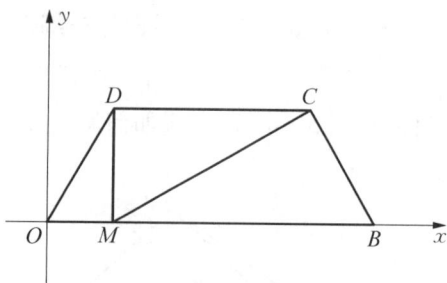

图 5-7　问题 6 图片（1）

设计意图：问题 3、4、5、6 改变了问题 1 的文字条件、图形结构、图形背景，既有利于加深学生对"一线三等角"模型的认识，又有利于开阔学生视野，拓展学生思维。问题 3、4 充分体现了思维的完整性和深刻性，问题 6 充分体现了思维的批判性和创造性。

由 $\triangle DOM$ 与 $\triangle MBC$ 相似得到 $OM=1$ 或者 4，应用了"一线三等角"模型的基本知识和方程思想。

第一类：当 $OM=1$ 时，因为 $OD=2$，$OM=1$，$\angle DOB=60°$，所以点 M 就是点 D 在 x 轴上的垂足。此时要证明 $\triangle DOM$ 是直角三角形，一种方法是先根据上述 3 个条件求出 $DM=\sqrt{3}$，再借助勾股定理逆定理证明 $\triangle DOM$ 是直角三角形，另一种方法是先作 DH 垂直 x 轴，算出 $OH=1$，再用同一法证明 H 点和 M 点重合，在这个过程中，需要学生具有批判性思维。如图 5-8 左图所示，因为学生质疑 $30°<\alpha<60°$ 这个条件的作用，教师便引导学生画旋转图形，而这也是解决问题的关键。因为 $\angle DMC=60°$，作 $\angle DMC$ 的平分线 MQ 交 DC 于点 Q，则点 E 一定在线段 QC 上（不包括 Q 点和 C 点），点 F 一定在线段 CB 的延长线上。此时 $\triangle DEM$ 与 $\triangle CFM$ 相似（$\angle MDC=\angle MCF=90°$，$\angle DME=\angle CMF$），所以 $\dfrac{DM}{CM}=\dfrac{DE}{CF}$，即 $\dfrac{\sqrt{3}}{2\sqrt{3}}=\dfrac{m}{2+n}$，$m=\dfrac{2+n}{2}$（$0<n<4$）。

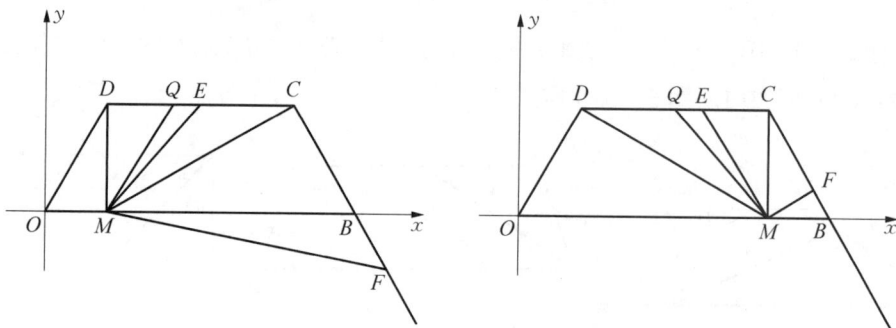

图 5-8　问题 6 图片（2）

第二类：当 $OM=4$ 时，如图 5-8 右图所示，作 $\angle DMC$ 的平分线 MQ 交 DC 于点 Q，则点 E 一定在线段 QC 上（不包括 Q 点和 C 点），点 F 一定在线段 CB 上。此时 $\triangle DEM$

与 $\triangle CFM$ 相似（ $\angle MDC = \angle MCF = 30°$ ， $\angle DME = \angle CMF$ ），所以 $\dfrac{DM}{CM} = \dfrac{DE}{CF}$ ，即 $\dfrac{2\sqrt{3}}{\sqrt{3}} =$

$\dfrac{m}{2-n}$ ， $m = 4 - 2n\left(\dfrac{1}{2} < n < 1\right)$ 。

整个问题的解决需要学生在分类的基础上进行高层次思维，既是知识的综合，又是思维的综合。知识的深度和广度与思维的高层次发展相互交织，螺旋上升。

第四个切入点：作业设计与解答

1. 如图 5-9 所示，在等边三角形 ABC 中，$AB = 10$，点 D 是 AB 的中点，过点 D 作射线 DE、DF，使 $\angle EDF = 60°$，射线 DF 与 AC 边交于点 F（点 F 不与点 A 重合），射线 DE 与线段 BC 的延长线交于点 E。（1）求证：$\triangle BDE \backsim \triangle AFD$ ；（2）求证：$\triangle ADF \backsim \triangle DEF$ ；（3）设 $CF = x$ ，$EF = y$ ，求 y 关于 x 的函数解析式，并写出它的定义域.

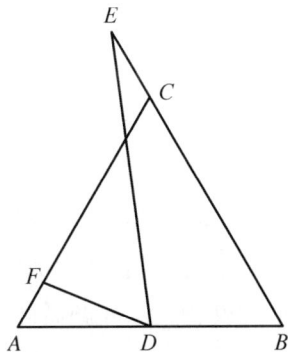

图 5-9　作业 1 图片

2. 如图 5-10 所示，在矩形 $ABCD$ 中，$AB = 4$，$AD = 6$，点 P 是射线 DA 上的一个动点，如果使三角板的直角顶点与点 P 重合，则三角板两直角边中的一边始终经过点 C，另一边交射线 BA 于点 E。（1）判断 $\triangle EAP$ 与 $\triangle PDC$ 一定相似吗？请证明你的结论；（2）设 $PD = x$，$AE = y$，求 y 关于 x 的函数解析式，并写出它的定义域；（3）是否存在这样的点 P，使 $\triangle EAP$ 周长等于 $\triangle PDC$ 周长的 2 倍？若存在，请求出 PD 的长度；若不存在，请简要说明理由.

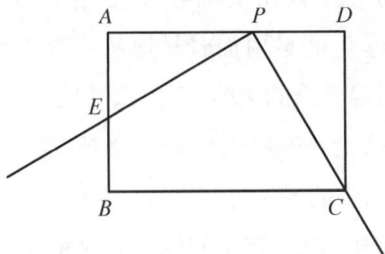

图 5-10　作业 2 图片

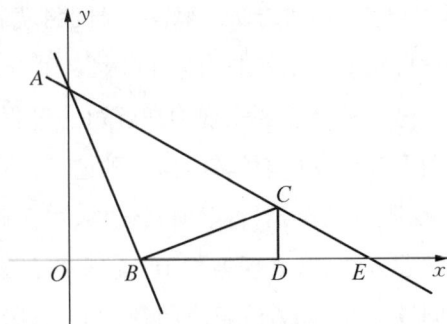

图 5-11　作业 3 图片

3. 如图 5-11 所示，在平面直角坐标系中，直线 AB：$y = \dfrac{4}{a}x + 4(a \neq 0)$ 分别交 x 轴、y 轴于 B、A 两点，直线 AE 分别交 x 轴、y 轴于 E、A 两点，D 是 x 轴上的一点，$OA = OD$，过点 D 作 $CD \perp x$ 轴交 AE 于点 C，连接 BC，当动点 B 在线段 OD 上运动（不与点 O、

点 D 重合)且 $AB \perp BC$ 时,(1) 求证: $\triangle ABO \backsim \triangle BCD$;(2) 求线段 CD 的长(用含 a 的代数式表示);(3) 若直线 AE 的方程是 $y = -\dfrac{13}{16}x + b$,求 $\tan \angle BAC$ 的值.

4. 请你用图 5 - 12 中的等腰三角形和母子型基本图形进行组合创新,编制一道有 3 小问的题目.

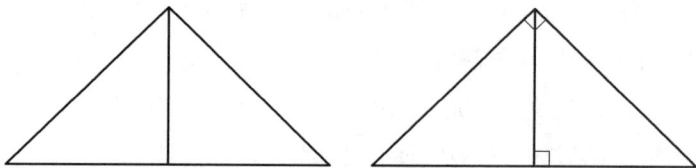

图 5 - 12　作业 4 图片

设计意图:初中数学高层次思维的培养必须以数学模型为载体,通过深入探讨,刺激学生的大脑,激发他们的创新潜力。在设计作业时,教师围绕"一线三等角"模型,改变问题背景和问题条件,逐步促进学生思维发展。第 4 个问题开放程度较高,有助于加深学生对模型的认识,培养学生的创新思维。

三、数学学科培养灵活性思维提高学科育人实效性的行动研究案例和策略

(一)培养灵活性思维的意义

灵活性思维是指学生在思维过程中能从不同的方面、不同的角度、不同的方向来思考问题,用不同的方法来解决问题。具体到数学学习上,灵活性思维是指学生能从不同的方面来理解数学概念,用各种方法来解答数学问题,甚至用多种手段来处理疑难问题。

数学思维的灵活性具有以下特征:第一,善于从不同角度思考问题,用不同方法解决问题。这一特征主要表现为在解题的过程中,学生能自由而轻易地从一个角度转向另一个角度,从一种途径转向另一种途径,不受固定思维的束缚,不固执己见,不拘泥陈规,善于摆脱思维定式,善于概括迁移,善于触类旁通,善于归纳,善于类比,善于联想。从数学解题方法看,表现为善于一题多解。数学思维的灵活性,使学习者善于从不同角度思考问题,用不同方法解决问题。第二,善于随机应变,转化问题。思维的灵活性即思维的不呆板性,是指学生善于多角度、多方位思考问题,能从一种解题途径迅速地转向另一种解题途径。思维的灵活性建立在思维的广阔性和深刻性基础上,并为思维的敏捷性、独创性和批判性提供保证。

(二)培养灵活性思维的实践研究

人们在工作、生活中,照章办事易,开拓创新难,难就难在思维缺乏灵活性。如何使

更多学生的思维具有灵活性呢？在教学实践中我们进行了一些探索。

1. 加强"双基"教学

"双基"教学，是形成学生数学思维结构的基础，是培养学生数学思维能力的基础和前提。数学知识由一些最基本的概念组成。在数学教学中，只有帮助学生建立清晰、明确的概念，他们才有可能自觉地掌握数学规律，正确地进行判断和推理，正确地进行各种计算，正确地解决各种数学问题。为了切实加强"双基"教学，逐步培养学生的数学思维能力，在教学中教师应努力做到以下两点。

第一，从具体感性认识入手，积极提高学生的数学思维能力。在教学中，从实物出发，让学生通过实物直观地感知事物，获得表象，最终形成抽象逻辑思维。这样既加深了学生对基础知识的理解，提高了教学效率，又培养和发展了学生的数学思维能力。

第二，从新旧知识的联系入手，积极提高学生的数学思维能力。数学知识有着十分严密的逻辑系统。就学生的学习过程来说，某些旧知识是新知识的基础，新知识则是某些旧知识的引申和发展。学生的认识活动也总是以已有的知识和经验为前提，因此，在课堂上，教师每教一个新知识点都应尽可能复习与之有关的旧知识点，引导学生运用知识迁移规律，主动获取新知识。

2. 加强一题多解训练

加强一题多解训练，是培养学生灵活性思维的一种有效手段。一题多解训练，能使学生把握知识之间的内在联系，提高学生应用所学基础知识与基本技能解决实际问题的能力，使学生逐步学会举一反三的本领。在教材安排的例题和练习题目中有相当一部分可以一题多解。

例如，要证明等腰梯形判定定理"在同一底上的两个角相等的梯形是等腰梯形"，除教材中给出的一种证法外，教师还可引导学生使用如图 5 - 13 所示的几种证法。

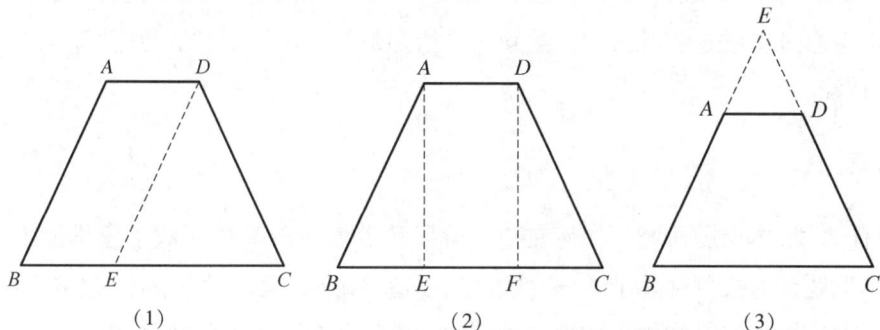

图 5 - 13　其他证法

其他证法一：如图 5 - 13(1)所示，作 $DE \parallel AB$ 交 BC 于点 E，可得 $\angle B = \angle DEC$ ，

又∵ $\angle B = \angle C$ ，∴ $\angle DEC = \angle C$ ，∴ $DE = DC$ ，又∵ $DE = AB$ ，∴ $AB = DC$ 。

其他证法二：如图 5－13(2)所示，作 $AE \perp BC$ 交 BC 于点 E，$DF \perp BC$ 交 BC 于点 F，由证明 $\triangle ABE \cong \triangle DCF$，得 $AB = DC$ 。

其他证法三：如图 5－13(3)所示，分别延长 BA、CD 交于点 E，由证明 $EB = EC$ ，$EA = ED$ ，得 $AB = DC$ 。

这几种证法分别用到了等角对等边、全等三角形的对应边相等、等式性质等证明线段相等的方法，体现了知识的纵向、横向联系。辅助线的添加也具有典型性，运用了解决梯形问题添加辅助线的一般方法。这种一题多解的训练，既加强了新旧知识的联系，又拓宽了证明思路，同时，还使学生的推理技能和图形处理技能得到了不同程度的提高。

3. 加强变式训练

加强变式训练，也是培养学生灵活性思维的一种有效手段。操作性条件反射学习理论认为，学习是通过强化获得的。强化又分为连续强化和间隔强化，获得的速度在连续强化下比在间隔强化下快。加强变式训练就是通过让学生连续强化学习某一个知识点，加深学生对该知识点的理解，改善学生的认知结构，提高学生的应变能力和数学思维的灵活性。

例如，在题目中变化结论，可以帮助学生深层挖掘题目含义并提高学生解决问题的能力。例如，已知直线 $y = 3x + 6$ 与 x 轴、y 轴分别相交于点 A、点 B，点 O 是坐标原点，求 AB 的长。该题可以有以下变式：（1）求 $\triangle AOB$ 的面积；（2）在 x 轴上找一点 C，满足 $\triangle ABC$ 是以 AC 为腰的等腰三角形，求点 C 的坐标；（3）在 x 轴上找一点 C，满足 $\triangle ABC$ 是等腰三角形，求点 C 的坐标；（4）在 x 轴上找一点 C，满足 $\triangle ABC$ 是直角三角形，求点 C 的坐标。

以上四个变式在题目条件不变的基础上，不断变化结论，帮助学生挖掘题目深层含义，让学生通过解题过程既巩固所学知识又增强对知识的理解，同时还提高了推理技能和运算技能。

四、结语

总体来说，本课题研究了如何在初中阶段培养学生的高层次数学思维能力。具体来说，本课题针对批判性思维、灵活性思维、创造性思维，通过任务设计、教学实践、反馈评估等途径，探索提升初中生数学思维品质的教学任务与教学策略，实现了三个方面的目标，即探索数学灵活性思维培养的教学任务与教学策略、探索数学批判性思维培养的教学任务与教学策略、探索数学创造性思维培养的教学任务与教学策略。

（一）以课例研究为抓手

根据一线教师的教学进度,针对初中阶段的重要课题,以设计研究为基本方法,展开课例研究。课例研究以某一种思维品质为主要目标导向,通过任务设计、教学干预、教学观察与评估,帮助教师在日常教学中,有意识地设计能提升初中生数学思维品质的教学任务,并实施相应的教学策略,从而实现研究和教学一体化。

（二）研究过程设计

课例研究的基本方法是设计研究过程,其基本流程是:首先,根据教学调查(如教师访谈、教学内容分析、学生前测)确定本课例在思维品质培养上存在的问题,从而明确教学目标;其次,根据教学目标进行相关分析准备,包括课例结构与逻辑分析、理论准备、学情分析,从而为任务设计确立基点;再次,聚焦教学设计中的具体教学任务,指向思维品质培养进行创新设计;最后,一线教师教学实施,研究者围绕任务目标进行教学观察和测试,并回到教学目标和任务设计等环节,进行相应的调整,最终生成课例。课例研究基本流程如图 5 - 14 所示。

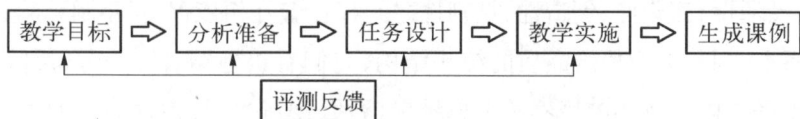

图 5 - 14　课例研究基本流程

（三）干预点设计

根据课堂结构中不同环节设计干预点。干预点明确指向思维品质培养。课堂结构干预点如图 5 - 15 所示(注意: 不是一节课中的每个点都要干预)。

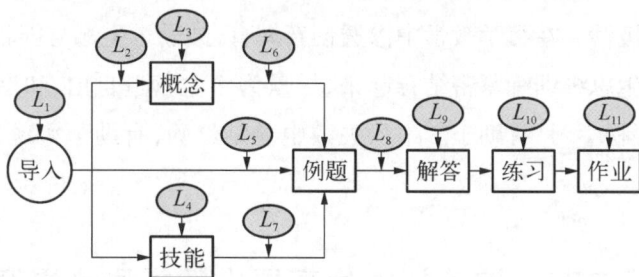

图 5 - 15　课堂结构干预点

（四）教学实施

实施设计好的教学任务,组织研究者和老师对设计好的教学任务的实施效果进行评测,并辅助前后测试、访谈等活动,对已有的教学任务与教学策略进行调整,对研究过程进行记录和分析。

（五）案例撰写

撰写案例，形成较为完整的案例或研究论文。基本研究框架如图 5 - 16 所示。

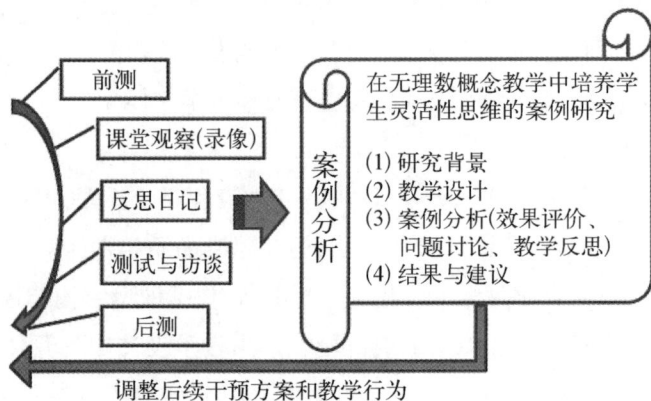

图 5 - 16　基本研究框架

数学思维品质的高低，直接关系到学生数学思维能力的高低。我们应当看到，思维的敏捷性、灵活性、深刻性、创造性、批判性之间存在着互相依存、互相制约的关系，它们紧密地联系在一起，形成思维品质的统一结构，它们有机地结合在一起，反映出学生的数学思维水平。以上所述的培养学生思维灵活性、创造性、批判性品质的做法，仅仅是为了探讨问题的方便，实际上，思维的灵活性、创造性、批判性等品质相互渗透、相互依存，是一个不可分割的有机整体。

实践使我们深深体会到：教学是一门艺术，而艺术的生命在于创新。只要教师创造性地教，就能促使学生创造性地学。学生思维品质的培养，并非一朝一夕之功，只有坚持把学生放在主体地位，不断优化教学结构、教学方法、教学手段，才能最大限度地调动学生学习的积极性。在数学教学中渗透创新教育，鼓励学生参与创新，把数学学科育人价值实现与学生思维训练紧密结合起来，尽量为学生营造自由、和谐、互相尊重的氛围，有助于学生轻松学习，有助于学生从失败中总结经验，有助于实现数学学科育人价值的最大化。

第二节　培养初中生高层次数学思维提高学科育人实效性的研究效果

通过这三年来的实践研究，课题组无论是在教学实践上还是在理论提炼上都取得了较为卓著的成果。具体包括以下几个方面。

一、学生高层次数学思维能力得到提高

通过分析参与教学实验的学生的相关数据,我们发现学生的高层次数学思维能力得到了明显的提高。这种提高主要表现为两个方面。一是具体解题的思维能力明显提高,接受针对性思维培养的学生在思考问题时思维更灵活、思路更宽广,提出的想法无论是在数量上还是在新颖度上都更具优势。二是在想象力、批判力、好奇心、意志力、学习兴趣等有助于提高高层次数学思维能力的非智力因素上,学生的表现得到极大提升。

以批判性思维课题组为例,学生在成长性方面表现突出。第一,敢于批判和否定,批判质量日渐提高。在数学活动过程中,学生能够自觉运用各种方法检验得到的初步结果,并能够在对归纳、分析等推理过程进行检验后进行适当的调整。在教学实践中,教师通过让学生做数学题目来帮助学生理解数学思想与方法,通过让学生参与丰富、生动的思维活动来帮助学生在批判的过程中批判性地理解数学,通过培养学生的数学观念、数学思想和开拓学生头脑中的数学空间来促进学生的全面发展。从实验班整体情况来看,课上发言的人数增加了,勇于批判的人数也呈上升趋势。从学生个体来看,班上一些较为内向的女生,在实验过程中,自信心增强了,时常主动举手回答问题,积极参与讨论。实验后,学生的批判质量有了很大提高,不仅表现在学生对理解性问题、发展性问题的批判能力有较大幅度的提高,还表现在学生形成了创新思维,不会简单依循着教师的思路进行思考。第二,乐于反思和优化,学业成绩明显进步。思维批判性较强的中学生还善于反思运算中的失误之处,重新进行计算与思考。无疑,这种学生在数学考试中的成绩有明显进步。批判性思维的培养既促进了学生各种能力的发展,也促进了学生学业成绩的进步。

二、教师教学能力得到提高

课题组参与教学的教师在三年内的转变是较大的,具体体现在以下四个方面。

第一,理念更为清晰明确。通过对课题组成员定期进行问卷调查发现,老师们关于高层次数学思维能力的理念逐步清晰、逐步明确。

第二,教法更为灵活多变。通过三年的实践总结,老师们积累了许多行之有效的教学策略,能够按照教学内容灵活、创造性地应用各种教学策略以达到培养学生高层次数学思维能力的教学目标。

第三,自身思维能力提升。教师长期研究提升高层次思维能力的教学方法,自身思维能力也得到不断提升。

第四,各子课题组成员收集了一批有价值的课例。这些课例既可以直接拿来用,也

可以起到范例的作用。课题组成员根据其中一些较为经典的课例撰写教学案例,并将其发表在省级及以上刊物上。

以批判性思维课题组为例,教师教学能力方面的转变如下:学生的批判性思维能力不断提高,促使教师在潜心钻研教材的同时,深入研究学生;学生的思维存在差异,课堂上各种状况层出不穷,促使教师不断学习教育学和心理学的相关知识,掌握进行批判性思维培养的科学方法。教师在教学和工作过程中时时进行反思和质疑,一方面可以培养自己的批判性思维,从而更好地从事教学工作;另一方面又在不知不觉中影响着学生,为学生批判性思维的养成起到示范作用。

三、初步形成培养高层次数学思维能力的教学模式

通过课题实践研究,我们探索出了一套培养初中生高层次数学思维能力的教学模式。

(一) 一条主线

把教学任务作为教学主线贯穿课堂。而教学任务又以问题为主要呈现形式。每节课以问题开始,按问题展开,以问题结束。把问题作为思维主线,用问题来激发学生的高层次数学思维。问题往往具有挑战性、开放性、层次性三个特点。

(二) 两个转变

教师不仅要改变自己教的方式,而且要改变学生学的方式。

(三) 三个最佳

即最佳讲授期、最佳讲授区和最佳讲授级。教师要结合学生学情,因材施教、量体裁衣,充分发挥自己的主观能动性和教学积极性,设计针对性的教学任务并使用恰当的教学策略。

(四) 四点评价

教师要根据学生的最近发展区设计教学任务,精心选择学习材料和问题;教师要使用恰当的教学策略以达到事半功倍的效果;教师要勇于放手,给予学生广阔的思维空间;教师要注重培养学生的形象思维。

四、"数学任务空间"模型初具雏形

除了注重课堂教学实践外,课题组还特别强调提炼总结经验,创造性地提出了"数学任务空间"模型,尝试创建培养高层次数学思维能力的一般模型。该模型现阶段尚不成熟,有待进一步完善和细化。"如何将该模型进一步应用于教师教学"还有待课题组成员不断探索与尝试。

以下是基于"数学任务空间"模型的数学任务设计范例。

弹簧的自然长度为 3 cm,在弹性限度内,所挂物体的质量 x 每增加 1 kg,弹簧长度 y 增加 0.5 cm. (1) 计算当所挂物体的质量分别为 1 kg、2 kg、3 kg、4 kg、5 kg 时弹簧的长度,并填入表 5-2;(2) 你能写出 y 与 x 之间的函数关系式吗?

表 5-2　弹簧的长度

x/kg	0	1	2	3	4	5
y/cm						

设计意图:这是一个具有实际背景的问题。从本课的任务空间来看,它与一次函数的背景、模型、表征、应用都有关系。从背景来说,弹簧规律是具有物理学背景的情境;从模型来说,它属于有界的一次函数模型;从表征来说,它包括函数"表格"和"关系式"两种表征方式;从应用来说,它为一次函数应用提供了情境。当然,把这个问题作为本节课的第一个问题,其目的是导入一次函数的定义,用数学的方式来表示题干文字所描述的弹簧规律,从而得到关系式。而这个关系式就是一次函数的解析式。

下面利用如图 5-17 所示的数学任务空间分析框架分析这个问题。

各要素的含义:O,一次函数;A1,弹簧问题的物理学背景;B1,有界的一次函数模型;C,不同视角下一次函数的意义(其意义隐含在问题中,故用虚线表示);C1,变量关系是一次线性关系(表达式);C2,变量关系是直线变化;C3,变量增量比为定值,即所挂物体的质量 x 每增加 1 kg,弹簧长度 y 增加 0.5 cm,直观意义为"均匀变化",可以与表格相联系;D1,表格;D2,关系式或解析式;D3,图像。

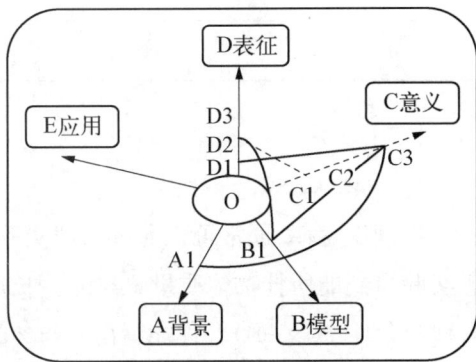

图 5-17　数学任务空间分析框架

各要素之间的关系:A1——C3——D1;A1——C3——B1——D2……C1。

从数学任务空间分析框架可以看到,C3 是一个重要节点,即弹簧问题的数量关系。作为导入问题,这个问题的数学任务空间不是很复杂,各要素之间的关系比较简单。下面通过思维灵活性的特征来拓展任务空间。

(一) 变易

1. 改变背景中的条件,但蕴含相同的函数关系

如所挂物体的质量 x 每增加 3 kg,弹簧长度 y 增加 2 cm,目的是让学生分清比率中

的关系(A1—A1′)。

2. 背景不变,发现新的数量关系

新的问题:(胡克定律)弹簧所挂物体的质量增加量 Δx 与弹簧长度增加量 Δy 成正比(比例系数就是弹性系数)。当一个弹簧所挂物体的质量为 2 kg 时,弹簧长度为 10 cm,当一个弹簧所挂物体的质量为 5 kg 时,弹簧长度为 16 cm,求弹簧长度 y 与所挂物体的质量 x 的关系。这个问题可以作为正比例函数的应用题(B2—E)。

3. 不同背景问题的变化

本章中包含大量具有实际背景的问题,比如:速度问题(速度与距离的比例、速度与时间的比例、追击问题)、几何问题(面积、周长)、价格问题(利润问题)、通信收费模式问题、储水问题、农作物喷药问题、单位换算问题,这些背景问题的变化,反映了一次函数的广泛适用范围(A1—An)。

4. 表格形式的变化(D1—D1′),如表 5 - 3 所示

表 5 - 3　表格形式的变化

x/kg	0	1	2			
y/cm				3	4	5

(二) 关联

1. 方法上关联

物理学定律,通常可先通过物理实验得到数据,再用函数拟合。表 5 - 4 是通过物理实验得到的所挂物体质量 x 与弹簧长度 y 的有关数据,根据这些数据你能得到弹簧规律吗(D1—C3—E)? 你能写出 y 与 x 的函数关系式吗?

表 5 - 4　通过物理实验得到的数据

x/kg	0	1	2	3	4	5
y/cm	3	3.5	4	4.5	5	5.5

2. 物理现象上关联

利用杠杆原理 $M1L1 = M2L2$,解释杆秤的刻度原理。如果物力矩 $L0$ 和秤砣重 $M0$,那么称重刻度(秤砣力矩)y 与所挂物体的质量 x 是一次函数关系,A1—A2—B2)。

利用热胀冷缩原理,观察温度计,解释刻度均匀的原因(体积 V 与温度 t 是一次函数关系,A1—A3—B2—E)。

3. 化学现象上关联

浓度问题,浓度＝溶质/溶液(可以构造反例,A—A4—C/D)。

(三) 转换

1. 条件和结论转换

A:题干——表格;题干——关系式;表格——关系式(案例:解释关系式是怎样得来的)。

B:表格——题干(根据表格解释弹簧规律,D1—C3);关系式——题干(根据关系式解释弹簧规律,D2—C3)。

C:关系式——表格(函数与方程的关系),表格不仅可以是已知 x 求 y,还可以是已知 y 求 x(D2—D1—E)。

2. 情境转换

转换情境形成新的问题:用两根一样的弹簧,制作成一个弹簧秤,求弹簧所挂物体的质量 x 与弹簧长度 y 的函数关系式(A1—A1′—E)。

第三节　培养初中生高层次数学思维提高学科育人实效性的思考与建议

高层次思维对学生的身心发展和现实生活具有非常重要的意义。培养初中生的高层次思维已经成了中学数学教学的重要任务,它既是 21 世纪对公民的基本要求,也是教师培养高素质人才的方向之一。在数学教学中培养学生的高层次数学思维能力是一个复杂的系统工程,是教师教学艺术的体现。

在三年的研究中,我们对教师在什么时间用什么内容培养学生的自主性进行了详尽的规定,并运用微格教学的方式强化落实,形成了一种正确的课堂导向,摸索出了一套培养学生高层次数学思维的有效教学模式,即"一条主线,两个转变,三个最佳,四点评价"。学科教师担负起培养学生高层次数学思维能力的责任,在课堂教学中有意识地发展学生的高层次数学思维能力,在提高初中生高层次数学思维能力上取得了一定的成绩。但我们还有许多问题要探讨,还有许多工作要做,我们将在初中数学教学中不断实践,争取有更大的进步。

一、引发的思考

(一) 培养时有所侧重

批判性思维、灵活性思维、创造性思维这三个因素是相互联系、相互渗透的。批判性直接制约着创造性;灵活性则以其他两个因素为前提,只有正确地领会知识,把握问题的实质,达到融会贯通,才能有真正的灵活性。它们是相互联系、相互制约的有机整体。因此,教师在教学实践中不能将它们割裂开来分别进行培养,而应根据不同的教学内容有所侧重。

（二）着眼于可持续发展

美国心理学家戴维斯在国际心理学大会上早就提出,未来创造性人格特征中包含独立性强、自信心强等特征。未来社会需要人的可持续发展。培养学生的高层次思维,正适合未来社会对创造性人才的需求,遵循了以人为本的原则。

（三）引申到各个学科

众所周知,各个学科都需要高层次思维的支撑,特别是综合性的学科,更加需要批判性思维、灵活性思维、创造性思维的支撑。因而,充分发展所有学生的高层次思维,不仅要在数学课堂教学中落实,还要在其他学科实践中落实。

在知识快速发展的今天,教师不仅要教给学生知识,更重要的是让学生学会思考,让学生学会如何公正、客观、理性地学习、鉴别和反思知识。教师要尽可能地利用现有条件为学生创设一个广阔、无限的思维空间,使学生的高层次思维得到快速发展。

二、改进的建议

数学教育在基础教育中占有重要地位,它对学生有重要影响。数学学科育人价值的实现是一个循序渐进的过程,其育人功能要与课堂教学有机整合起来。教师要在日常教学中潜移默化地提升学生的综合素养。

数学教学在发展学生理性思维、形成学生遵守规定的意识、培养学生不畏艰难和勇于探索的精神等方面有着不可替代的作用。美国数学家 M·克莱因曾在他的名著《西方文化中的数学》中明确指出:"数学之美,在于它的理性精神。"法国数学家庞加莱曾说:"数学家不单单因为数学有用而研究数学,他研究它还因为他喜欢它,而他喜欢它则是因为它是美丽的。"数学是需要一定思维能力的,数学教育应当以培养学生的数学思维能力为目标。教师在教学课堂中要注意开发学生的智力,鼓励学生多问为什么,让学生养成有依据的、严谨的思考习惯。

学生在学习过程中容易陷入某一主题,进而看不到不同主题之间的内在联系。最有成效的途径是学习知识的结构。注重数学知识的内在联系,以结构化的形式组织教学,有助于学生学会结构思维的学习方法。数学思维具有辩证、清晰、简约、深刻等特征,因此借助数学发展学生的思维能力有其特定的意义。数学有着培养思维能力、提升思维品质的重要功能。

　　课程改革的核心是以学生发展为本。为了促进学生发展,我们需要重新认识数学的理性特质,将数学学科的育人价值最大化。告诉学生一条定理或者一条定理的证明方法是容易的,但这样的教学方法对于学生的思维能力培养是不利的,在几何教学中怎么做永远没有为什么要这样做来得重要。有了思维的过程,学生就会掌握得更好。数学的记忆是建立在理解基础上的记忆,不是机械、被动的记忆,这就需要教师在教学中不断培养学生的思维能力。

　　有教育家告诫我们,课堂教学并非只是简单地传授知识或完成单元教学任务,还担负着思想启蒙和人格塑造的重任。我们的教师如果能深刻意识到这一点,就可以站得更高,看得更远。教师要着眼未来,加强自身知识结构的调整和教学观念的更新,勇于实践,敢于探索,担负起教书育人的重任。

第六章 英语阅读教学提高学科育人实效性的行动研究

第一节 英语阅读文本育人价值相关主题

一、"家庭与生活"主题：家庭、朋友、健康、饮食、动物等

表 6-1 牛津英语教材"家庭与生活"主题

册目	单元名称	文章名称	内容框架
4A	U1 Jill's family	Mid-autumn Day	家庭生活
4A	U3 I have a friend	The lion and the mouse	朋友互助
5A	U1 Grandparents	The Double Ninth Festival	关爱老人
5A	U2 Friends	A football match	朋友互助
5B	U1 Food and drinks	Healthy or unhealthy	健康饮食
6A	U1 Family and relatives	A family tree	介绍家庭成员
6A	U2 I have a good friend	Good friends	介绍朋友
6A	U4 What would you like to be	Interviewing a doctor	通过采访,介绍一位医生的工作情况
6A	U6 Going to school	Travelling time to school	介绍上学方式与所花费时间
6A	U7 Rules around us	Rules and signs	介绍生活中常见的四类标识
6A	U8 The food we eat	Dinner menu	讨论晚餐内容
6A	U9 Picnics are fun	Planning a picnic	为野餐准备食物
6A	U10 Healthy eating	Good diets and bad diets	讨论饮食与健康
6B	U2 At the airport	A trip to Los Angeles	介绍洛杉矶之行的准备工作

续　表

册目	单 元 名 称	文 章 名 称	内 容 框 架
6B	U6 Seasonal changes	Uniforms for different seasons	介绍不同季节的校服样式
7A	U1 Relatives in Beijing	Planning a trip to Beijing	讨论去北京的旅行计划
7A	U2 Our animal friends	Animal, our friends	介绍狗与人类的历史
7A	U4 Jobs people do	Different people and different jobs	通过交通事故，介绍职业
7A	U5 Choosing a new flat	Thinking about a removal	讨论理想中的户型
7A	U6 Different places	Kitty's new flat	介绍新的住所
7A	U8 Growing healthy, growing strong	To be a healthy child	介绍健康的生活方式
7A	U9 The international food festival	Different foods for the festival	介绍不同种类的食物
7A	U10 A birthday party	Preparing for Ben's birthday party	为本筹备生日派对
7B	U2 Going to see a film	Choosing a film	介绍电影的相关信息
7B	U3 A visit to Garden City	Relatives and their jobs	讨论旅行计划
7B	U4 Let's go shopping	Going shopping	讨论购物
8A	U1 Penfriends	A letter from a friend	来自笔友的一封信
8A	U1 Penfriends	Anna's blog	Anna 的博客
8A	U2 Work and play	A day in the life of kid Wendy	天才女孩 Wendy 的一天
8A	U2 Work and play	Sandy's blog: A day in my life	Sandy 的一天
8A	U3 Trouble	Dealing with trouble	处理麻烦
8A	U3 Trouble	The funny side of police work	警察工作有趣的一面
9A	U3 Pets	Head to head	领养宠物的优缺点
9A	U6 Detectives	Protecting the innocent	保护无辜者
9A	U7 Escaping from the kidnappers	Comic strips	怎样逃离劫匪的魔掌

二、"自然与环境"主题：环保、水火电、植物、季节等

表 6－2　牛津英语教材"自然与环境"主题

册目	单元名称	文章名称	内容框架
4A	U2 Jobs	Visiting a fire station	不玩火
4B	U2 Cute animals	The cat and the mouse	老鼠偷吃,猫抓老鼠的故事
4B	U3 Look at the shadow	Henry the dog	认识自己的影子
5A	U3 Moving home	Why do wild geese change homes	介绍大雁迁徙的自然现象
5B	U2 Watch it grow	I have five silkworms	介绍蚕的生长过程
5B	U3 How noisy	The noisy Kingdom	噪音王国的故事
6A	U2 I have a good friend	Friends of the Earth	介绍污染情况,阐明环保的重要性
6B	U8 Windy weather	The typhoon	介绍台风现象及其带来的危害
6B	U9 Sea water and rain water	The oceans	介绍海洋的基本情况及其与人类的关系
6B	U9 Sea water and rain water	What will happen if there is no rain	介绍水在人们生活与工作中的重要性
8B	U1 Trees	Pollution fighters	反污染卫士
8B	U1 Trees	Trees for life	树木的重要性
8B	U2 Water	Water talk	介绍水的来源及水的珍贵
8B	U3 Electricity	A dangerous servant	通过家庭肥皂剧的文本,让学生了解电及与电相关的知识
9B	U1 Saving the earth	The green consumer	环境保护
9B	U1 Saving the earth	Millions of trees on fire	现场报道森林火灾

三、"文化与交流"主题：旅游、节假日、中外城市、历史人文等

表 6－3　牛津英语教材"文化与交流"主题

册目	单元名称	文章名称	内容框架
4A	U2 Around my home	Nanjing Road——A busy road in Shanghai	介绍上海的南京路

册目	单 元 名 称	文 章 名 称	内 容 框 架
4A	U3 Weather	An E-mail from Amy	介绍澳大利亚的圣诞节
4B	U2 Festivals in China	The Spring Festival	介绍中国的春节
5A	U1 Around the city	A visit to Ocean World	介绍海洋世界
5A	U3 Water	The Yangtze River	介绍长江
5B	U1 Museum	The Louvre Museum	介绍卢浮宫
5B	U2 Western holidays	Halloween	介绍万圣节
5B	U3 Changes	Changes in Shanghai	介绍上海的从前与现在
6A	U5 Open day	Open day programme	介绍家长开放日的活动
6B	U1 Great cities in Asia	Great cities in Asia	介绍三座亚洲城市
6B	U3 The Dragon Boat Festival	Qu Yuan and the Dragon Boat Festival	介绍端午节
6B	U7 Travelling in Garden City	Travelling by bus	介绍花园城市的交通
7A	U1 Relatives in Beijing	Welcome to Beijing	介绍北京的名胜古迹
7A	U2 Our animal friends	Animal, our friends	介绍 SPCA 的主要工作
7A	U3 Friends in other countries	Foreigners in Garden City	介绍花园城市的人口情况
7B	U1 Writing a travel guide	Shanghai——an international city	介绍上海
7B	U5 What can we learn from others	The happy farmer and his wife	关于幸福的寓言故事
7B	U6 Hard work for a better life	The grasshopper and the ant	关于付出与收获的寓言故事
7B	U9 The wind is blowing	Mr Wind and Mr Sun	关于谦虚与自满的寓言故事
8B	U6 Travel	France is calling	介绍法国
9A	U1 Ancient Greece	The night of the horse	特洛伊木马
9B	U3 Going places	On holiday	介绍上海
9B	U3 Going places	Educational visits	教育访问
9B	U4 All about films and TV	Students see stars in Hollywood	学生见到了好莱坞的明星

四、"科技与未来"主题：电脑、未来等

表 6－4　牛津英语教材"科技与未来"主题

册目	单元名称	文章名称	内容框架
6B	U5 What will I be like	My possible future	描述未来的自己
7B	U7 In the future	Talking about the future	讨论未来的生活
8A	U4 Numbers	Number：Everyone's language	介绍数字以及一些计算工具
9A	U4 Computers	Computer facts	介绍电脑的历史及其发展情况
9B	U2 Life in the future	Hot tips for August 2040	2040 年 8 月 QuickBuy.com 的热门消息

第二节　英语阅读教学育人价值行动研究实践

一、英语阅读教学育人价值行动研究案例

（一）"家庭与生活"主题的案例

1. 3A U1 My school

（1）背景介绍

对小学三年级的学生而言,小语段阅读是他们必须具备的能力。在这一阶段,培养学生的听、说、读、写能力,对他们以后阅读能力的提高有着非常重要的作用。

本课是对话型文本,对话围绕本课的核心句型展开。在教授新单词 library 时,教师为学生提供了辅助文本,让学生通过阅读,猜测该单词的含义。

（2）片段分析

① Read a short passage. 阅读短文,让学生寻找 Peter 现在所处的位置,了解 library 的主要功能及主要规定。

② Show and read the word. 听录音朗读,分音节拼写单词。

③ Talk about the library：I can____in the library,but I can't____in it. 操练该句型。

④ 介绍图书馆。

（3）教学反思

教师根据学生已有水平、教学目标、教学内容设计了如下教学步骤：新旧整合、整体感知、体验理解;新知推进、语言学习、语用训练;尝试语用、思维推进、情感升华。

基于学情和教材分析,在单元整体设计的基础上,教师在进行本课的教学设计时关注了以下五个方面。

① 关注新旧语言知识的整合

在编写文本时,教师思考了"本课的话题与学生已有的语言知识有何联系""学生已有的语言知识的复习和运用怎样带动新授内容的学习"等问题,希望经过新旧语言知识的整合,让学生循序渐进地学习知识,内化知识。

② 关注内容、语言和情感三条主线的推进

在教学过程中,教师不仅关注了单元的横向推进,还关注了单课时的纵向推进,即如何通过有效的教学手段层层推进内容、语言两条主线,并同时渗透情感主线,从而在语用输出阶段提高学生知识水平。这样不仅易于学生构建自己的知识体系,而且易于教师激活课堂,进行有效的语篇教学。

③ 关注朗读训练

朗读即运用重音、节奏、语调等语音手段把语言材料中的思想感情表达出来。教师设计了跟读、齐读、男女生分角色朗读等环节,希望通过准确朗读加深学生对文本的理解,从而促进学生听力和口语水平的进一步提高。

④ 关注作业的可操作性和可检测性

在进行本课的作业设计时,教师试图通过多种形式的作业,激发学生对英语学习的兴趣,促使学生投入更多热情,提高自己听、说、读、写各方面的能力。在课堂中,教师设计了2个小练习。第一个小练习为小语段阅读,用以引出新单词,帮助学生了解信息。第二个小练习是为了帮助学生整体理解语篇,同时检测学生对本课新单词的掌握程度。

⑤ 关注学科育人的无痕化

本课的主题是学校。在学习学校中每个场所名称和功能的同时,教师还应让学生观察学校,发现学校的美,让学生对遵守学校规则、保护学校环境有更深层次的体会。这种润物细无声的教育,对学生更有益处。

2. 5A U1 Grandparents

（1）背景介绍

本案例是牛津英语教材五年级上册第二模块第一单元的第三课时。本模块主题是Me,my family and friends。本单元主题是Grandparents。学生围绕祖父母的主题已经开展了两课时的学习。这两课时中,教师通过"Do you live with your grandparents""How often do you visit them""What do you do with them"等问题了解学生拜访祖父母的频率及与祖父母在一起时的活动方式,讲解了重点词组how often以及重点单词once、twice的用法。本课时的话题为The Double Ninth Festival(重阳节)。这一话题曾在四年级第二学期以 Say and Act 形式出现过。学生已经学习过重阳节的有关知识,掌握了 eat Double Ninth cakes、climb mountains、visit the old people in Old People's Homes 等词组,还在 Look and Learn 里学习了其他几个中国传统节日。本课时是以 Look and Read 形式出现的一篇短文,要进一步学习关于重阳节的词组(go on an outing、go to see flower shows),掌握与其有关的单词(traditional、special),学习重点句型 It comes in... 的用法。短文后的三个问题,即"When is the Double Ninth Festival""What do people usually do at this festival""What special food do people eat at this festival",是文章的提纲,能帮助学生理清文章脉络。

（2）片段分析

① 通过旧知识引出新词组(go on an outing、go to see flower shows)。创设适当的情境让学生在实际交流中学习单词的用法。比如,在学习 go to see flower shows 时,围绕关于重阳节、公园、汽车、频率的四幅图片,开展师生对话。

② 通过四个问题帮助学生理清文章脉络。让学生在回答问题的过程中学习新单词 traditional 和新句型 It comes in... 的用法。

表 6-5 是本课时的主要授课任务。

表 6-5　本课时的主要授课任务

While-task Procedures	1. New phrase: go on an outing	1. Learn the new phrase: go on an outing 1.1 show the phonetic /ˈaʊtɪŋ/, read: outing, go on an outing 1.2 Look at the pictures and make sentences with the new phrase	通过音标学习单词 outing 和词组 go on an outing,通过造句让学生理解词组的意思
	2. New phrase: go to see flower shows	2. Learn the new phrase: go to see flower shows 2.1 show the phonetic /ʃəʊ/, read: show, go to see flower shows 2.2 Look at the pictures, ask and answer with the new phrase A: When do they go to see flower shows? B: They...	通过音标学习单词 show 和词组 go to see flower shows,通过问答让学生理解词组的意思。这里所提的问题是关键。教师应在培养学生提问能力的同时激发学生的思维潜能
	3. Some phrases	3. Review some phrases T: What do people usually do at the Double Ninth Festival?	
	4. Main information of the Double Ninth Festival	4. Enjoy the flash with the questions (1) What is the Double Ninth Festival?	整体呈现文本,让学生带着问题去思考

续　表

	（2）When is it? （3）What do people do at this festival? （4）What do people do for old people at this festival?	
5. Keyword：traditional	5. Learn the keyword：traditional 5. 1 Answer question 1 　　What is the Double Ninth Festival? 5. 2 Learn the word： 　　traditional/trəˈdɪʃənəl/ 5. 3 look and say 　　____is a traditional Chinese Festival.	在练习过程中有效讲解重要词汇和短语,帮助学生理解每一个要点
6. Sentence pattern：It comes in...	6. Learn the sentence pattern：It comes in... 6. 1 Answer question 2 　　When is it? 6. 2 Think and say 　　____comes in/after/before...	适当拓展 It comes in...,变为 It comes after/before...,对知识点进行整合,对思维进行拓展
7. Paragraph 1	7. Read Paragraph 1	
8. Paragraph 2	8. Learn Paragraph 2 8. 1 Listen to the recording 8. 2 Answer question 3	
9. Paragraph 3	9. Learn Paragraph 3 9. 1 Answer question 4 9. 2 Learn the word and phrase：also,get together 9. 3 Read paragraph 3	分段练习,凸显重点,解决难点,理解并尝试运用
10. Newword：special	10. Learn the newword：special /ˈspeʃəl/ 10. 1 Read the word 10. 2 Look,ask and answer 　　A：What special food do people eat at the____? 　　B：They eat...	
11. Flash	11. Enjoy the flash again	
12. The whole text	12. Learn the whole text 12. 1 Read the text together 12. 2 Do a summary according to the text 12. 3 Talk about the Double Ninth Festival	整体呈现文本内容,通过关键词帮助学生巩固所学知识

　　（3）教学反思

　　① 自我教学反思

　　本课时的话题是重阳节。备课时，我就一直在思考，如何使该话题与单元主题更好地结合起来，做到单课时目标与单元整体目标的融合，怎样在整个教学过程中发挥教师的引导作用，发展学生的思维品质。

　　针对这些问题，我进行了以下教学设计：

　　五年级最难啃的一块骨头是音标。虽然我以前一直在有意识地渗透音标相关知识，但学生并未系统地学习过音标。在本节课的教学中，我尝试让学生自己借助音标复习旧单词，学习新单词，把音标教学贯穿整节课。这是五年级教学与四年级教学的不同之处。

　　在英语课上，教师要给学生提供听、说、读、写的机会。四年级采用的主要方式是复述课文。在这节课上，我安排了一个写的环节 Summary，虽有一定的难度，但学生参照板书基本能完成这一任务。以后每节课我都争取让学生写一写。

　　在课堂教学中，教师要培养学生的阅读理解能力，教给学生阅读的方法。我用提问的方法来帮助学生概括每一段的段意，并通过指导学生阅读课外的文章来检验学生对这一方法的掌握情况。由于在教学中我注意引导，板书合理，所以目标的达成度比较高。

　　在 Pre-task 部分，我对前两课时的问题"How often do you visit your grandparents""What do you do with them"进行了讲解。在 Post-task 部分，我安排了一段拓展阅读材料 Grandparents' Day in the USA，很自然地回到了单元主题。

　　② 同组教师评课

　　本节课的主题是 Grandparents。五年级学生已经有了一定的语言基础，可以完整地对祖父母的外貌、与祖父母一起开展的活动进行描述。教师在教学环节中的逐步渗透，让本课话题的育人价值得以发挥。在第一个环节中，教师让学生思考自己与祖父母一起开展的活动，富有代入感的环节让学生一下子有了表达的欲望，也让学生发现平时祖父母为自己做了很多事。在第二个环节中，教师又带着学生一起欣赏了国外 Grandparents' Day 的小语篇，在渗透西方文化的同时，引导学生说一说自己可以为祖父母做些什么事。在这两个环节中，教师都在向学生渗透一个观念，那就是多关心祖父母，多关爱老年人。

　　观课到这里，不禁让人思考，学科的育人价值，不在于在某一个环节中，用贴标签的方法，告诉学生该怎么做，而在于充分利用教学素材，让学生在学习过程中体验、感悟并有所触动，这才是学科育人的初衷。

3. 7A U2 Our animal friends

（1）背景介绍

文章主要介绍了狗在人类历史长河中所起到的作用,体现了生活中人与动物和睦相处这样一个主题,其育人点就在于培养学生热爱并保护小动物的意识。在进行阅读教学过程中,教师应注重学生阅读兴趣的激发、阅读策略的指导、思维品质的提升。

（2）片段分析

第一阶段：读前铺垫激发兴趣

学生对本课的主题非常感兴趣。为给课内阅读多做一些铺垫,在前一天的回家作业中,教师以阅读理解的形式向学生呈现了一篇关于导盲犬的文章。

A Guide Dog

A guide dog is a dog especially trained to guide a blind person. Dogs chosen for such training must show good disposition, intelligence, physical fitness and sense of responsibility. At the age of fourteen months, a guide dog begins an intensive course that lasts three to five months. It becomes accustomed to the leather harness and stiff leather handle it will wear when guiding its blind owner. The dog learns to watch the traffic and to cross the street safely. It also learns to obey such commands as forward, left, right, sit and to disobey any command that might lead its owner into danger. The most important part of the training course is a four-week program in which the dog and its future owner learn to work together. However, many blind people are unsuited by personality to work with dogs. Only a tenth of the blind find a guide dog useful.

第二阶段：读中辅学促进思考

第一步：话题引入,了解文化

I. Lead-in

T: Do you love the story you read last night? Would you like to help me know more about it because I got some questions?

II. Look and think

T: What is the story about?

（Guide dogs.）

T: What does a guide dog do for a blind man?

（To help him/her cross the road.）

T: Can all dogs be trained into great guide dogs? Why?

（No, because guide dogs need to show good disposition, intelligence, physical fitness and sense of responsibility.)

T: What do you think of them?

(Helpful, useful, friendly ...)

T: Since they are so helpful to us, we should be kind to them, right? And in western countries, there is an old saying "Love me, love my dog". Can you guess its meaning? However, there are some people who are cruel to their pets, so there are many homeless animals in the streets. What can we do to save these homeless animals?

第二步: 互动教学, 促进思维

I. Look and think

T: So it seems that the best way to solve this problem is to ask people to take good care of their pets. Mr. Hu agreed with me. So after coming back from the SPCA, he asked his students to make a display about animals. Look, here are six pictures that they found.

T: What are these pictures about? (Dogs.) How do you know? (Because there is a dog in every picture.)

II. Look, think and answer

(i) Picture one

a. What do you think of the people in this picture? Are they ancient or modern? (Ancient.) How do you know? (By the clothes and the place.)

b. Where was the cave? (In a mountain.)

c. Was it safe to live in a mountain? (No.)

T: So at that time, dogs guarded the caves and kept people safe from danger.

(ii) Picture two

a. In ancient times, people hunted animals. Please look at this picture. Why did he hunt animals? (He hunted animals for food.)(Learn the newwords hunt and hunter.)

b. What did dogs help people do then? (They helped people hunt animals for food.)

T: Just now, we talked about the dogs in the past. So what did the dog help people do at that time?

(iii) Picture three

a. Who is he? (A thief.)

b. Who catches thieves? (Policemen and policewomen.)

T: I think dogs are detectives because of their sensitive noses. So dogs can help the police catch thieves and find missing people. Missing means can't be found. (Write the sentence on the blackboard.) They are police dogs. Police dogs help the police ...

（ⅳ）Picture four

a. What are they doing? （They are crossing the road. ）

b. How is the man? （He is blind. ）（Learn the newword blind. ）

c. Is the man safe to cross the road with a dog? （Yes. ）

d. What can dogs help blind people do? （They can help them cross the road safely. ）

（ⅴ）Picture five and six

a. Where is this dog? （On the farm. ）

b. What can dogs bring to the farmer? （Sheep, cows, goats, horses. ）（Write on the blackboard "bring other animals to the farmer". ）（Learn the phrase "bring sth. to sb. " by making sentences. ）

T: Look at the last picture. Could you describe it? （They are watching TV at home with their pet dog. ）

（ⅵ）The title

a. So can you think about the title of their display? （Dogs are our best friends. ）

b. Why do you think they are the best? （They help us a lot. ）

本环节中师生共同观察课本上的图片,教师用问题引导学生关注图片中的信息点,激活学生思维;用问题引发学生对文章内容以及主题的思考,提高学生的概括能力。

第三步:寓乐阅读,展现成果

Ⅰ. Read the passage and match

T: The children also wrote six paragraphs about dogs. Please read them on page 13 and match them with the pictures.

Ⅱ. Read and retell

A report on dogs, our best friends.

T: So today we talked so much about dogs. Can you say something about them now? You have two minutes to prepare for it. You can work in pairs.

学生先将文字与图片配对,再根据图片以同伴合作的形式进行口头汇报。

Ⅲ. Free talk

Dogs, our best friends.

教师展示更多的图片,图片下附有英文说明,如导盲犬 a guide dog 、牧羊犬 a shepherd dog、看门狗 a watchdog,帮助学生想象,使学生在理解课文的基础上创造出更丰富的语段。

第四步：融合应用,带动写作

在学生口头汇报的过程中,教师及时进行指导,提醒学生注意中心句和新旧知识的融合,提高学生的写作能力。

第三阶段：读后自主拓展

课后以回家作业的形式,要求学生读分级阅读 M 中的 Dogs at work 或其他相关文章。

（3）教学反思

对学生思维品质的培养,是教学目标中不可忽视的一点。本课很重视从细节上培养学生的观察能力、表达能力、想象能力、迁移能力,让学生在边说边讲的过程中,明白狗在人类生活中所起到的重要作用,认识到保护动物的重要性。

4. 8A U2 Work and play

（1）背景介绍

八、九年级教材的编排、布局明显与六、七年级教材的编排、布局不同,每个单元相对独立,课文篇幅、句子结构、选材寓意、涉及范围等都更上一个乃至几个台阶。8A 更强调阅读,其特点是语言信息输入量大(单词多,课文长),选材广泛,主题有序,内容集中,贴近学生的生活实际和思想实际。八、九年级教材每个单元,均以某个主题为中心将各个部分串联起来。在起始页上有一幅卡通图,图中画了一个男孩和一个机器人,通过两者之间某些一语双关的幽默对话来揭示主题,教师应引导、帮助学生去领会其中的深刻内涵。主题在 Reading 部分得到充分体现。

8A U2 的主题是 Work and play。Reading 部分通过描述一个天才少年的日常生活,让学生学会如何描述自己或他人的日常生活,激励学生向天才少年学习,同时,通过阅读培养学生看图说话的能力。Grammar 部分通过复习一般现在时这一时态,让学生正确描述经常性、习惯性的动作,Listening、Speaking、Writing、More practice 等部分通过介绍从事不同职业的人的日常生活来深化和拓展主题。如何看待天才少年的某些异常行为及其不同于常人的学习方式？ 在本单元中这一话题是否要涉及,我认为可根据课堂生成,合理安排。

本单元具体呈现如下：

① Reading

描写天才少年 Wendy 的日常生活。

② Listening

完成 Jack's weekends 的练习。

③ Grammar

在教授一般现在时这一时态后，设计了一个有关 Wendy 的对话；在教授频率副词和短语后，让学生根据一年的降雨量用所学的频率副词和短语来完成对话。

④ Speaking

调查周围同学的日常生活。

⑤ Writing

让学生根据图片和关键词完成 A day in Megan's life 的练习。

⑥ More Practice

阅读 Sandy's Blog 中 A day in my life 的相关内容。

整个单元的听、说、读、写、语法等技能训练都紧紧围绕日常生活这一主题展开，教师让学生先介绍别人的日常生活，再介绍周围同学的日常生活，最后介绍自己的日常生活，内容连贯完整，提高了学生的语言运用能力。

在研究整个单元教学内容的基础上，我们将本课时的重点确定为学生阅读能力的培养，让学生通过梳理文章脉络，寻找相关信息，运用不同阅读方法阅读、理解文章内容。同时，本课时的设计立足课本，通过适当操练，提高学生思维的深刻性；通过高密度提问，提高学生思维的敏捷性；通过对比，提高学生思维的批判性。

（2）片段分析

① 读前预猜，激发兴趣（pre-reading activities for interest）

本课时的导读（preparation for reading）设计旨在引出相关话题，扫除学生在阅读过程中可能会出现的障碍。主要步骤如下：首先，教师从自己的一周生活入手，通过 A week in the life of Cookie 复习 always、never、usually、often、sometimes 等频率副词并引出 seldom 这一频率副词；其次，教师出示一些有关日常生活的图片，让学生说出图片中相关活动的英语表达形式，既复习了一般现在时，又操练了频率副词，讲解了部分重难点，降低了后续的阅读教学难度；再次，教师引导学生根据图片、标题等讨论并且预测文本内容，在阅读 title 和 introduction 时，用"Where can we read this article"这一问题引发学生思考，让学生在阅读基础上判断并且充分发挥想象力，通过上下文猜测词义（whizz-kid 和 business 等）。

② 速读全文，了解大意（speed-reading for main ideas and specific information）

本文描写了 Wendy 一天的生活，教师应引导学生以时间和活动为主线，运用 skimming（略读）、scanning（寻读）等阅读方法，了解主旨大意，找出特定信息。

③ 逐段精读，获取细节（intensive reading for detailed information）

把文章主要分成三个部分。第一部分是 before school 的活动，第二部分是 at school

的活动,第三部分是 after school 的活动。每一部分通过一定的练习,在活动中检测学生对文章的理解程度。检测方式一般以提问为主,尽量让学生的理解涉及字面理解(literal comprehension)、推断性理解(inferential comprehension)、批判性理解(critical comprehension)。

在 post-reading 部分,第一,采用列举的形式,让学生从文中找出频率副词和相应的动词短语,巩固阅读中所学的许多重点单词,并让学生根据表格内容说出 Wendy 一天的生活,对文本中的一些内容进行变式练习,进一步巩固所学内容。第二,创设情境,某电视台正在采访 Wendy,主持人和观众现场对 Wendy 进行提问,师生以问答形式巩固课文内容。第三,通过对比 Wendy 与学生自己的日常生活,引发学生思考,鼓励学生enjoy the life and try their best to be successful,充分激发学生的学习兴趣,调动学生的学习积极性,培养学生的创新性思维能力。

(3)教学反思

教师创设情境,某电视台正在采访 Wendy,主持人和观众现场对 Wendy 进行提问,师生以问答形式巩固课文内容,在此过程中学生要根据文本提出问题,使用交际策略。情境对话紧扣教材,但又不拘泥于教材,有一定的自主性和开放性,有助于学生情感、态度与价值观的发展。

(二)"自然与环境"主题的案例

1. 4B U2 Cute animals

(1)背景介绍

The cat and the mouse 是牛津英语教材 4B U2 Cute animals 这个单元中的一篇阅读课文。文章讲述了猫发现老鼠偷吃它的食物后很生气,但因为太胖无法追赶上老鼠,让老鼠最终逃脱的故事。这篇课文体现了自然界中动物相处这样的一个主题,其育人点就在于告诉学生诚实的重要性。在进行阅读教学过程中,教师要注意激发学生的阅读兴趣,指导学生的阅读策略,提升学生的思维品质。

(2)片段分析

英语学习兴趣的激发是课堂教学的重要目标。学生通过课内学习活动,体验语言,培养兴趣。在一节阅读课的开始,最大限度地激发学生兴趣,将有助于学生积极参与阅读活动,提高阅读效率。因此,读前活动设计要激发学生兴趣。小学生对生动的歌曲和动画等多媒体资源、猜谜等游戏形式很感兴趣。教师在导入阶段进行了如下设计:

① 猜谜

It has two small ears and two big eyes. It has four legs. It has a long tail. It can run fast. It can climb trees. It likes fish. What is it?

（答案：It's a cat.）

幻灯片上呈现猫的卡通形象。

It's grey. It has two small ears. It has sharp teeth. It has four short legs. It has a long tail. It can run fast. It likes eating rice. What is it?

（答案：It's a mouse.）

幻灯片上呈现老鼠的卡通形象。

② 播放《猫和老鼠》动画片段

老鼠偷吃猫的食物,猫很生气。

这样设计的目的是通过猜谜和播放动画片段激发学生阅读兴趣。

背景知识指的是读者在阅读之前就阅读主题已经积累了一定的知识。这些知识与读者即将阅读的文本之间有相似之处。这些知识将帮助读者更好地理解新的文本。因此,教师可以在读前活动中激活学生已有的背景知识,降低阅读难度。例如,在播放完《猫和老鼠》动画片段后,教师可引导学生讨论猫和老鼠的敌对关系及其敌对原因。

T：Do you know the cat and the mouse in the movie? Who are they?

S：They are Tom and Jerry.

T：How does Tom feel?

S：He is angry.

T：Why does Tom feel angry?

S：Jerry eats his food.

这种简单的讨论有助于学生更好地理解即将阅读的文本,降低了学生的阅读难度。

语言知识包括词汇、词法、句法、语音、语篇、功能、话题七方面。词汇、词法、句法的学习如果离开语境,将变得索然无味。而英语阅读丰富的语篇与引入话题,为词汇、词法、句法的学习提供了天然的语境。另外,小学中高段英语阅读中大量生动的图片也为语言知识的学习提供了语境。如在讲解 climb onto(爬上)这个词组时,教师充分利用多媒体课件的自定义动画功能,将 climb onto 的动态过程演示出来,帮助学生理解 climb onto 的词义;教师还借助图片与故事情节,让学生结合语境操练 climb onto,比较 onto 与 on 的用法,帮助学生复习词法。

I. 幻灯片出示图片与句型

Frank climbs____an apple.（小老鼠 Frank 爬上苹果）

Now he is____the apple.（小老鼠 Frank 在苹果上）

II. 用 onto 与 on 填空

Frank climbs <u>onto</u> an apple.

Now he is <u>on</u> the apple.

III. 幻灯片上依次呈现小老鼠逃跑过程中爬到桌子（table）、棒球棍（bat）、门（door）上的图片。减少句型框架，让学生描述小老鼠的逃跑路径。

Frank...

Now he...

又如"..., so..."句型的教学。教师先让学生自己读句子"The mouse is hungry, so he eats the cat food""The mouse eats his food, so the cat is angry"，结合上下文语境感知该句型的句法，再让学生将故事中有因果关系的短句用 so 进行连接。学生的答案有"The mouse is afraid, so he runs away""The cat is fat, so he can't climb onto the door""The cat is tired, so he can't catch the mouse"。

结合图片、上下文语境学习语言知识是一种有效的阅读方法。教师通过课堂教学，引导学生使用这种阅读方法，有助于学生将这种阅读方法应用于课外阅读。

教师在课内阅读中，应有意识地引导学生使用 guessing（猜测）、skimming（略读）、scanning（寻读）等阅读方法，帮助学生养成良好的英语阅读习惯。教师可先让学生快速默读故事，完成一组是非判断题，检测学生对文章大意的把握情况，再设计问题，引导学生分段落寻读故事片段，在问题的引领下，感受故事情节，把握细节信息。

语言思维作为英语学科的核心素养包含了语言意识与思维习惯。因此，英语阅读教学需要关注学生思维品质的提升。根据布鲁姆认知领域的教育目标分类理论，概括、总结属于第二级别，即理解领域内的思维活动。在英语阅读课上，学生可通过初步感知、模仿，提升思维品质，提高归纳总结能力。例如，在设计读后活动时，教师让学生为这个故事取名。学生的答案有 The cat and the mouse、Ginger（猫名）and Frank（老鼠名）。这两个答案都体现了学生对故事主要内容的理解。然后，教师还让学生制作思维导图。思维导图是辅助学生进行故事复述的工具。流线型（flow map）思维导图要求学生按故事情节发展的先后顺序，整理每一个段落的关键词，进而归纳段落主旨。The cat and the mouse 一课思维导图如图 6-1 所示。

制作思维导图的过程是理解、归纳、总结的过程。根据思维导图复述故事的过程则是语言的综合运用过程。

（3）教学反思

将育人价值渗透到学科教学过程中，有助于培养学生优良品质，激发学生阅读兴

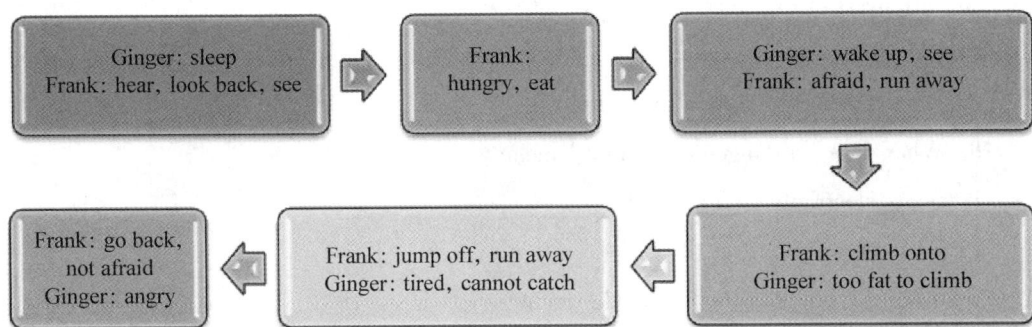

图6-1 The cat and the mouse一课思维导图

趣,指导学生阅读策略,提升学生思维品质。其实,教师可以通过追问"猫为什么一直追不到老鼠""这样的结局是否会助长老鼠偷窃的劣行"等问题,进一步挖掘更深层次的育人点,还可以采用续写故事的方式,引导学生基于生活实际展开想象,提高语用能力。

2. 8B U3 A dangerous servant

(1)背景介绍

8B U3 A dangerous servant 第一课时的教学重点是通过分析课文标题、图片、重要段落帮助学生了解电的属性以及故事发展的整体框架,教学难点在于对文字深层含义的理解与剖析。通过问题解决问题,是本课时设计的主要思想。本课时以多种类型的问题来引导学生理解文章内容,培养学生正确的思维方式。

(2)片段分析

Ⅰ. leading-in

(ⅰ) using a flash (pictures about some electrical appliances) to review and introduce today's topic——electricity

(ⅱ) some questions about properties of electricity

a. Can we see electricity and why?

b. What do you think of electricity?

c. How can electricity make our electrical appliances work?

It can be changed into different kinds of _____.

Ⅱ. Four kinds of energy

(ⅰ) introducing heat, light, sound and movement energy through four pictures

(ⅱ) doing the exercise on p44.

Pay attention to 4 and 7.

Ⅲ. Analysis of the story

(ⅰ) The title

a. Who or what is the servant in the title?

b. What does "a dangerous servant" mean?

It means electricity could both be_____and_____.

(ⅱ) Pictures

Who are the boy and the girl in the picture?

(ⅲ) Paragraph 1 - 3(read)

a. What did Benny ask Daisy to buy?

b. Why? _____

c. Filling the blankets.

(ⅳ) Paragraph 14 - 21 (listen to the tape)

a. What did Daisy buy?

b. Are batteries packets of electricity?

c. Did Benny's trick work?

T: What do you think of Benny? Maybe he is foolish. And also he is not honest. And there is a detail in paragraph 14.

(ⅴ) Paragraph 14 (ask one student to read)

There was a grin on Benny's face, because_____.

A. He thought he should be polite with Daisy.

B. He thought his trick would be successful.

C. He was glad Daisy would bring back his packet of electricity.

T: Benny's trick didn't work because he didn't know about electricity. But do you know about it? We can get some information from paragraph 4-6.

(ⅵ) Paragraph 4 - 6 (read aloud)

(ⅶ) The flowing process of electricity

a. Finish the picture on p47.

b. Explain the process with sentences from p10, pay attention to "be connected to" and "be buried".

c. Put the sentences in right order.

T: Today, we get a lot about electricity from this story. So can you introduce electricity to us?

IV. Talking about electricity

就整个教学流程来看,教师对文章的处理,关注了学生思维的连贯性。本课时的具体教学流程如下:根据图片讨论买了什么→文章开始想买什么(trick)→文章最后买了什么(trick 是否实现)→讨论 Benny 失败的原因(对电了解不够)→了解电(电与水的相似点及不同点,电的流程图)。重组文章结构,梳理文章脉络,是教师促进学生思维发展的重要方法。

(3)教学反思

本课时通过问题来促进学生思维发展。教学设计有以下几个特点:第一,问题难易适中。既注重学生基础知识的掌握,又注重学生能力的提高。第二,问题形式多样。用平时常出现的一些题型来活跃学生的思维。第三,问题既全面又有所侧重。全面是指既引导学生关注文章主旨,又引导学生关注文章细节,感受文章语言魅力及其强大的表现力。有所侧重是指所有问题都紧紧围绕培养学生理解能力这一方面,而不是其他方面。第四,问题之间相互联系。问题前后铺垫,相互关联,层层递进,有利于降低学生的理解难度。

(三)"文化与交流"主题的案例

1. 4B U2 Festivals in China

(1)背景介绍

The Spring Festival 是牛津英语教材 4B U2 Festivals in China 这个单元中的一篇阅读课文。文章讲述了中国春节的习俗。这篇课文体现了"文化与交流"这一主题中的节日文化,其育人点就在于让学生感知中国节日中承载的传统文化——团圆。在进行阅读教学过程中,教师要注重培养学生的跨文化交际能力,提升学生的思维品质。

(2)片段分析

《英语课程标准》中关于学生英语学习文化意识培养的内容包括:了解英语国家重要的节日,在学习和日常交往中,能初步注意到中外文化的异同。英语阅读文本承载了大量的文化信息。基于文本拓展文化外延,可以帮助学生逐步树立文化意识,认识文化差异,从而提高跨文化交际能力。如四年级英语阅读课文 The Spring Festival 中谈到春节通常会在一月或二月到来(The Spring Festival usually comes in January or February)以及除夕全家通常会一起吃饺子。教师基于文本拓展文化外延,设计问题复习中国传统节日重阳节、中秋节、端午节的时间,并询问人们在这些节日分别吃什么特别的食物。通过这些问题,让学生感受中国传统节日文化,并为在读后活动中,让学生感受圣诞节等西方节日文化、感知文化异同、开展文化交往进行铺垫。

教师在 The Spring Festival 一课的读后活动中,让学生对课堂内生成的四个板块的内容进行提问。学生从上到下将四个板块的内容归结为四个问题,即 What is the Spring Festival? When is the Spring Festival? What do people do during the Spring Festival? What special food do people eat during the Spring Festival? 这四个问题正是对这篇说明文主要内容的提炼。然后教师引导学生用关键词进行归纳,生成如图 6－2 所示的板书。

The Spring Festival

Attribute：　an important festival in China

Time：　in January or February

Activities：　have a big dinner
visit their relatives
(children) get money
watch colourful fireworks

Special food：　dumplings

图 6－2

通过归纳,学生进一步理解了文本内容,提升了高层次思维能力。当学生再阅读类似题材的文章时,他们便会从这四个方面出发预测(predict)文章内容,在阅读中把握关键信息。

（3）教学反思

跨文化交际能力的培养基于学生认同文化差异存在这样一个客观事实。通过阅读相关文本,学生可以广泛涉猎各种异质文化。在此基础上,学生可以通过感知文化差异,形成文化意识,提高文化包容度,培养跨文化交际能力。

2. 8A U2 Encyclopedias

（1）背景介绍

本模块的主题是 Amazing things,文体是说明文。鉴于学生对该主题与文体缺乏了解,本课时的教学采用了学生比较熟悉的人物介绍形式。教师期望在文本分析的过程中,通过加强对学生阅读技能的训练与指导提升他们的思维品质;通过拓展相关的人物文化知识陶冶他们的艺术情操;通过讨论快乐的方法引发他们对价值观、人生观的思考。

（2）片段分析

表 6－6 是本课时的主要授课任务。

表 6 - 6　本课时的主要授课任务

Stages	Learning activities	Purposes
Pre-reading	1. Talk about the way to relax 2. Enjoy the painting by John William Waterhouse 3. Talk about the way to get information	1. To get to know one of the topics：Diogenes 2. To understand the newwords：character and jar 3. To learn a new way：by encyclopedia
While-reading	1. Read the article about Diogenes and answer the teacher's questions （1）What was he? （2）When and where did he live? （3）What did he have? （4）What happened to his cup one day? （5）Why did he do that? （6）How did he feel after that? （7）Why did he feel happier when he got fewer things? 2. Read the article about Walt Disney and answer some questions 3. Discuss some questions in pairs 4. Share answers with the whole class 5. Finish the table in groups 6. Share ideas with the whole class	1. To know Diogenes' thought 2. To understand the newwords：amusement and create 3. To know the life of Walt Disney 4. To infer different ways to be happy
Post-reading	Group discussion： What is the way to be happy? Why?	To have a deeper thinking of ways to be happy
Assignment	Choose your favourite celebrated remark about happiness from the Internet，write down your reasons	

　　在 Pre-reading 环节，教师一开始就和学生讨论放松的方式，一方面自然过渡到下一个讨论名画欣赏的话题；另一方面为本节课最后一个环节讨论快乐的方法进行了铺垫。整个引入比较自然，同时又充满人文气息。

　　学生的能力是通过训练形成的，是在学生发现问题、认识问题、分析问题、解决问题的过程中提高的。而观察、分析、比较、综合、判断、推理等都是学生解决问题的重要手段，是心理学中形成逻辑思维过程的主要因素。因此，教师在 While-reading 环节，逐步引导学生挖掘两位名人的快乐源泉。

　　教师也很注重对学生学法的指导。

I. 指导学生理解文章大意

（i）引导学生理解生词

（ii）引导学生抓住关键词句

II. 指导学生理解文章深层含义

（i）引导学生理解句子之间的关系

（ii）引导学生理解文章的结构及段落之间的关系

（iii）引导学生归纳、总结、推断

在 Post-reading 环节，教师让学生自由讨论快乐的方法，用英语来探讨人生，这是本节课的真正价值所在。

（3）教学反思

整节课自然流畅，师生在轻松愉快的氛围中讨论重要的人生哲理。但作业并不是本节课教学目标的延续，有效性不够。学生需要通过作业来丰富自己的学习体验。不妨让学生进行一个有关快乐生活方式的采访，然后写一篇报告。

（四）"科技与未来"主题的案例

1. 8A U6 Nobody Wins（Ⅰ）

（1）背景介绍

八年级教材中的阅读内容篇幅较长，体裁多样，这就增加了学生的理解难度，而八年级学生的身心也更加成熟，因此，我们在阅读教学中不仅要关注学生阅读方法的学习，更要关注学生思维品质的提升。8A U6 Nobody Wins 的第一部分采用了科普小说这种文体。学习这种离现实生活比较远的内容，可以培养学生的想象力，提升学生的思维广度和深度。

（2）片段分析

片段 1：

I. Introduce Captain King

（i）Look and answer

Who is he?

Write the newwords on the blackboard and ask students to read after me.

（ii）Learn the newword：captain

（iii）Learn the newword：explored

（iv）Learn the newword：unexplored

（v）Think and answer

What information do you expect to get from a story?

第一阶段，在介绍主角 Captain King 的同时教授新单词 captain、explored、unexplored，为学生接下来的阅读扫除障碍，帮助学生激活思维。接下来的两个环节利用问题拓展学生思维，让学生了解故事要素以及探险故事特点。

片段2：

（vi）Share understanding after the discussion

a. Because they were lost and were running out of food.

b. Yes, they did. Some huge doors, some huge furniture, a monster, some giant kangaroos.

c. Captain King was_____. Gork was_____.

（Invite students to give reasons.）

T：Since Gork was unfriendly. So what would he probably do to the crew after he gave such a frightening roar?

（vii）Predict

What would Gork probably do to the crew?

He would probably eat them. He would probably kill them. He would probably catch them.

第二阶段,结合前面提到的故事要素,通过阅读第一部分让学生了解故事大意;通过相互问答的形式让学生把握文章中的一些重要细节;通过第一部分结尾时的悬念让学生进行猜想,激发他们阅读第二部分的兴趣,从而培养学生的推断能力、分析能力以及概括总结能力。

片段3：

Ⅱ. Think and choose

（Invite students to make a choice and give reasons.）

T：So the best title is "Caught by Gork". I'm wondering whether they could escape from Gork successfully. So let's have a group discussion：Was it possible for the crew to escape? Why?

Ⅲ. Have a group discussion

（Invite students to give answers and write them down on the blackboard.）

T：So we are not sure whether they could escape from Gork or not. Do you think this is the end of the whole story? Of course not,so see you tomorrow. And for today's homework. Please act the story out in a group of six.

第三阶段,在理解全文的基础上,为文章起一个标题以帮助学生从宏观上把握课文。用开放性的问题提升学生思维品质。

（3）教学反思

面对不太熟悉的学习内容,学生会出现两种情况,一种是敢于挑战,一种是畏难。

在课堂上,教师分部分讲解课文内容,降低了学生的学习难度,减轻了学生的心理负担,在比较轻松的学习氛围中提升了学生的英语阅读能力。需要强调的是,促进学生思维发展的教学过程不应该是学生被动接受的学习过程,而应该是学生积极主动的思考过程。本节课从学生的角度设计课程,尊重学生思维的独创性,把课堂真正还给学生,帮助学生解决了思维过程中出现的问题。

2. 8A U6 Nobody wins(Ⅱ)

(1)背景介绍

我们在阅读教学中,经常会通过改写故事结尾或者续写故事,为学生搭建平台,充分激发学生的想象力和创造力。

牛津英语教材 8A U6 Nobody wins 是一篇连载的关于太空旅行和探险的科幻小说的第一部分,讲述了太空船上的全体乘务员陷入外星人的圈套的故事,故事情节还没有发展到高潮和结局。

(2)片段分析

在处理文本时,教师力求抓住小说的要素进行教学,让学生了解小说的特征,培养学生阅读小说的能力。在教授这篇课文时,教师让学生带着问题去阅读并提出自己的问题,先教学生认识新单词,再带学生理解文章内容,最后进行发散性思维训练,如归纳故事梗概、对故事中的人物性格进行分析、预测故事的发展趋势、续写故事。这样就给了学生思考、想象的空间。教师积极引导、适当拓展,不仅提高了学生的语言运用能力,而且培养了学生的创新性思维,有利于提高学生的写作水平。在此基础上,教师引导学生把他们的创造性结尾与课文融合在一起改编成短剧,分组表演。这种建构让学生在理解的基础上学会了思考,充分调动了学生学习英语的积极性。小组活动面向全体学生,践行"以人为本"的素质教育思想,使语言教学的过程同时成为提高学生人文素养、增强学生实践能力、培养学生创新精神的过程。课堂的核心定位是学生,"以学生发展为中心"这句话不仅要说,更要体现在每节课上。八年级的学生精力旺盛,满怀信心,正是学习新知、增长才干的黄金时期。所以,有效的语言教学不仅能提高学生的听、说、读、写等基本技能,还能提高学生的信息筛选能力、信息再加工能力、上下文分析能力、概括总结能力和推测预判能力等。

教学过程如下:

I. Pre-task Preparation 和 Lead in

(i)播放一段有关外星人的视频《黑衣人》

将学生带入太空世界,营造课堂氛围。

(ii)天地对话

如果有机会与宇航员对话,你会向宇航员提些什么问题? 师生交谈,活跃气氛。

（iii）Word Competition 和 Cross Word Puzzles 活动

将学生分为两组，就前三个课时所学单词和短语进行竞赛。竞赛规则是 A 组同学根据幻灯片上图片说出单词或短语的英语解释，B 组同学（背对图片）根据所听到的英语解释说出单词或短语，并且正确拼写。竞赛提高了学生的参与度，激发了学生的探索热情，同时帮助学生进一步巩固和检测了以前所学单词和短语，练习了听说。Cross Word Puzzles 活动则偏重所学单词和短语在剧中的应用。

II.　While-task Procedure

（i）进一步熟悉课文，根据所给的短语一段段地复述故事

a. run out of, land, close to, two storeys high.

b. approach, earth-type, shake, hop in.

c. roar, turn one's blood to ice, customs, at dawn, spring, be caught in a trap.

d. be wrong about..., roar with laughter, do sb. a favour, trust.

（ii）分析故事中的人物性格

给学生思考和想象的空间，让学生通过分析故事内容、人物语言和行为，归纳和总结故事中的人物性格。

Gork：cruel, rude...

Peter：frightened, timid...

Lam：careful, responsible, skillful, experienced...

King：brave, intelligent, confident, calm...

分析故事中的人物性格，不仅让学生对故事的理解更为透彻，而且让学生懂得成为太空人需要具备哪些条件，还在潜移默化中让学生明白处境艰难时，应该以哪个人物为榜样，学习他的哪些品质。

（iii）亲身体验

请学生亲身体验故事中的人物，通过想象模仿他们的动作、说话的语气和音调等。在这一环节中，教师发给学生自己事先准备好的 Cube cards，上面写有不同人物的台词，请学生尽可能地表现出人物的性格。该环节考察了学生的勇气、表演力以及对故事的理解程度。

III.　Post-task Activities

（i）学生分组讨论，合理续写故事结尾并且分角色表演出来（Role play），发表自己对课题的看法

由于课文故事留有悬念，并且该项内容只是对课文结尾各种可能性的设想之一。因此，各小组要进行讨论，为故事中的主人公想一个更加和平的办法来化解冲突，以此

为故事画上一个圆满的句号。通过这一环节的锻炼和实践,学生能体会到英语学习的快乐,增强学习英语的信心。

（ii）小结

面对地震、台风和火灾等灾害,我们要向 King 学习,保持冷静,努力找出脱离险境的办法。

分层布置课后作业,以满足不同层次学生的要求,让每个学生都得到切实有效的锻炼。

（3）教学反思

本课时中,教师为学生提供了展示自我的平台。通过表演的方式,让学生在看和听的过程中不知不觉地复习了故事内容,进行了听力训练。在后续的教学中,让学生分组讨论有助于学生在理解的基础上学会思考问题。复述和讨论充分调动了学生学习英语的积极性。面向全体学生,践行"以人为本"的素质教育思想,使语言教学的过程同时成为提高学生人文素养、增强学生实践能力、培养学生创新精神的过程,让学生对英语学习有了正确的认知和持续的兴趣,让学生有了积极学习英语的动力和获得成功的渴望,让学生有了主动参与语言实践的意识和习惯。

3. 9A U5 Memory

（1）背景介绍

9A U5 Memory 是一篇介绍记忆的科普说明文。其教学重点在于如何通过不同的阅读活动教给学生多种阅读方法,进而提升学生的阅读能力以达到培养学生创新思维这一目的。

（2）片段分析

本节课的文章处理从三个方面入手,提升了思维量。

I. 从整体到段落

先让学生对文章的结构与内容有所了解,再进行段落内部的细节处理。先找每一段的中心句,再找每一段中与中心句相关的信息。以第一部分的教学为例。

Read and answer

T：Certainly,you have already got some information about memory by the first reading. Let's find more details about it. Please read the first paragraph in part one and answer the questions.

a. How many kinds of memory do we have? What are they?

b. What happens when people get old?

（Invite students to answer. ）

T：The first paragraph is about memory. Then how about the second paragraph? What's it about? A joke. But why? Why did Arthur tell us a joke? Please read the two paragraphs together to find out the answer.

c. What did the joke tell us about memory?

（Invite a student to answer.）

II. 从任务性问题到开放性问题

以任务性问题帮助学生理解文章,问题由易到难,同时照顾到了不同层次学生的需求。以第五部分的教学为例。

Read and answer

a. What do you think of my example?

b. What is the first example?

（Invite a student to read.）

c. Just imagine how will you feel at that time?

d. Can you find a word that means exciting from this part?

III. 从文本到现实

联系学生个人情感,实现思维创新。以最后一个教学环节为例。

Have a group discussion

T：So let's have a group discussion and find out your way of improving your memory. You can use the sentence structure in your worksheet.

（Invite students to answer.）

（3）教学反思

本节课抓住文本的基本特征（即说明文、举例法、图文并茂、段落之间具有逻辑关系）,设计了一些有利于发展学生思维的教学活动。整节课思维量较大。但作业针对性不强,可以设计为"如何记忆今天的单词"。只有让学生学以致用,才能真正实现教学的意义。

二、英语阅读教学育人价值行动研究小结

（一）文本解读实现育人目标

在一系列的探索、实践、研究之后,我们认识到,要实现英语阅读教学的育人价值,必须从文本解读开始,发现育人点,制定育人目标。我们进行了以下尝试:

1. 文本情景化

情景指社会语言情景,又称社会语言环境,既包括运用语言交流思想、情感和信息的社会语言情景,也包括运用话语进行交际的社会语言背景。社会语言情景能使抽象

的语言具体化、生动化、形象化。在具体、生动、形象的社会语言情景中学习、操练外语能促进学生对语言的理解和记忆。在英语阅读教学过程中,语言和情景的紧密联系表现为文化背景知识、图片、动画、朗读与文本的结合。我们可以通过文本情景化来提升学科育人价值。下面以教材阅读内容为例,谈谈我们的一些做法。

(1) 以文化引入情景,培养学生的综合人文素养

8B U6 France is calling 是一篇介绍法国旅游知识的文章,所以以新古典主义画派代表人物雅克·路易·大卫的作品《跨越阿尔卑斯山圣伯纳隘道的拿破仑》引入最为合适。这幅名画提供了法国三方面的文化背景知识,即法国重要的历史人物(拿破仑)、法国文化不可或缺的部分(油画)、法国地理位置(东南部尼斯附近的阿尔卑斯山)。这幅名画,不仅使学生了解了法国文化,还有效地拓展了文本内容,从而使学生对法国文化产生浓厚的学习兴趣。可谓一举多得。

(2) 以图片再现情景,培养学生的信息转化能力

几乎所有的牛津英语教材阅读内容都安排了切合文本的图片。这些图片在再现生动形象情景的同时,也承担着文本信息的传递工作。但这些图片是否起到了应有的教学辅助作用呢? 答案也许是否定的,有不少教师忽略了它们的存在。

8B U1 Pollution Fighters 中有三张图片。第一张,展示了全文对话情景,介绍人物及活动。第二张,展示了树与空调的对等关系。第三张,展示了树根相连情景,介绍树与树之间的信息传递。基于这些分析,在讲解课文之前,教师可以让学生根据图片思考以下问题:What do you think the people in white is? Why? What are they doing? __ trees = __ air conditioners? Why do the trees join their roots together? 从生动的图片中获取相关信息,不仅激发了学生的好奇心,同时也有效地提高了学生对图片的分析能力。课堂上学生学习兴趣很高,参与也很广泛。

(3) 以动画展示情景,创设轻松的育人环境

动画发挥着活跃课堂气氛、吸引学生注意力、引发学生好奇心等作用。以合适的动画来展示复杂的文本情景,不仅有趣,而且大大降低了文本理解的难度。8B Chapter 2 Water Talk 中的水循环是全文重点,但文本较长,不利于学生理解。教师从网络上搜集了一段动画短片,以生动形象的水滴之旅重现了文本内容。通过动画短片学生很快就掌握了水循环的相关知识。此后,当学生再进行文本阅读时,脑海里呈现的便不再是枯燥无味的文字,而是一幅幅生动的场景。

(4) 以朗读体验情景,培养学生的语言感悟能力

在预升初和初一的英语阅读教学中,教师非常重视朗读。但到了初二之后,由于课文难度提升以及这个阶段学生自身的特点,朗读在英语阅读教学中没有受到应有的重

视。"书读百遍，其意自现"，在英语阅读教学过程中，教师应鼓励学生大声有感情地朗读课文。

8A 最后两篇课文 Nobody Wins 的故事性很强，通过分角色朗读，虚拟课文情景，学生很容易就能把握住人物性格，理解文本场景，学会语言应用。如，要正确表达"Peter whispered"这句话，学生就得正确理解文本"whispered"。

8B U5 第 12 自然段中有一句话：I smelt smoke! A fire! But where? 此处采用了省略这一写作手法。目的是什么？教师可以让学生比较"I smelt smoke! There is a fire! But where is the fire"与原文。通过朗读，学生可以感受到原文的急促，原文更符合一位盲人在发现火灾时内心的慌乱与焦急之情。

而像诗歌这样的文本，学生更需要运用朗读技巧来体会其魅力。

当然，要使情景与文本更好地相结合，教师不仅要理解文本的内容，还要不断扩展自己的文化视野与思维方式。生动、贴切的文本情景更有助于提高学生在阅读过程中的语言感悟能力。

2. 文本抽象化

文本抽象化的原因有两个。第一，精读基于泛读，为了更好地理解文本，必须从整体上把握文本。第二，培养学生的概括总结能力，在有限的时间里，提取文本要点。

（1）构建文本的整体结构，提升学生的概括总结能力

语篇是有条理、上下连贯、前后一致的有机的语言整体。较大的语篇，如教材中的课文，都有开头、中间、结尾等部分。因此，分析文章的整体结构是有一些基本规律可循的。

在初中牛津英语教材中，文章体裁一般以记叙文为主。以故事为中心的记叙文，其整体结构离不开故事的起因、经过以及结尾。但有时出于表现手法上的需要，文章并不按照故事发展的顺序展开。如果文章较长，部分学生会出现思维混乱、把握不住文章中心等情况。这时教师引导学生从整体上还原一个故事的脉络，有助于学生理解文章的结构框架。

以 8B U3 A dangerous servant 为例。这是一篇以 trick 为主线的故事。全文共 21 个自然段，前 3 段是故事的起因，Benny 要求 Daisy 去买几节电池以达到 trick her 的目的。接下来的 10 段，以 Benny 和父母的对话形式来介绍电的属性等。之后，作者给出了这个故事的结尾——trick 的失败。如果让学生浏览整篇文章，构建文本结构图必然是个难点。所以，在进行这篇文章的阅读教学时，教师把开头和结尾放在一起形成一个完整的故事，分析完 trick 之后，再回到中间的 10 段介绍电的属性，使整个分析过程更连贯，衔接性更强。学生很容易就把握了整篇文章的结构框架，轻松完成了接下来的分段任务。

重组文本内容只是简化文章结构的一个方法。在线性发展的文本中,更重要的是引导学生通过文中的关键词与中心句来了解文本整体思路,以便更好地解题。如第14自然段中有一句话:There was a grin on his face。Grin 是新授词,意为 to smile widely。在此教师设计了这样一道思考题。

There was a grin on Benny's face,because＿＿＿.

A. He thought he should be polite with Daisy.

B. He thought his trick would be successful.

C. He was glad Daisy would bring back his packet of electricity.

仅凭这一句话,学生无法给出正确的答案。但在把握了文章整体结构框架之后,学生就能很自然地在故事开头找到贯穿全文的 trick,从而顺利解答题目。

（2）梳理文本的内部关系,提升学生的分类归纳能力

夸克等（1985）在讨论语篇关系结构时认为,英语有以下三种基本关系结构:一般与特殊（general and particular）、递进（progression）、相容（compatibility）。

一般与特殊指的是叙述先从一般出发,然后再讨论特殊。如 8A U4 Numbers 一文中,先介绍了所有数字的共性,然后再介绍了特殊数字 0。

递进指的是以时间先后、推理起结等为序进行叙述。这在叙述性的故事中,最为常见。如 8B U4 就是根据会议议程来安排文章的。在教学过程中,教师可以引导学生根据一些有关时间、逻辑的词语来发现文章内容上的这种递进关系,如时间副词、序数词。当内部关系结构不是很明显时,教师应引导学生挖掘文本深层关系结构。

相容指的是把有关的事情"相提并论",主要表现为匹配（matching）和对比（contrast）两方面。8B U6 中的很多段落都是匹配关系。如第 8 自然段与第 9 自然段,都围绕法国的领先性展开介绍,一个有关时尚,一个有关文化。第 9 自然段开头的 too,就提示了这两个自然段之间的匹配关系。8B U3 中的几个自然段很好地体现了水与电的对比关系。虽然这种对比关系在文中不是很明显,但教师正可借此来训练学生的逻辑思维能力。通过让学生阅读课文第 5 至 13 自然段并填写表 6－7,教师一方面帮助学生了解了文章内容;另一方面帮助学生分析了文章结构。

表 6－7　水与电的对比关系

Same	Flow	Have a meter to measure the mount	We pay for them monthly	Useful and dangerous
Different	Through a wire	A power station		
	Through a pipe	A reservoir		

教师通过对文本结构的挖掘引导学生构建文章的组织缩略图,从而指导学生从语篇角度把握作者的创作思路。

3. 文本精细化

教材不仅有着合理的文本结构,还有着丰富的词汇和多样的句型,因此,应当被看作一种精读材料。教师应着眼文本细节,把阅读教学做实做全。

(1) 抓住衔接还原文本,培养学生思维的精确度

衔接是语篇特征的重要内容,它体现在语篇的表层结构上。语法手段(如照应、替代、省略)和词汇手段(如复现关系、同现关系),都可以用来表现结构上的衔接。它是语篇的有形网络。

替代这种衔接性语篇特征在教材文本中多次出现,一般是用代词来替代前面所提到的人或事。还原这些文本,有利于增强文本的连贯性。8B U2 从第 4 自然段开始,就出现了这样的替代。"Do you know where I am from?""From the tap, I suppose," said Daisy. "Yes, yes, but before that?"关于 that,有学生理解为 the tap,有学生理解为 from the tap,有学生理解为 I'm from the tap。对 that 的理解程度反映了学生对文本的理解程度。

在教材所提供的一些练习中,甚至在中考试题中,都出现了还原代词文本这种题型。所以在阅读教学过程中,引导学生分析这些隐性知识是十分必要的。

(2) 利用连贯猜测文本,培养学生思维的连贯性

连贯指的是语篇中语义的关联。连贯存在于语篇的底层,通过逻辑推理达到语义连接的目的。它是语篇的无形网络。

在语篇分析中,把握具体环境,对正确理解语篇具有十分重要的意义。中考所要求的根据上下文猜测词义的理论也来源于此。因此,为了训练学生利用连贯猜测文本的能力,在新授课文时,教师应有意识地保留一些重要单词,将其作为课堂阅读练习的一部分。如 8B U1 中有两句话"Trees are natural air conditioners""They take harmful gas from the air, and release oxygen into the air"。学生根据上文的 take from,很容易就可以猜测出 release into 的词义。不查词典就能了解文本的含义,让学生充满了自信心,也减轻了他们对阅读的恐惧感。

(3) 分析句际关系把握文本,培养学生思维的逻辑性

句际关系,又称超句关系,指的是在连贯的语篇中,句子与句子之间在结构上和意思上的联系。从逻辑意义上看,语篇中句子间的句际关系主要有 8 种类型:并列、对应、分解、分指、重复、转折、解释、因果。

以 Water Talk 中第 2 自然段为例。"Turn that tap off," a voice said loudly. Daisy froze. She looked around, but saw no one. "Turn that tap off. You're wasting of water," the voice sounded impatient. 教师可利用问题"Why did the voice sound impatient"来引导学生分析句子与句子之间的因果关系,帮助学生理解 impatient 中含有 angry 这种情绪。

而对于《Never a dull moment》这首小诗,So come down to our house, you don't need the address, you'll hear it ten miles away, and the outside's a mess,后两句话是对前两句话的解释。教师可利用问题"Why don't you need the address to find their house"来促进学生逻辑思维的发展,提高学生的写作能力。

正确分析句子与句子之间的各种逻辑关系,是正确分析段落甚至全文的基础。而词、句、段的分析又在文本理解过程中相互关联和影响。因此,在挖掘文本过程中,教师必须在词、句、段的分析上下功夫,以达到文本精细化。

(4)根据语境挖掘文本,培养学生思维的深刻性

语境指的是言语活动在一定的时间和空间里所处的境况。语篇的含义主要依赖于语境。语篇与语境相互依存,相辅相成。要准确地理解语篇所传达的意义,通常是离不开语境的。语言性语境是指上下文。非语言性语境是指语段或句子的意义所反映的外部世界特征。

在阅读教学时,我们可以根据语言性语境和非语言性语境,推断文本隐含的意义以及作者的态度、意图等。如在 A dangerous servant 的第 3 自然段中,Benny laughed:"Ha! Ha! I've tricked Daisy at last." 此处不难体会到 Benny 的自满之情。但 at last 又说明了什么问题呢? 我们可推测这已不是 Benny 第一次戏弄 Daisy,但前几次全都失败了,所以这次才是终于成功。而到了文本的第 14 自然段,Daisy came back. Benny said politely,"May I have my packet of electricity?" 这里 Benny 真的是出于礼貌才使用这样客套的问句吗? 基于前面的分析,我们又可得出结论:假惺惺的礼貌是胜利者对失败者更大的讽刺。

作者如此安排,就是为了引导学生从故事的结尾中寻找答案。在故事的结尾,出现了"But...but..."这样的表述。这里的张口结舌与前面的快言直语形成鲜明对比。由此我们可以利用文章中的一个单词来总结作者对 Benny 这一人物的评价,即 foolish。

其实不仅仅是句子,有时一个单词,也能反映出整篇文章的基调。如"Water was pouring into the sink and vanishing down the drain"这句话中的 pour,就形象地描绘出水流冲击的有力场景,也透露了水资源的浪费程度。

与语文阅读教学一样,英语教师也应强调好词好句,从细节着手,精读课文,把语篇分析落到实处,切实提高学生的阅读能力。

（二）阅读提升思维品质

阅读课上应该如何提升学生的思维品质，我们做了以下探索：

1. 从导读入手，指导读前预测，激发阅读兴趣

英语阅读课中，导读是非常关键的环节。导读直接关系到学生的学习积极性和学习兴趣能否被充分调动起来，因此，教师应运用多种导读方法，激发学生学习兴趣，使学生主动参与教学过程，为阅读整篇课文打好基础。在 Mary Lee Field 著的《*Text Features and Reading Comprehension*》一书中有这样一句话：One of the greatest aids to activating background knowledge is a picture。这说明在导读时，教师可以通过图片或照片激活学生的背景知识，使其联想有关的话题或单词。因此，在导读过程中，教师要做好引导工作。课文插图往往暗示着本文的主题；文本标题往往体现了本文的主旨、文体及写作意图。上海版牛津英语教材中图片信息非常丰富，几乎每一篇阅读课文均配有相应的插图。这样，教师的导读更有可操作性。例如：在教授上海版牛津英语教材 8A U3 阅读部分 Dealing with trouble 时，教师通过幻灯片展示课本的插图，并在插图旁显示 Who、Where、What 启发学生思考，激化思维矛盾，让生生之间、师生之间的观点发生碰撞，增强学生的阅读欲望。图片还可以帮助学生理解文本中的重点词汇。该环节猜思结合，能够激发学生内在学习动力，活跃课堂气氛。例如：在教授牛津英语上海版 8A U2 A day in the life of... Whizz-kid Wendy 中的 title 和 introduction 时，教师提出两个问题，即 Where can we read this article, in a story-book or in a magazine or maybe other places? Who may write the introduction? 这两个问题具有一定的开放性，为学生搭建了新旧知识的桥梁，打破了学生的思维定式。学生根据已有的知识，结合图片和标题及自己的想象进行了预测，认为该文本可能会出现在杂志上的一个人物专栏。以上两个例子中，教师都引导学生根据图片、标题和介绍部分讨论并且预测文本内容，有助于培养学生的创新性思维能力。

2. 从文本入手，运用阅读策略，提高思维品质

（1）速读全文，了解大意，获取表层信息

这一环节中，学生先运用不同的阅读策略，如 skimming 和 scanning，获取表层信息。再根据上下文猜测词意，如：上海版牛津英语教材 8A U3 Dealing with trouble 第 1 自然段 Today my dad and I were waiting for the ferry when suddenly we heard a big argument. Two women tourists and a young man were shouting at each other 中的 argument 是新单词，学生可根据后面的 shouting at each other 来猜测 argument 的含义。这里要求学生独立思考领悟作者意图。

教师可以利用内容图示（content map）或关键词图示（key word map），激活学生已

有的图示,帮助学生迅速捕捉信息,建立新的图示。例如:在教授上海版牛津英语教材8A U2 A day in the life of... Whizz-kid Wendy 时,教师通过如图6-3所示的思维导图帮助学生迅速掌握语篇内容,并为他们口头转述语篇内容提供了一定的帮助。

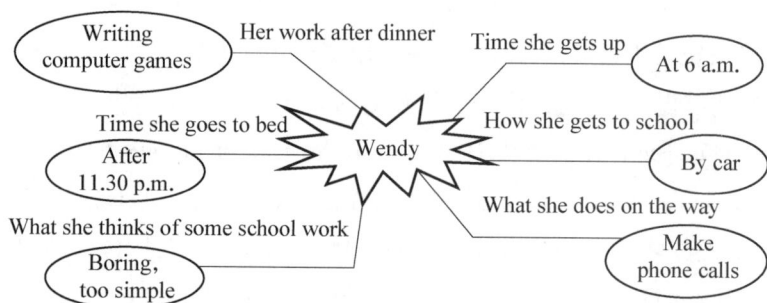

图6-3　思维导图

（2）逐段精读,获取细节,挖掘深层内涵

精读主要是指教师指导学生仔细阅读课文、分析段落大意和主题思想的过程,目的是培养学生的独立思考能力和逻辑推理能力。例如:在教授上海版牛津英语教材8A U3 Dealing with trouble 的第4自然段时,教师将第一句话拿掉,希望学生通过对细节的阅读来推测本段的主题句(topic sentence)。又如:在细读上海版牛津英语教材8A U2 A day in the life of... Whizz-kid Wendy 后,教师让学生用自己的语言概括各段大意,并根据时间线索把课文分成 before school、at school、after school 三个部分,以加强学生对文本的理解,提高学生的概括能力和分析能力。

（3）读后评析,深化认知,进行批判性思考

在阅读教学中,教师可以采用小组合作形式组织学生讨论。小组合作中,不同观点的碰撞会产生新的信息和知识,这对于培养学生的创新性思维能力大有帮助。例如:在教授上海版牛津英语教材8A U2 A day in the life of... Whizz-kid Wendy 时,教师通过让学生完成表格,对比 Wendy 和自己的日常生活,引发学生思考,通过让学生讨论天才少年的某些异常行为及其不同于常人的学习方式,鼓励学生 Enjoy the life and try their best to be successful。教师在读后活动中设计贴近学生生活实际的情景对话活动,可以激发学生的学习动机,调动学生的学习积极性,培养学生的创新性思维能力。在情景对话活动中,学生必须根据情景重新组织语言,完成交际任务。

在上海版牛津英语教材中有很多故事。故事教学应该抓住故事的要素,做到泛读与精读相结合。在阅读教学中,讨论能让发言学生的思路逐渐变得清晰,能激活参与讨论的其他学生的思维,能促进全体学生对某个话题的深入思考,使语言教学的过程同时

成为提高学生人文素养、增强学生实践能力、培养学生创新性思维能力的过程。

（三）阅读提升跨文化意识

我们深知，语言有丰富的文化内涵。在外语教学中，文化是指所学语言国家的历史地理、风土人情、传统习俗、生活方式、文学艺术、行为规范、价值观念等。接触和了解英语国家文化有助于学生理解和使用英语，有助于加深学生对本国文化的理解与认识，有助于培养学生的世界意识。在教学中，教师应根据学生的年龄特点和认知能力，逐步扩展文化知识的内容和范围。在英语学习的起始阶段，应使学生对英语国家文化及中外文化异同有粗略了解，教学中涉及的英语国家文化知识应与学生的日常生活密切相关并能激发学生学习英语的兴趣。在英语学习的较高阶段，要通过扩大学生接触异国文化的范围，帮助学生开阔视野，提高学生对中外文化异同的敏感性和鉴别能力，进而提高学生的跨文化交际能力。

胡文仲教授曾说过："语言和文化有密切关系，学习外语不仅仅是掌握语言的过程，也是接触和认识另一种文化的过程。"英语教学一定要贯穿文化教学，我们要培养具有跨文化交际能力的英语人才，就要在英语教学中融入文化知识教学和文化理解教学。文化知识教学帮助学生掌握文化知识，而文化理解教学帮助学生理解文化知识并提高跨文化交际能力。所以，我们要挖掘所教内容内在的文化因素，因势利导，努力培养具有跨文化交际能力的英语人才。为此，我们努力做好以下几点：

1. 充分挖掘教材内涵，通过日常教学活动渗透跨文化意识

英语教材内容丰富，许多课文涉及英语国家典型的文化知识。因此，教师应结合课文，介绍英语国家的历史、地理、风土人情、民族、制度、饮食习惯等文化背景知识，使学生全面认识英语国家。

（1）中西方节日

学生应该了解西方重大节日，如圣诞节、复活节、感恩节、万圣节。教材里有很多值得挖掘的文化信息，在教授上海版牛津英语教材 7B U3 Santa Claus is coming to town 时，我们将信息技术学科和英语学科整合起来，通过图片和幻灯片让学生了解圣诞节的历史、有关圣诞节的英语故事和歌曲。整体内容丰富有趣，学生以轻松愉悦的心情体验外国文化并感悟其文化内涵。课上，学生与可爱的圣诞老人现场互动并进行对话，通过阅读 Christmas Eve 等英语故事、欣赏 Silent night 等优美的歌曲来感受圣诞节的气氛。课后，学生通过为自己的好友或亲人制作一张 Christmas Card 来体验浓郁的外国节日文化。

上海版牛津英语教材 6B U3 The Dragon Boat Festival 一课，介绍了端午节的起源及伟大诗人屈原的故事。这里教师可以让学生对比中国的端午节和国外的复活节，感受

不同节日蕴含的不同文化气息。

教师还让学生对比中西方两种文化背景下人们接受礼物的方式。西方人表达感情直接,不当面拆封并欣赏礼物是非常不礼貌的。而中国人则恰恰相反,这与中国传统文化有关。教师在呈现圣诞文化的同时,让学生将其与中国的传统节日进行比较,加深了学生的思维深度。

（2）旅游

情景教学是英语教学中非常实用的教学方法。为此,我们在课堂上设置不同的语境,灵活选用训练方法,引导学生将文化因素放到有意义的交际场合中使用,鼓励学生进行各种听说训练,培养学生的交际能力。我们通常采取角色扮演（role play）和快速应答（quick response）等方法。例如:在教授上海版牛津英语教材 7B U3 Garden City and its neighbor 时,我们通过图片和幻灯片将上海的一些标志性建筑,如东方明珠、金茂大厦、上海大剧院、豫园、外滩、人民广场、佘山旅游度假村,呈献给学生,让两个学生分别扮演初次见面的外国游客和中国导游,进行情景对话。我们通过让学生扮演不同的角色进行跨文化交流,引导学生遵守英语交际的基本礼仪,在听说过程中注意使用礼貌用语,尽量运用西方人的思维方式。

（3）饮食

我们注意加强中西方饮食文化差异的比较,将其自然地渗透到英语教学中。例如:在教授上海版牛津英语教材 7A U9 The international food festival 时,除了介绍各国的特色菜外,我们还介绍了不同国家的饮食习惯,比如在西方国家点菜的顺序一般是饮料（drinks）、汤（soup）、色拉（salad）、主菜（main dish, main course, enter）、甜点（dessert）。同时,我们回顾了 6A U10 Healthy eating 中 Food Pyramid 相关内容,给出场景 Eat out at a buffet,让学生进行口语操练。这样,学生进一步拓展了关于健康饮食方面的知识。我们又适时地给学生讲解了中西方饮食文化差异,引导学生选择健康合理的饮食。另外,我们还教学生如何正确使用西方餐具。

总而言之,在阅读教学中,我们不仅要让学生把握文章主旨,学习语言知识,提高语言技能,还要引导学生随时随地挖掘其中的文化信息,使学生在习得语言的同时,加深对文化的理解。

2. 通过各种渠道,传播文化知识

我们在校园的宣传栏上开辟了英语学习园地,介绍一些习惯用语和名言名句,利用这些展板定期宣传英语文化。我们重视教室里英语学习氛围的营造。比如:新学期开学,我们以"走出家门,了解世界"这一主题来布置教室,让学生搜集有关世界各地文化的材料。通过这个活动,学生初步了解了世界各地特别是英语国家的历史地理、风土人情、文化理念。

我们开展经典英语文化活动"世界文化游园会",让学生有机会全方位体验异国风情。现场被分为多个展区,展示学生、家长和老师一起制作的精美展板,陈列各国具有代表性的文化产品。我们还设计了有关各国文化的闯关活动。游园会中搜集不同国家资料的学生运用该国简单的语言进行交流,这为学生提供了一个练习语言、了解世界文化的机会,同时也检验了学生的跨文化交际能力。

一年两度的英语舞台剧表演提高了学生的自主学习能力,使英语教学朝着个性化的方向发展。学生准备舞台剧时,必须查阅大量资料,对剧本的创作背景和西方文化进行解读,在潜移默化中完成对语言的消化。最后的表演为学生提供了真实的语言环境,既锻炼了学生的口头表达能力和表演能力,提升了学生的鉴赏力和审美力,加强了学生对西方文化的理解,又培养了学生的跨文化交际能力。

英语舞台剧课程是一门提升学生综合能力的课程。它涉及语言的习得、艺术修养的提升,关乎团队合作、同伴交往、纪律与自由、挑战与冒险、勤勉与努力、自我发现等多个方面。学生在排练和演出过程中不断克服困难、解决问题、获得成长。

教师要加强对学生的正确引导,让学生在了解西方文化、吸收其先进思想的同时,增强爱祖国、爱家乡的情感。教师要运用各种方法提高学生对文化的敏感度,培养学生的文化意识,使他们能自觉主动地融入新的文化环境,同时对自我文化身份产生高度认同,不至于在多元文化中迷失自我文化身份。

三、心理语言学在英语阅读教学中的应用

心理语言学是新兴的边缘科学,是心理学和语言学的交叉学科,是研究个体如何获得、理解和生成语言的心理学分支。

英语教学以应用为中心,重视学生语言应用能力的培养,希望学生学一点、会一点、用一点。这与心理语言学在研究外语教学过程中,着重从学习者在某一语言学习阶段所掌握的知识和技能角度出发,分析他们的语言学习情况是一致的。因此,我们在初中英语教学中,应注意以下几个方面:

(一)激发学生学习英语的浓厚兴趣,充分调动学生学习英语的积极性

根据心理语言学理论,学习动机分内在动机和外在动机。内在动机指人们由内部诱因所引起的动机,外在动机指人们由外部诱因所引起的动机。

1. 内在动机

(1)课前导入

在课前导入阶段,我们会尝试创设情境,如在教授 Christmas 一课时,我们会用圣诞

音乐创设情境。这样一种创设情境的教学方法比单纯的语法讲解更直观,更易于学生理解。

（2）课堂教学

我们在课堂教学中努力设置场景,使枯燥的内容生动有趣。如在教授 Seasonal changes 一课时,我们设置场景,请学生小组合作,用彩笔和白纸设计出最理想的校服,并进行简短的英文评论。

少年儿童可塑性强,模仿力强。我们要利用这些特点,抓住有利时机,使他们在学习过程中始终保持浓厚的兴趣。

在日常教学中,我们会根据教学内容为学生创设贴近生活实际的语言活动情境。如在教授 "Asking the way" " Going to the supermarket" "Making a telephone" 时,我们会把教室布置成街道、商店、电话亭,让课堂成为学生活动的乐园。这样做不仅提高了学生的语言运用能力,同时也培养了学生的合作精神和竞争意识。学生不仅是参与者,还是评价者。

2. 外部动机

（1）利用表扬、奖励等方法

正如教育心理学家盖杰和伯令纳所说:"表扬是一种最廉价、最易于使用且最有效的激发学生学习动机的方法。"因此,我们在教学过程中以鼓励和夸奖为主,尽量创造机会让每个学生都获得成功的体验,培养学生的自信心。

（2）引入竞赛

采取个体现在与过去的竞赛、个体间的竞赛、集体间的竞赛等形式,激发学生的学习动机。

（二）尽可能营造英语学习氛围

1. 发挥小班授课的优势

目前,中学生普遍存在口语水平低的问题,主要原因是不具备语言学习环境。针对学生口语水平低的问题,我们采用小班授课的方式,从学生的学习需求出发,了解学生学习新知识的先决条件,为每一个学生量体裁衣,制订学习计划,调动智慧,倾注情感,使学生从学习中获得积极的情感体验,使学生有更多的时间和机会练习听说。这样的教学激发了学生的求知欲。

2. 努力营造英语学习氛围

我们力求丰富教学内容。在完成规定的教学内容之余,我们还会组织学生欣赏原版的英语卡通动画、简易的电影对白和纯正的英文歌曲等。学校的英文广播、英文电视节目都是学生接触英语的途径。此外,我们为学生营造了良好的英语学习氛围。比如:

每个班级专门有个小柜子,里面放一些英文报纸、英文故事书、英文连环画,学生可以随时在教室里进行阅读。

3. 适时纠错

心理语言学研究表明,儿童在学习语言过程中说出的不少语句在结构上或内容上是错误的。对于这些错误,只要不影响思想的表达,成人一般不用进行纠正。随着儿童语言能力的提高,类似的错误会自动消失。教师对学生的语言错误也应采取类似的态度,不要一发现错误就当场改正。同时,作为教师,对学生的语言错误要有预见性,反复讲解学生容易出错的知识点,使它们从短时记忆过渡到长时记忆。

(三) 根据不同年龄学生不同的生理和心理特征,对学生进行有意义、有效的指导

不同年龄学生有着不同的生理和心理特征,所以我们要有侧重地组织英语教学,采取适当的教学方法,充分发挥学生的主观能动性。

1. 初中预备年级和初中一年级

除创设情境外,我们还采用了一些照顾式的语言(caretaker language)。初中预备年级的学生,从小学刚刚跨入中学,英语基础薄弱。教师课堂教学的句子不能过长,使用的单词不能太难,应以简单的短句子为主,否则容易让学生产生畏难情绪,挫伤学生学习的积极性。

2. 初中二年级和初中三年级

随着年龄增长和学习内容增加,学生的心理活动特点也随之变化。我们在每一节课中都设计了两条线,一条是明线,聚焦听、说、读、写等,一条是暗线,聚焦语言知识、情感态度、文化意识、学习策略等,明暗交替,相辅相成,共同促进学生语言运用能力的提高。比如:What will I be 一课讨论的是直观形象的人物外貌,所以明线便是学生喜爱的动画人物及影视明星。学生对这些动画人物及影视明星极为熟悉而且很感兴趣,在课堂中,愿意用自己的语言去表达观点,愿意从听力材料中挖掘信息,在不知不觉中就操练了应知应会的句型。这时教师就可以引导学生发挥想象力,谈论自己和他人十年后的样子,描述并谈论自己和他人十年后与现在相比发生了哪些变化。所以暗线便是引导学生树立正确的审美观,教育学生合理膳食,强身健体。

(四) 兼顾智力和非智力因素,培养学生的英语语用能力

教学的目的不能局限于使学生单纯地获得知识,更重要的是要发展学生的智力。在英语教学中,要加强思想教育,使学生明确学习目的,养成勤学好问、善于思考的习惯。英语教材中有许多材料渗透了德育因素,教师应充分挖掘,寓德育于语言教学中。例如:在 Dealing with trouble 一课中,我们就让学生在学习课文后思考"当自己遇上麻烦时该如何解决""当看到别人遇上麻烦时该如何既保护自我,又帮助他人"等问题。

这些问题的探讨有助于学生认识生命、珍惜生命、尊重生命、热爱生命,提高学生的生存技能和生命质量。又如:在 Changes in Shanghai 一课中,我们让学生利用互联网,收集改革开放前后上海的图片资料并比较变化之处。这样的设计,使学生在深刻理解课文蕴藏的道德美、伦理美的基础上,在潜移默化的情感陶冶中,形成了科学的人生观和正确的审美观,形成了对国家和人类社会发展的责任感和使命感。

综上所述,本章主要反映了共同体学校在英语阅读教学提升学科育人价值方面的实践探索。我们在提取教材及阅读文本中学科育人价值点的基础上,加深学生对家庭、社会、自然、科技、世界文化等主题的理解。我们结合心理语言学相关理论,通过文本解读、文化对比、情境创设等手段,提升了学生的学习能力、思维品质和跨文化交际能力。

第七章　物理学科课堂教学提高学科育人实效性的行动研究

第一节　物理学科新授课课堂教学提高学科育人实效性的行动研究案例与策略

一、在新授课中引导学生设计和优选探究实验方案,提高科学探究能力

设计探究实验方案既是探究实验的核心,也是学生思维和行动的动力。探究实验方案的设计包括四个方面,即实验原理、实验器材、实验步骤、实验数据及现象的记录表格。在这个过程中,教师要根据学生的认知特点和思维水平,适当加以引导和点拨,使其循序渐进地完成探究实验方案的设计,最终让学生经历探究实验方案的全部设计过程。

(一) 通过创设情境和设计问题,引导学生初步形成实验方案

1. 通过创设有效的情境,引导学生合理选择实验器材

人本主义学习理论认为:人天生就有自我主动学习的潜能,学习过程就是这种潜能自主发挥的过程。在教学中,教师要把学生视为教学活动的主体,创设有效的情境,满足学生渴望学习的天性。创设了一个好的情境就相当于为学生搭建了一座桥梁。在教学中教师所创设的情境应当是有效的、适时的、符合学生认知特点的,这样才能提高教学的效率。

例如:在探究平面镜成像实验中像与物的关系时,为了引导学生用玻璃板代替平面镜进行实验,教师可以创设如下情境:在自制的"组合平面镜"(由长1米,宽0.5米的玻璃板贴膜组合而成)前放一个彩虹塔,确保所有学生都能在镜子中清楚地看到彩虹塔的像,此时请一个学生来寻找彩虹塔在"组合平面镜"中所成的像,并将标杆(一根木制的杆子)放置在彩虹塔所成的像的确切位置上。由于教师在"组合平面镜"玻璃板后面贴了反射膜,操作的学生很难找到彩虹塔在"组合平

面镜"中所成的像的确切位置,只能将标杆随意放在"组合平面镜"的后面,其他学生也因此看不到"组合平面镜"后面的标杆,这时所有的学生都发现用平面镜作为实验器材很难找到像的确切位置。教师趁热打铁提问"怎样才能看到镜子后面的标杆",边问边将"组合平面镜"后面的反射膜剥掉,让"组合平面镜"变成一块透明玻璃板。这样学生不仅能看到彩虹塔在玻璃板后面所成的像,还能看到刚才那个学生随意放置的表示彩虹塔所成的像的确切位置的那根标杆。这时学生会恍然大悟,只要用玻璃板代替平面镜,就能看到像和标杆。这就让学生明白了用玻璃板代替平面镜的科学性和有效性。

上述案例中教师以如何确定平面镜所成的像的确切位置为突破口创设情境,让学生在体验和比较的过程中,发现问题,思考解决方法,最终合理选择实验器材。

2. 通过设计递进的问题,引导学生初步形成实验方案

布鲁纳曾指出:学生不是被动的知识接受者,而是积极的信息加工者。如果我们把知识分割成阶梯状,他们不喜欢别人把他们抱到一个台阶上,而更喜欢别人引领他们迈上一个台阶或为他们提供一根拐杖。因此,教师应设计一些逐层递进的问题,为学生搭建"脚手架",引导学生初步形成实验方案。

例如:在探究通过导体的电流与导体两端电压的关系时,教师可以设计如下逐层递进的问题:所测物理量有哪些? 所需实验器材有哪些? 电路图如何设计? 如何得到多组数据? 如何得出普遍规律? 让学生通过对这些关键问题的思考和讨论,最终形成实验方案。

教师设计的问题就像一个个路标,为学生实验方案的设计指明了方向,指引学生沿着合理的实验设计方向一步步走下去。教师通过创设情境和设计问题,引导学生积极思考,帮助学生理解实验原理和设计思路,在潜移默化中学会实验设计方法和实验研究方法。

(二)通过多维互动交流,启发学生优化、完善实验方案

学生在设计实验方案时,常常因考虑不够全面而出现设计缺陷。因此,在学生初步形成实验方案后,教师要营造多维互动交流氛围,引导学生从不同角度思考问题,引发学生间的思维碰撞,以提高学生思考的全面性和整节课的思维品质。交流的时间可以在课前,可以在课上,也可以课前和课上相结合。交流的形式有同组学生之间交流、不同组学生之间交流、学生与教师之间交流等。

例如：在探究杠杆的平衡条件时，甲、乙、丙三个小组分别给出了实验方案。

甲小组的实验方案。第一步：把杠杆安装在支架上，调节杠杆两端的平衡螺母，使杠杆在水平位置上静止。第二步：在支架两侧挂上砝码后，通过调节砝码的位置，使杠杆静止，记录数据。第三步：改变砝码的数量和位置，多次实验，记录数据。

乙小组的实验方案。第一步：把杠杆安装在支架上，调节杠杆两端的平衡螺母，使杠杆在水平位置上处于平衡状态。第二步：在支架一侧挂砝码，然后在支架另一侧用弹簧测力计向下拉杠杆，使杠杆能在水平位置上静止，这样就可以直接在杠杆上读出力臂的值。第三步：多次实验，记录数据。

丙小组的实验方案。第一步：把杠杆安装在支架上，调节杠杆两端的平衡螺母，使杠杆在水平位置上处于平衡状态。第二步：在支架两侧挂上砝码后，通过调节砝码的位置，使杠杆静止，记录数据。第三步：改变支架左侧砝码的数量和位置，多次实验，记录数据。第四步：由于该小组认为使用弹簧测力计施加一个向下的力，与在杠杆上挂砝码的作用相同，所以决定在支架的同侧挂上砝码后，用弹簧测力计竖直向上用力，使杠杆在水平位置上静止。第五步：多次实验，记录数据。

教师先让学生就实验方案展开激烈讨论，在讨论中发现自己的思维盲点，拓宽思维空间，学习优秀的设计思想和思维方法，再通过讨论与交流，统一学生的认识，让学生从各种实验方案中筛选出最佳方案，增强探究的方向性。

二、在新授课中探究概念的形成过程，加深学生对概念的理解

（一）创设问题情境，激发学生主动探究的兴趣

将生活中常见的现象或实例转化为物理问题，是教师必须思考和研究的重要课题。如进行密度教学时，有一位教师是这样提问的：（用幻灯片呈现问题）有一种新材料称为气凝胶，如果将一块气凝胶放在花蕊上，花蕊不会被压弯。如果将一块同样大小的铁块放在花蕊上会怎样呢？学生一下子活跃起来，有的说铁块重，有的说铁块质量大，都认为花蕊会被压弯。教师接着又问：如果用气凝胶做一座像泰山一样的山，你搬得起吗？学生犹豫了。教师由此导入新课。短短 1 分钟，学生的注意力和学习兴趣就被调动起来了。在举了一些学生熟悉的实例（如棉花和石块）后，教师又问：相同体积的汽油和柴油哪个质量大？相同质量的石材和铝材哪个体积大？此时学生的回答五花八门，明显已带有瞎猜的成分。这些问题，学生受生活经验和认知基础影响，在回答时一定会感到困惑。教师此时提问的目的不在于评判对错，而是为了营造一种气氛，让学生

去思考、去挖掘以前的某些经验或知识,让学生去经历这种认知冲突和矛盾的过程,激发学生主动学习和探究的意识。在学生经历了上述这种认知冲突和矛盾的过程后,教师就可以适时引出主题——物质质量与体积之间的关系。

（二）合理设计实验,提高探究的科学性

为了模拟真实的实验环境,教会学生采用图像方法处理实验数据,教师需要认真思考和准备实验器材。

第一,合理选择测量仪器。如对于密度的教学来说,要研究物质质量与体积之间的关系,就要测量物质的质量和体积。而本节课的重点是通过研究物质质量与体积之间的关系进而形成密度概念。为了节约时间,在本节课中,我们选用电子天平代替托盘天平测量物质的质量,选用量筒来测量物质的体积。又如对于欧姆定律和电阻的教学来说,为了得到多组无规律的电压数据,在选择电源时,应选择可变学生电源或者新、旧搭配的干电池。

第二,合理选择待测物质。选择待测物质时,要尽可能扩大数据的分布范围或覆盖面。在进行密度的教学时,应该避免使用形状规则且大小有明显倍数关系的物体,如用三个相同规格的铁柱（或铝柱、铜柱等）作为待测物质。因为这样选择待测物质,一是容易让学生自然猜想倍数关系,而不按实际测量值实事求是地记录数据;二是所有的数据反映在图像上都堆积在一个狭小的区间范围内,很难观察到这些数据的变化趋势,不利于学生理解概念。所以实验器材的准备要有一定的随机性,如在探究物质质量与体积之间的关系时,教师准备的待测物质,首先,要确保是三种物质,可以是石块、玻璃、碎铁块或水、盐水、酒精等;其次,同种物质的质量或体积差异要显著,一个小组测相对较小的,一个小组测相对较大的,一个小组测更大一些的,这样可扩大数据的分布范围,提高结论的可信程度。

第三,合理控制实验条件。在探究通过导体的电流与导体两端电压的关系时,要避免所选择的不同导体之间的电阻差异过小,要避免选择加在导体两端的电压呈现倍数关系,如用 1.5 伏、3 伏、4.5 伏（对应新的干电池 1 节、2 节、3 节）测三次电压。建议首先要选择电阻差异大一些的三个导体（如 5 欧、15 欧、30 欧）分三个大组进行测量。其次,每个大组（同一导体）分 2 至 3 个小组,各小组的电源电压最好不要有明显的倍数关系,可用新、旧搭配的干电池,也可用可变学生电源。再次,小组之间的电压要有显著差异,如一组用 2 伏,一组用 5 伏,一组用 8 伏,目的同样是为了扩大数据的分布范围,提高结论的可信程度。最后,各个小组人员的组成也要尽可能均衡。具有动手操作能力、分析推理能力、语言表达能力等各方面长处的学生均衡组合,更有利于探究活动的顺利开展,有利于活动结束后师生之间、小组之间对探究活动过程和探究成果进行描述、分析与交流,可以最大限度地防止个别学生或小组无法在规定时间内完成活动,从而影响整节课的进程。

三、在新授课中融入物理学史,感受科学研究方法和科学精神

（一）通过物理学史的精彩讲解,帮助学生掌握科学方法

课堂实录:

师:人们从关注力与运动之间的关系到真正认识惯性的存在,跨越了 2 000 年。最早对力与惯性关系进行系统研究的是古希腊的哲学家亚里士多德,他认为力是维持物体运动的原因。我们看到一个粉笔盒静止在这里,它是不会自发从静止转为运动的。要让它从静止转为运动必须要有力的作用(教师演示,手推粉笔盒)。力不断地施加在它身上,它就能持续运动,而力一旦停止作用,它就会停下来,所以力是维持物体运动的原因。大家认为,他说的对不对? 有没有疑点? 大家注意看,当我们停止施力之后,物体仍然在继续向前滑行。这个物体在继续向前滑行的过程中,有没有力来维持? 我们已经学过受力分析了,大家能不能分析一下,当我们停止施力之后,这个物体在继续向前滑行的过程中,受到哪些力的作用?

生1:重力。

师:重力一定有(画图)。

生2:支持力?

师:有支持力(画图),还有什么力?

生3:摩擦力。

师:摩擦力,什么方向? 难道是摩擦力在维持它运动吗?

生3:摩擦力的方向与它相对于接触面的运动方向相反。

师:所以是这个方向的摩擦力(画图),有没有力在维持它运动?

生4:没有。

师:所以力是维持物体运动的原因,这个观点不对。古希腊伟大的哲学家亚里士多德竟然连这么明显的现象都没有观察到,这可能吗? 亚里士多德是这样解释的:物体由运动归于静止叫作自然运动,物体由静止转为运动叫作非自然运动,物体从运动到静止叫作自然,物体从静止到运动叫作非自然。一个物体从高处往低处落叫作自然运动,而把物体举高叫作非自然运动,举得越高就越费力,有没有道理? 听起来也很有道理,到底错在哪里呢?

学生陷入思考。

师:我们来看看伽利略是怎么说的。伽利略之前做了个斜面实验,在一个很

长的木板上刻了一条槽,用羊皮纸铺好以后,让小球从光滑的斜面上滑下来。在这个斜面实验中,他发现当一个物体沿斜面下滑时,它应该要加速,并且这个斜面的倾角越小,物体速度增加得就越慢,也就是说,使它加速的因素就越少;而当一个物体沿斜面上滑时,它应该要减速,并且这个斜面的倾角越小,物体速度减少得也就越慢,也就是说,使它减速的因素就越少。大家想想看,如果中间是一个水平面,倾角为0,那么物体在这个水平面上运动时应该是加速还是减速呢?或许最合理的推理结果是,因为既没有使它加速的因素,也没有使它减速的因素,所以它会持续运动。但是有人见过一个物体在水平面上持续运动吗?

生(全体):没有,我们看到的运动都是很快归于静止。

师:应该要持续运动,为什么会停下来?伽利略认为,摩擦使物体归于静止,而物体运动的本质是应该不断持续下去的。但是,在没有摩擦的光滑水平面上,一个物体永无止境地运动下去,这幅画面太过诡异了,与我们每个人生活当中的直接经验相去甚远,没有人会接受他这样的观点。他要怎么说服别人呢?伽利略想了一个绝妙的主意,他说,如果我们把两个光滑的斜面对接,在一定的高度上静止释放一个小球,那么这个小球从第一个斜面上滑下来将会滚上第二个斜面,但是这个小球能不能回到原来的高度呢?不能。好,如果把第二个斜面变得更光滑一点,这样这个小球滑下第一个斜面滚上第二个斜面时所能到达的高度就应该比刚才更高,而且更接近原来的高度,那么,很合理的结果是,斜面越光滑,这个小球所能到达的高度就越接近原来的高度。如果两个斜面是完全光滑的,那么可以认为从第一个斜面上滚下来的这个小球能回到原来的高度。进一步,如果减小第二个斜面的倾角,那么这个小球在第二个斜面上为了回到原来的高度,就要走更长的距离。斜面倾角越小,这个小球为了回到原来的高度,就要走越长的距离。如果第二个斜面完全水平,那么这个小球为了回到原来的高度,将会在水平面上一直运动下去,直到永远。所以物体在光滑水平面上将永无止境地运动下去,力不是维持物体运动的原因,物体运动也并不需要力来维持。事实上,我们能不能找到一个无限大又没有摩擦的水平面?这是不可能的。但是伽利略的这个推理过程却与真正的实验一样,逻辑缜密,真实有趣,让所有的人哑口无言。为什么大家觉得这幅画面很诡异,最终却又被他说服了呢?你认为他内在的逻辑是什么?我们刚才说了,不可能找到一个无限大又没有摩擦的水平面,那么他是凭什么说服大家的?他的整个推理过程,有没有事实根据?

学生讨论。

师:小球从第一个斜面滑下,将滚上第二个斜面,这是真的。斜面越光滑,小球所回到的高度越接近原来的高度,这也是真的。所以这些都是伽利略的实验事实。那么,很合理的结果是,当斜面完全光滑时,小球一定能够回到原来的高度。这个做不到,是因为没有完全光滑的斜面,这是理想状态。接下来,第二个斜面的倾角越小,为了回到原来的高度,小球将走更长的距离,这是理想状态。因为小球要回到原来的高度的前提就是水平面完全光滑,而小球会在光滑水平面上一直运动下去,这些都是理想状态。所以我们看到,他的推理过程中既有实验事实也有理想推理。他基于实验事实,通过缜密的逻辑进行理想推理。现在大家明白了为什么他这番话说出来以后没有人能反驳他。这个实验背后的逻辑是,只要你承认物体从第一个斜面滑下,将滚上第二个斜面,斜面越光滑,小球就越接近原来的高度,你就必然能推理出小球会在光滑水平面上一直运动下去这一事实。所以,所有人都不得不承认伽利略的观点,维持物体运动的不是力,运动本身就是要持续下去的。完全光滑的斜面是找不到的,无限大的水平面也是找不到的,这种只能够在头脑当中进行的实验,我们称其为理想实验。正是因为这个实验只能够在头脑当中进行,所以它成功忽略掉了一个真实的实验当中几乎永远都不能忽略掉的干扰因素,即摩擦,从而更好地抓住了事情的本质,即力与运动之间的关系。这种忽略次要因素,突出主要因素,把事实和推理相结合抓住自然规律的方法,我们称其为理想实验法。

在这段课堂教学实录中,老师用生动的表情、严谨的语言、缜密的叙述将学生带回了伽利略时期,再现他的研究过程和研究方法,不仅让学生学会了理想实验法这一重要的物理学研究方法,还让学生知道了不能迷信权威,要善于质疑,善于观察并学会用事实和实验说话。

(二)通过物理学史的精彩讲解,帮助学生形成正确的科学态度和科学精神

物理学的发展离不开一批又一批为了科学而不懈奋斗的物理学家。在课堂教学中介绍物理学家的生平,既能让学生深切体会科学探索道路的艰辛,又能让学生对物理学家产生敬佩之情,对知识产生敬畏之情,从而养成正确的科学态度和科学精神。如在牛顿第一定律的教学中,虽然亚里士多德的观点最终被伽利略推翻,但是教师应该引导学生正视亚里士多德的研究背景,使学生认识到他是第一个尝试研究物理学并提出物理学这一名称的人,是较早认真严肃思考力与运动之间关系的人。事实上,整个经典力学的建立就是从对亚里士多德理论的检验和批判开始的。教师要让学生学会用合理、公正、辩证的态度去评价物理学家。

第二节　物理学科复习课课堂教学提高学科育人实效性的行动研究案例与策略

一、精心设计阶梯式复习题,引导学生建构知识体系

根据建构主义理论,课堂教学应当以学生为中心,复习课课堂教学更应如此。在复习课上,教师应当给学生铺设合理的台阶。习题的设计应当由易到难,既要有对旧知识的复习,又要有对新知识的铺垫。同时,教师还要注重激发学生的信心,这样学生才会主动参与知识体系建构,重组前概念、提高元认知,真正达到温故而知新的目的。下面以串联电路的动态计算为例,具体介绍如何设计习题并引导学生建构知识体系。

串联电路的动态计算是教师教学中的一个难点,是学生学习的一个难点,同时也是学业考的重点考核内容。到了初三复习阶段,一些学生潜意识中对解答此类习题有一定的畏难情绪。那么,如何才能重新激发学生的学习兴趣,突破这个教学和学习上的难点呢?教师在一节复习课上,从一幅最基本的串联电路计算图开始,在原图的基础上逐渐添加限制条件,在此过程中不改变电源电压、定值电阻的阻值以及滑动变阻器的最大阻值,以节省学生计算与读图的时间,提高课堂效率。

以下是学案与设计意图。

(一)热身活动

在如图 7-1 所示的电路中,电源电压为 6 V 保持不变,电阻 $R_1 = 4\Omega$,滑动变阻器 R_2 标有" 20 Ω "字样,闭合电键 S,移动滑片 P 时,求电流变化范围。

设计意图:设计这个环节的目的是在电路没有限制电流与限制电压的情况下,让学生学会根据滑动变阻器的范围计

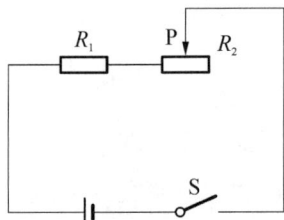

图 7-1　电路 1

算对应电流的变化范围。这样低起点的设计,目的是让绝大多数学生能顺利完成这一活动,增加学生的学习信心。

(二)两个活动

1. 活动一

在如图 7-2 所示的电路中,有一个量程为 0~0.6 A 的电流表,其他条件不变,在保证整个电路中的元件都不损坏的前提下,求 R_2 允许接入电路的阻值范围。

2. 活动二

在如图 7-3 所示的电路中,有一个量程为 0~3 V 的电压表,其他条件不变,在保证

整个电路中的元件都不损坏的前提下,求 R_2 允许接入电路的阻值范围。

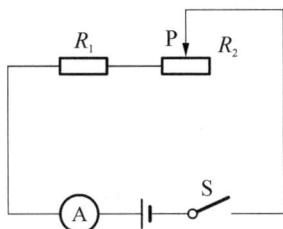
图 7-2　电路 2

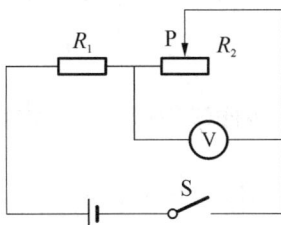
图 7-3　电路 3

设计意图:这两个活动的目的是让学生明确电流表的量程、定值电阻两端的电压等会约束滑动变阻器的变化范围。

（三）自我挑战

1. 活动一

在如图 7-4 所示的电路中,有量程为 0~3 A 的电流表和量程为 0~3 V 的电压表各一个,滑动变阻器 R_2 标有"20 Ω,1 A"字样,其他条件不变,在保证整个电路中的元件都不损坏的前提下,求 R_2 允许接入电路的阻值范围。

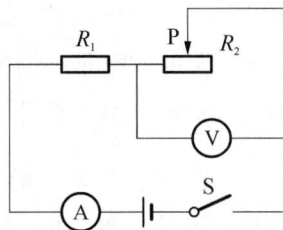
图 7-4　电路 4

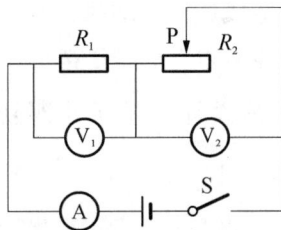
图 7-5　电路 5

2. 活动二

在如图 7-5 所示的电路中,电源电压为 12 V,电阻 $R_1 = 10$ Ω,滑动变阻器 R_2 标有"100 Ω,2 A"字样,闭合电键 S,电流表 A 的示数为 0.2 A,且此时电压表、电流表的量程选择都合适,不改变两个电表的量程,在保证整个电路中的元件都不损坏的前提下,求 R_2 允许接入电路的阻值范围。

设计意图:自我挑战环节是本节课最重要的一个环节,其目的是使学生从会对一般动态电路进行计算,上升到会对电路中电表量程进行选择以及会对电表偏转方向进行判断。这既是在回顾先前知识基础上的提高,也是后续学习替换电阻计算的基础。

在这节复习课中,从热身活动至自我挑战,条件逐级添加,难度逐层递进。当最后一个条件添加完成,最后一个答案顺利得出时,许多学生惊讶地发现,不知不觉中他们已完成了一道串联电路综合习题的计算。这样的复习课教学设计,不仅关注到学生的学习经历,有助于学生建构知识体系,形成严谨、缜密的解题思路,而且能激发学生的学习兴趣并增强学生在复习阶段的学习信心。

二、建立小组协作学习机制,实现教学相长

以罗杰斯为代表的人本主义学习理论认为:人天生就有自我主动学习的潜能,学习过程就是这种潜能自主发挥的过程。在合适的条件下学生所具有的自我主动学习的潜能是能够释放出来的。老师要把学生视为教学活动的主体,创设情境,满足学生渴望学习的天性。学习过程其实就是建构过程,但学生很难自己单独完成这个过程,因此不同学生可以建立学习小组,在组内协商、讨论。讨论的结果有可能使原来确定的、与当前所学概念有关的属性增加或减少,各种属性的排列次序也可能会有所调整。日本教育家佐藤学认为,四至五人男女混合分组是效率最高的分组方式。老师在小组学习中的工作有两项:一是确保每个学生都会参与所在小组的活动;二是确保每个小组都能实现协作学习。下面以试卷讲评课为例,分析如何建立小组协作学习机制,实现教学相长。

试卷讲评课是复习阶段绕不开的一类课型。传统的试卷讲评课上,老师一讲到底的做法往往会造成这样的结果:第一,老师很辛苦;第二,原先会的学生又重新被灌输了一遍;第三,原先不会的学生依旧不会。这种试卷讲评课的效率是不高的。为此,共同体中一位老师设计了基于小组协作学习机制的试卷讲评课。具体设计流程如表7-1所示。

表7-1　具体设计流程

教学环节	设　计　意　图
自主订正	以个人为单位,找出自己不该错的题目并订正,然后记录下自己不会订正的题目
小组合作	(1) 以小组为单位,交流自己不该错的题目并且寻求组员及组长的帮助,订正自己不会订正的题目 (2) 组长负责记下本组不会做的题目
大组交流	各组交流,老师统计各组不会做的题目,并尝试在全班范围内寻求学生解答,如全班无人会解答,则老师解答
寻找疑惑	学生统计出自己上完这节课之后依然不明白的题目
变式练习	针对全班错误率高的题目,进行变式练习

这种基于小组协作学习机制的试卷讲评课,实现了多维交流,既有同组学生之间的交流,又有不同组学生之间的交流,还有学生与老师之间的交流等。学生通过交流发现

自己的思维盲点,相互学习。这节课可以达到这样的效果:原先不会的学生在组员及组长的帮助下,在原有的基础上有所提高;原先会的学生变得更加"精";实现了教学相长,提高了复习课的课堂效率。

三、将习题与实验有效融合,提升学生思维品质

在传统的习题课中,老师很少会让学生进行实验。如果老师将习题与实验有效融合,就会激发学生的学习兴趣。下面以串联电路的故障分析为例,介绍如何将实验引入习题课中。

串联电路的故障分析是初中物理教学中的一个难点,它注重考察学生的分析推理能力,题目形式多样。在传统的习题课中,先学生解题,后老师讲题,非常枯燥。如何激发学生的学习兴趣,并且将形式多样的串联电路的故障分析习题归到一类问题上? 共同体中一位老师在一节习题课上采用了这样的教学思路。

(一)有效融合习题与实验

将全班分成若干个小组,每个小组的实验桌上都放着由电源、电键、导线、小灯泡、电阻连成的电路。但是每个小组的电路中都有一处故障且该故障只出现在小灯泡或者电阻上。有些是小灯泡短路,有些是小灯泡断路,还有一些是电阻断路(短路、断路的灯泡以及断路的电阻都要事先准备好)。

请学生选择实验桌上的电压表、电流表等仪器接入电路中,分别对本组电路中的故障进行分析判断。然后各小组进行交流。

(二)多角度解决问题,提升学生思维品质

接下来,老师设计了这样一个开放性的问题:在如图7-6所示的电路中,当开关 S 闭合后,灯泡不发光。请学生选择实验桌上的电压表、电流表、导线、完好的小灯泡等仪器接入电路中,分别对本组电路中的故障进行分析判断(电路中只有一处故障且该故障只出现在 L 或 R 上),在表7-2中填写一种方法即可。

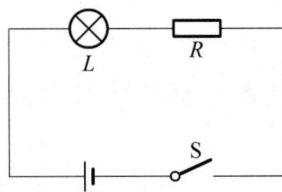

图7-6　电路6

表7-2　故障分析判断表

仪　器	串联或者并联接在何处	现　象　与　结　论

课堂实录:

生1:先在电路中串联一个电流表,如果电流表有示数,那么故障是 L 短路。如果电流表无示数,可以在电阻 R 两端并联一个电压表。如果电压表有示数,那么故障是 R 断路,如果电压表无示数,那么故障是 L 断路。

生2:先在电路中串联一个电流表,如果电流表有示数,那么故障是 L 短路。如果电流表无示数,可以在小灯泡 L 两端并联一根导线。如果并联一根导线后,电流表有示数,那么故障是 L 断路。如果并联一根导线后,电流表无示数,那么故障是 R 断路。

生3:用一个完好的新的小灯泡来替换电阻。如果替换后,两个小灯泡都亮了,那么故障是 R 断路。如果替换后,两个小灯泡都不亮,那么故障是 L 断路。如果替换后,L 不亮,新的小灯泡亮了,那么故障是 L 短路。

这个建立在学生实验基础上的问题,将众多串联电路的故障分析习题归到一类问题上,引导学生多角度思考问题,引发学生间的思维碰撞,不仅提升了学生的分析推理能力,而且提升了整节课的思维品质。

四、重视物理知识与技术、生活的联系,激发学生学习兴趣

爱因斯坦认为,兴趣是最好的老师,它可以激发人的创造热情、好奇心和求知欲。很多时候复习课是枯燥的,但是如果老师将一些习题与技术、生活联系起来,让学生了解物理学习的意义所在,就会大大激发学生的学习兴趣。下面以情境分析为例,分析如何将物理知识与技术、生活联系起来。

情境分析:小明学习了有关力的知识后,决定探究风对纸片作用力的大小。他用电吹风、测力计、迎风面积相同但迎风面形状不同的纸片做了如图7-7中a、

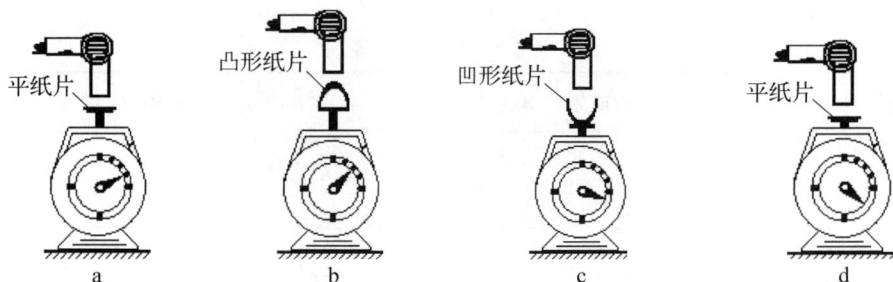

图7-7　小明做的四个实验

b、c、d 所示的四个实验。其中,a、b、c 三个实验中电吹风的风速相同,d 实验中电吹风的风速比前三个实验中电吹风的风速大。请根据实验现象及相关条件,归纳得出初步结论。

　　(1) 比较 a、d 两图可知: _____。

　　(2) 比较 a、b、c 三图可知: _____。

通过该情境分析题,学生可以得出这样的结论: 在迎风面积相同和风速相同的情况下,风对凸形纸片作用力最小。然后教师可以让学生运用此结论解释生活中的一些现象。例如,"和谐号"列车车头的造型。让学生用所学的物理知识解释生活中的一些现象,可以让学生体会到物理与技术、生活的联系,明白生活中处处有物理,从而激发学生学习物理的兴趣。

五、对比合作,培养学生自主建构知识的能力

物理是一门实验科学,初中物理中有许多重要的实验。对实验的复习可以采用对比的方式。如在探究物质质量与体积之间的关系实验复习课中,教师可以尝试将其与测定物质的密度实验进行对比,在比较的过程中,引导学生发现异同并且思考原因,让学生在加深对两个实验的理解的同时,学会对比分析的学习方法。比如,教师可引导学生思考: 为何两个实验所需要的主要器材是相同的? 待测物质有何不同? 多次测量的目的是否一致? 类似实验的复习,都可采用相同的方法。

许多实验可以用不同的组合方法进行对比,比如可以将探究物质质量与体积之间的关系实验和探究通过导体的电流与导体两端的电压之间的关系实验进行对比复习,可以将测定物质的密度实验和用电流表、电压表测电阻实验进行对比复习。在这样多角度对比复习的过程中,学生的思维得到发散,自学能力获得提升,对实验的理解会更透彻。

在进行对比复习时,也会产生许多值得深入思考的问题。在解决问题的过程中,处理好生生关系,通过高效合作提高课堂教学实效,需要教师运用更多的智慧。如在探究物质质量与体积之间的关系实验和测定物质的密度实验对比复习课中,可以进行如下尝试。首先,根据学生的具体情况把他们分为若干学习小组,采用任务驱动的方式,让每个小组负责一个实验的梳理工作,如 A、B、C 三组梳理探究物质质量与体积之间的关系实验,D、E、F 三组梳理测定物质的密度实验。其次,在课堂上,各小组就一个共同的学习主题,以合作讨论的形式,梳理出实验要点和方法,记录在学习单上,各小组充分讨论后,选派代表上讲台展示本组的成果,实现学习成果共享。再次,在各小组展示交流

完成后,各小组组内讨论这两个实验的异同点,通过对比分析总结完善,自主建构一套属于本组的条理化、系统化的知识体系。最后,教师小结。

学生在课后纷纷感言。生1:"这是一种不一样的学习体验,与同学们一起讨论十分有趣。在讨论的过程中,我学到了很多知识。"生2:"这节复习课与平时的复习课不同。通过这节课的学习,我了解到一些课上没有了解的知识,比如关于两个实验的不同点,原先我只是一知半解,现在我知道的比原先我知道的全面。总之,这节课让我受益良多。"生3:"把测定物质的密度实验和探究物质质量与体积之间的关系实验这两个实验放在一起讨论、对比,不仅让我对这两个实验的学习更加深入,也让我有了新的见解和学习思路。这种学习方法我很喜欢。"生4:"这节课让我有了一种新的学习体验。在与小组同学讨论后,我的收获颇丰,对知识的理解也更加深入了。"

第三节　物理小制作提高学科育人实效性的行动研究案例与策略

物理小制作在课前、课中或课后都可进行,既可以由学生个人单独完成,也可以生生合作或师生合作完成。物理小制作通过循序渐进的两个阶段来提高学生的物理素养。第一个阶段,找到合适的制作目标,通过模仿,让学生从最基本最简单的物理小制作做起,实际应用课堂知识。成功一件,记录一件,表扬一件,展出一件,让学生从自己的劳动成果中享受成功的喜悦,同时为下一步的提高和创新奠定坚实的基础。该阶段的重点是培养学生的动手操作能力、团结协作能力、面对困难不退缩的坚强品质、分析问题和解决问题的能力。第二个阶段,根据教材内容和教学进度,提前收集整理相关资料,鼓励学生对已有的物理小制作进行改进,甚至自创物理小制作。该阶段要求这些改进或自创的物理小制作能演示某种物理现象,说明某个物理问题,并有一定的实际价值。在制作过程中,鼓励学生使用身边随手可得的物品进行制作,如饮料瓶。这样可以拉近物理知识与生活的距离,让学生感受到物理的实用性,增强对物理的学习兴趣,帮助学生形成良好的意志品质和严谨的科学态度,提高实验操作能力、实验设计能力和实验创新能力。

如在计算物体排开液体的体积 $V_排$ 时,学生能分析实心物体浸在液体中排开液体的体积,但对空心物体漂浮在液体中排开液体的体积 $V_排$ 却仁者见仁,智者见智,没有统一的分析思路。其实,运用阿基米德原理、物体沉浮条件、二力平衡条件等知识综合分析船模的状态,就可以解决学生学习阿基米德原理时计算排开液体的体积 $V_排$ 这一难题。

用1个饮料瓶制作船模,实验后可发现饮料瓶有三种状态。

第一种状态,瓶(没有水)漂浮在水面上($F_浮 = G_瓶$)。$m_瓶 = 20$ g,$F_浮 = G_瓶 = 0.2$ N,利用阿基米德原理得 $V_排 = 2 \times 10^{-5} \mathrm{m}^3$。从实验中可以观察到饮料瓶浸入液体中的体积很小。

第二种状态,瓶(有一部分水)漂浮在水面上($F_浮 = G_瓶 + G_水$)。这种情况下学生通常会误认为,$V_排$是浸入液体中的那部分体积。对饮料瓶受力进行分析:$F_浮 = G_瓶 + G_水$,由于瓶中有一部分水,因此 $F_浮$ 增大,根据阿基米德原理发现 $V_排$ 变大。结论:当有水进入瓶内时,$V_排$是瓶此时浸入液体中的那部分体积。

第三种状态,瓶(渗满水)悬浮在水中($F_浮 = G_瓶 + G_水$)。学生对这种情况下瓶是否悬浮存在疑惑。解决办法:如果饮料瓶是悬浮状态,那么缓慢推动饮料瓶,它便可以缓慢移动,从实验中可以观察到此时饮料瓶是悬浮状态。这种情况下的 $V_排$ 与第二种状态下的 $V_排$ 同理。

教师可引导学生将上述实验结论综合运用到船模实验中。

将一艘由 30 个相同的独立的空饮料瓶组成的船模(模拟船体结构为设有舱壁的)放入水中,船模能承受 7 个 2 kg 的实心球的重力。

1 个饮料瓶全部浸没的 $V_排 = 550$ ml $= 5.5 \times 10^{-4} \mathrm{m}^3$,因此总的 $V_排 = 0.016\ 5\ \mathrm{m}^3$,先根据阿基米德原理计算得 $F_浮 = 165$ N,再根据二力平衡条件 $F_浮 = G_物 = 165$ N 得 $m_物 = 16.5$ kg,与 7 个 2 kg 的实心球的重力很接近。

然后,将其中 3 个饮料瓶瓶盖打开,4 个饮料瓶底部开洞(模拟船触礁后船体出现破裂的情形)。同样,在它上面放置 7 个 2 kg 的实心球,从实验中观察到:破损的 7 个饮料瓶全部浸没在水中,但是船模仍然漂浮在水面上。

理论分析:7 个饮料瓶的总重力与 7 个饮料瓶受到水的浮力相抵消。此时的船模由 23 个相同的独立的空饮料瓶组成,在船上重物不变的情况下,船模不会因舱壁的减少而沉没,只是下沉了一点。

第四节　小　　结

一、经历设计和优化探究实验方案的过程,有助于丰富学生的学习经历

经历是一种财富,美国科学院院士莫里斯·古德曼曾在论文中指出:经历是开启基因的有效钥匙。在明确了探究实验目的后,教师可引导学生根据实验原理,选择实验器材,设计实验步骤,进行交流讨论,优化实验器材,完善实验步骤。这样,在逐步完善探究实验方案的同时,学生的学习经历也丰富了。

二、经历设计和优化探究实验方案的过程,有助于提升学生的探究能力

探究学习是指学生在主动参与的前提下,根据自己的猜想或假设,在科学理论的指导下,运用科学方法对问题进行研究,在研究过程中提升创新实践能力、获得思维发展、自主建构知识体系的一种学习方式。由于课时有限,每一次的探究活动都应侧重探究某些要素。在一系列的探究活动中,教师可引导学生主动提出科学问题,设计实验方案,并鼓励学生将自己的思维过程用语言或其他方式表达出来,鼓励学生相互交流与启发,逐步提高实验设计能力。

三、经历设计和优化探究实验方案的过程,有助于培养学生的创新能力

创新能力是在各种实践活动中不断提供具有经济价值、社会价值、生态价值的新思想、新理论、新方法和新发明的能力。对于初中生而言,在学习的过程中,敢于积极思考问题,使用有别于教材或其他学生的方法达到解决问题的目的,这就是创新。教师应当鼓励学生创新,鼓励学生自行设计实验方案。只要原理正确,教师应当允许学生有不同见解、不同方案。在学生设计实验方案时,教师应适时、适当点拨,及时引导学生思维正向迁移,激发学生的智慧火花,培养学生的创新能力。

四、经历设计和优化探究实验方案的过程,有助于增强学生的合作意识

合作意识是指个体对共同行动及其行为规则的认知与情感,是合作行为产生的一个基本前提和重要基础。合作意识需要通过某种活动,通过人和人共同完成任务、共同分享成果、共同承担责任的交往过程来培养。所以,在实验方案的设计和优选过程中,教师要让学生不断经历团队合作的过程,从而增强学生的合作意识。

五、经历设计和优化探究实验方案的过程,有助于促进师生的共同成长

教学是教师教与学生学的交往互动过程。在学生设计实验方案时,教师可组织学生进行讨论,让学生在讨论中相互学习,掌握科学的思维方法。教师的适时引导能够促进学生思维的发展,学生的精彩生成同样能够促进教师的教学反思。

六、讲解物理学史,有助于培养学生发现问题的能力和质疑能力

许多史实表明,不局限于传统理论和观念,不迷信权威和书本,是科学创造的思想前提,而物理学家的批判精神,是促使物理学向前发展的动力。如,1903年汤姆逊创立了枣糕式原子模型,1911年卢瑟福提出了核式结构原子模型,1912年玻尔建立了玻尔

原子模型。在教学中教师应该强调的是,卢瑟福是汤姆逊的学生,玻尔是卢瑟福的学生,但他们没有简单地以教师为真理,而是不断质疑,最终发现问题、解决问题。通过学习物理学史,学生会养成敢于怀疑、勇于批判的科学态度,具有独立思考与判断的能力,形成创新思维。

七、完成物理小制作,有助于增强学生的民族自尊心和激发学生的民族自豪感

我国是世界四大文明古国之一,拥有着灿烂的古代文化。中国在物理学方面取得了辉煌的成就,如指南针的发明、古代青铜镜的使用、地磁偏角的发现。实践证明,将物理小制作的教学渗透到物理课程中,让学生在物理课程中体会科学、技术和社会的关系,了解科学在社会生活和生产中的应用,学习运用多学科的知识综合分析和解决问题的科学方法,可以培养学生热爱科学、关心社会的意识,培养学生用正确的价值观处理社会问题的能力。

后 记

时光荏苒，三新学校共同体的行动研究已接近尾声。记得刚接到共同体项目时，拟定的研究方向是学校德育的一体化设计与实施，后来因教育局整体规划，要求聚焦于课堂教学，三新学校共同体便将研究的方向转为通过课堂教学提升学科育人实效。原督导室汪维辉主任为项目实施绘制了蓝图，在此特别感谢。2013 年 12 月 31 日，他提出"把书本课堂做强，把社会课堂做大"的思路，对全体学科中心组成员进行培训，要求深化三个抓手。三个抓手分别是：（1）从成人成事的角度转变学生学习方式和教师教学方式，在课堂中激发学生思维；（2）注重学科能力；（3）利用场馆，"走向社区，走向工厂，走向园区，走向场馆"。依照三个抓手，三新学校共同体进行了扎实的研究，六校建立了 QQ 工作群，每学期召开校长联席会议、副校长联席会议和秘书长工作会议，几乎每周都有校际活动。六校还仿照区级研训通知，设计共同体研训通知。各校以教学主题活动为核心，纷纷开展共同体内的教学研讨活动。学科育人渐渐成为三新学校共同体各校教学研讨活动的核心词。

2013 年学科中心组牵头人和秘书处具体分解学科育人工作任务，梳理各学科育人价值的目标和内容。2014 年上半年开始建设共同体学科中心组，区学科名师领衔共同体内小学语文、中学语文、中学数学、中学化学四个名师工作室，开展共同体内的学科教研活动，分阶段有重点地推进项目实施，确保各学科自主运作，完成共同体简报 4 期。2014 年 11 月 7 日在汪维辉主任的指导下，共同体进行了中期督导汇报。

2015 年 4 月我们汇编完成《汲取·成长·绽放——三新学校共同体学生作品集》。2015 年 5 月我们完成《漫步课堂——三新学校共同体教育研究与实践》。2015 年 5 月 12 日迎来共同体中期展示活动，6 位学科研修工作室主持人围绕"课堂教学有效性与学科育人"展开思想碰撞。在此感谢他们的一路相伴和智慧引领。共同体中期展示活动也有幸得到嘉定二中特级校长周凤林和顾泠沅教授的点评。

共同体不仅提升了教师的育德理念和能力，而且丰富了学生的生活。校际间的活动，融入了学科知识，充满着惊喜。2015 年 3 月 21 日，350 名学生齐聚朱家角古镇，参加"立足育人，走向社会"综合素质训练营。学生静静品味、慢慢行走，对课植园、老药厂、老邮局等代表上海文化的景点有了全新的认识和感受。当天下午，这些学生又去了佘山森林公园，进行了登山闯关越野比赛。我们在沿途设计了6个挑战项目，包括六人七足、唐诗吟诵、智力七巧板等，不仅考验学生的体力，还考验学生的智力与团队合作能力。2016年1月15日，在金山开展的主题为"传承中华优秀传统文化，郊野实践提高综合素养"的冬令营，让学生在游览参观的同时收获书本之外的知识。

共同体秉持"优势互补，资源共享，协同发展"的理念，开展教师柔性流动工作，促进松江教育师资的均衡。各校加强流动教师管理，每学期进行慰问，让流动教师既感受到"娘家"的关心，又享受到"婆家"的温暖。

共同体的研究让教师认真思考学科教学的本质问题，关注学生人生观、价值观的培养。作为语文教师，2016年3月10日，我开办"基于学科特点的育人价值思考"讲座，阐述了学科育人的三个维度，即学科能力维度（听、说、读、写能力）、育人途径维度（课堂氛围、师生关系、教学目标、教学内容、教学过程、拓展、综合学习）、学科特点维度（工具性、人文性）。我建议从探寻语文文字之义、激发语文文章之思、感悟语文文学之美、立足语文文化之根四个层次挖掘学科育人价值，关注学生的认知起点，关注教材的个性解读，关注问题的思维深度。

感谢共同体学校同仁几年来的付出，在此特向以下教师致谢：上外松外学校的陈琦老师、朱海燕老师、邱颖老师、范海燕老师、宋殿凤老师、孙佳宏老师；华阳桥学校的丁敬旭老师、叶戈老师、谢冬梅老师、陈权萍老师；小昆山学校的李勇老师、张旭老师、林守莲老师；车墩学校的缪丽芳老师、孙君老师、徐晶老师、曹光辉老师、徐文娟老师。特别感谢李塔汇学校的薛红梅老师、上经贸附属松江实验学校的郑巍老师、上外松外学校的左洋洋老师。

如今想来，共同体的研究并非完美无缺，但这是基于合作的办学，是深入课堂的探索，是关注学生的实践，无论是学科育人带给教育同仁的启示，还是集团合作带给每个人的锻炼，都是使其终生受益的财富。

谨向所有参与本书编撰工作的幕后人员致谢！

张爱国

2018年5月

图书在版编目（CIP）数据

面向立德树人的学科探索／张爱国著. —上海：
上海教育出版社,2018.8
ISBN 978-7-5444-8468-8

Ⅰ.①面… Ⅱ.①张… Ⅲ.①课堂教学-教学研究-
中小学 Ⅳ.①G632.421

中国版本图书馆 CIP 数据核字（2018）第 178520 号

责任编辑　宁彦锋　杜金丹
封面设计　陈　芸

面向立德树人的学科探索
张爱国　著

出版发行　上海教育出版社有限公司
官　　网　www.seph.com.cn
地　　址　上海永福路 123 号
邮　　编　200031
印　　刷　上海展强印刷有限公司
开　　本　787×1092　1/16　印张 14.5
字　　数　275 千字
版　　次　2018 年 8 月第 1 版
印　　次　2018 年 8 月第 1 次印刷
书　　号　ISBN 978-7-5444-8468-8/G.7009
定　　价　58.00 元

如发现质量问题，读者可向本社调换　　电话：021-64377165